Marion Wisinger

LAND DER TÖCHTER

Marion Wisinger

LAND DER TÖCHTER
150 Jahre Frauenleben in Österreich

EDITION SPUREN
PROMEDIA

Gedruckt mit Unterstützung des Bundesministeriums für Frauenangelegenheiten, Wien
sowie des Bundesministeriums für Wissenschaft und Forschung, Wien

Die Deutsche Bibliothek – CIP-Einheitsaufnahme
Land der Töchter : 150 Jahre Frauenleben in Österreich. /
Marion Wisinger. – Wien: Promedia, 1992
   (Edition Spuren)
   ISBN 3–900478–52–X
   NE: Wisinger, Marion

© 1992 Promedia Druck- und Verlagsgesellschaft m.b.H., Wien
Alle Rechte vorbehalten
Umschlaggestaltung: Gisela Scheubmayr
Lektorat: Erhard Waldner
Druck: Fuldaer Verlagsanstalt, Fulda
Printed in Germany
ISBN 3–900478–52–X

Inhalt

VORBEMERKUNG .... Seite 8

1848-1914

KATHI, MITZI, SISI .... Seite 11
Die versunkene Welt der süßen Mädel

EIN KRÄFTIGER ANFANG .... Seite 13
Die Revolution der Frauen 1848

GLÜCKLICHES ÖSTERREICH? .... Seite 15
Über die gute alte Zeit

WIR WOLLEN GLEICHE CHANCEN .... Seite 18
Traditionelle Frauenbewegung in der Monarchie

IM SCHATTEN DER GENOSSEN .... Seite 23
Die linken Frauen

GLÄUBIG UND DOCH SEHR POLITISCH .... Seite 31
Die katholischen Frauen

„FRAUENSPERSONEN AUSGENOMMEN" .... Seite 33
Der Kampf um politische Rechte

WARTEN AUF DEN PRINZEN .... Seite 36
Frauenarbeit im 19. Jahrhundert

DIE FASSADE DES MÜSSIGGANGS .... Seite 42
Der Alltag der Gnä' Frau

FRAUENEHRE, LIEBE UND DER ABGESETZTE MANN .... Seite 46
Bürgerliche Frauenliteratur

MÄNNERRÄUME WERDEN ERKÄMPFT .... Seite 56
Die Wissenschaft und ihre Lehre

DAS KRIMINELLE GESCHLECHT .... Seite 60
Frauen in Konflikt mit dem Gesetz

DAS SCHÖNE EIGENTUM .... Seite 63
Die Schranken der Weiblichkeit

UNMORALISCH UND KÄUFLICH .... Seite 67
Über Freier und Prostituierte

VOR DER „SCHAND UND NOTH" GERETTET? .... Seite 70
Ledige Mütter im Wiener Gebär- und Findelhaus

1914-1938

DIENST IM KRIEGSFALL .... Seite 77
Frauenarbeit im Ersten Weltkrieg

„OHNE UNTERSCHIED DES GESCHLECHTS" .... Seite 82
Die politischen Rechte sind erreicht

WER IST DIE SCHÖNSTE VERKÄUFERIN WIENS? .... Seite 88
Die neuen Frauenberufe

„GESUCHT: BLONDER BUBIKOPF ..." .... Seite 93
Wer ist die „neue Frau"?

GESCHLECHTSSPEZIFISCH VIEHISCH .... Seite 100
Das Leben auf dem Land

„SIE WAR UND BLIEB DER BERUFLICHE AMATEUR" .... Seite 107
Über Fotographinnen in Wien

FREIE LIEBE ODER MUTTERSEIN .... Seite 111
Sexualität in der Zwischenkriegszeit

GOTTESGLAUBE UND EIN FÜHRER .... Seite 115
Bürgerkrieg und Ständestaat

IM NAMEN GOTTES .... Seite 119
„Zurück an den Herd!"

1938-1945

**KIRCHENGLOCKEN VON SCHÖNBRUNN
BIS ZUM HELDENPLATZ** .... Seite 121
Frauen und Nationalsozialismus

EHRENDIENST AN DER NATION .... Seite 129
Frauen arbeiten für den Krieg

PRÄDIKAT: STAATSPOLITISCH WERTVOLL .... Seite 134
Propaganda im Film

VERLÄSSLICH UND TREU ... . Seite 136
Über den Film „Mutterliebe"

VOLLE WIEGEN FÜR DIE ZUKUNFT DER RASSE .... Seite 145
Bevölkerungspolitik im Dritten Reich

WÜNSCHENSWERTE BEREICHERUNG .... Seite 150
Die Organisation „Lebensborn"

1945-1970

AM ANFANG WAR DIE TRÜMMERFRAU .... Seite 155
Der Krieg ist zu Ende

„STILLE RESERVE" MIT SCHLÜSSELKIND .... Seite 159
Frauenarbeit bei Bedarf

„BERUF MIT UNENDLICHEN MÖGLICHKEITEN" ....Seite 164
Frauen im „Wirtschaftswunder" der fünfziger Jahre

LIEBE MIT EHE UND EHE OHNE LIEBE ....Seite 171
Das Frauenbild in der Boulevardkomödie

DIE AUGEN NIEDERGESCHLAGEN ....Seite 176
Das Leben hinter Klostermauern

ÜBERGLÜCKLICH UND GESCHIEDEN ....Seite 183
Von Heimkehrern und Strohwitwen

„WENN TEENAGER TRÄUMEN ..." ....Seite 185
Der Baby-Boom

ab 1970

AUFBRUCH UND WENDE ....Seite 189
Über österreichische Frauenpolitik

IRGENDWIE SATT ....Seite 194
Frauenbewegung ab 1970

AUF ABRUF ZUR STELLE ....Seite 198
Frauenerwerbstätigkeit heute

„BITTE ZUM DIKTAT!" ....Seite 202
Die klassischen Berufe

DIE IM DUNKELN ....Seite 204
Die Gleichbehandlungskommission hat noch viel zu tun

„WIR SPIELEN DEMOKRATIE" ....Seite 206
Frauen und Medien

WIR FRAUEN IM ORF ....Seite 208
Über „feministisches Engagement" von Medienfrauen

GANZ UNTEN ....Seite 214
Türkische Frauen in Österreich

DAS PULVERL HILFT BESTIMMT ....Seite 219
Der alltägliche Medikamentenmißbrauch

FRAU, ICH LIEBE DICH ....Seite 222
Über lesbische Frauen

Die Autorinnen ....Seite 230

Bildnachweis ....Seite 231

Vorbemerkung

Während der Arbeit an diesem Buch wurde ich oft gefragt, weshalb ich ein Frauengeschichtsbuch schreibe. Ungewollt geriet ich in heftige Diskussionen. Das ist ein gutes Zeichen. Kaum eine meiner historischen Arbeiten hat Reaktionen dieser Art ausgelöst, das Thema „Frauen" scheint also noch lange nicht abgehandelt zu sein.

Es passierte, daß freundschaftliche Gespräche nach meiner Erzählung über das „Land der Töchter" deutlich abgekühlt verliefen. Mißtrauisch, anfangs noch mit Humor, meinten manche Bekannten ablehnend: „Heute haben Frauen doch alle Chancen und sind emanzipiert." Meistens folgte der Nachsatz: „Natürlich, sie müssen sich schon durchsetzen!" Spätestens jetzt schalteten sich die anwesenden Frauen in das Gespräch ein. Innerhalb kürzester Zeit verspürte ich unterschwellige scharfe Töne unter den mittlerweile diskutierenden Paaren. Besonders die Probleme, die auf Frauen im Laufe ihres Berufslebens zukommen, wurden nun zur Sprache gebracht. Auseinandersetzungen dieser Art endeten entweder schroff: „Selber schuld, wenn Frauen sich schlecht behandeln lassen" oder eher ratlos: „Einer muß sich ja um die Familie kümmern". Ich wurde immer aufmerksamer.

Bei einer Familienfeier traf ich eine junge Frau. Sie erzählte mit nicht gerade glücklichem Gesicht, daß sie Betriebswirtschaft studiere. Auf ihren Berufswunsch angesprochen, hob sie überraschend stumm die Schultern. Sie sei im Gegensatz zu ihrem Freund, der sein Studium bald abschließen werde, nicht gerade begeistert über ihre beruflichen Aussichten. Als ich sie fragte, ob es ihr mehr Freude machen würde, ein anderes Studium zu beginnen, schaltete sich ihre Mutter ein. Mit Seitenblick auf ihre Tochter stellte sie entschieden fest, daß der Platz einer Frau hinter ihrem Mann sei, einer mache die „Karriere", der andere, nämlich die Frau, schaffe die Grundlage dafür. Meine junge Gesprächspartnerin stimmte leider zögernd zu und meinte resignierend, dann sei es ohnehin unwichtig, ob sie einen guten Job habe oder nicht. Je bewußter ich Frauen zuhörte, desto klarer wurde mir, daß viele Frauen die von der Gesellschaft akzeptierte Selbstverständlichkeit, ihr Leben nach den Plänen eines Mannes zu gestalten, nicht ernsthaft hinterfragen.

Die Dynamik der Frauenbewegung der siebziger Jahre ist längst verblaßt. Der Druck der Familie ist massiv, der unrealistische Wunsch, den Existenzkampf nicht selbst aufnehmen zu müssen, äußerst verlockend. Legt eine Frau Wert auf Selbständigkeit, so sind in Österreich die Rahmenbedingungen für die „Gleichberechtigung" zwar gegeben, doch ist deren Verwirklichung die individuelle Aufgabe jeder einzelnen Frau geblieben. Die Psychoanalytikerin Margarete Mitscherlich charakterisiert diese Erfahrung: „Emanzipation ist nichts Abgeschlossenes, sie ist eher Haltung als Ergebnis."

Ich habe eine Freundin, die von ihrem Freund geschlagen wird. Wenn ich mit ihr telefoniere, beklagt sie sich darüber. Hilflos bemitleide ich sie und zeige meine Verachtung für diesen Mann. Seit Jahren ändert sich nichts an diesem unerfreulichen Beisammensein. „Liebst Du ihn?" frage ich und stoße auf verzweifeltes Festhalten an dieser Beziehung. Meine Freundin hat einen Beruf, eine eigene Wohnung, ist eine sympathische, lebensfrohe Person. Streitgespräche entscheidet ihr Freund mit gezielten Schlägen. Obwohl er selbst Konflikte nicht lösen kann, verdient er als Hobby-Astrologe an hilfesuchenden „Patientinnen", die für sein Verständnis und eine fachkundige Lebensberatung gerne bezahlen. Was bindet eine Frau an solch eine schmerzhafte Beziehung, läßt sie Jahre hinter der großen Liebe, die angeblich auf jede von uns wartet, herlaufen? Warum achtet sie sich selbst nicht genug, um keine Gewalt mehr zuzulassen?

Dieses Buch soll Frauen über ihre Lebensweise zum Nachdenken bringen. Die Geschichte des Umgangs mit Frauenleben verdeutlicht die Hintergründe, warum sich noch heute Frauen bereitwillig mit einer benachteiligten Rolle in der Gesellschaft zufriedengeben. Sie wollen nicht wahrhaben, wie unsere männlich dominierte Gesellschaft von ihrer scheinbar selbstverständlichen Opferbereitschaft profitiert. Arrangements in Partnerschaften und im Berufsleben behindern den Mut, kritisch über das Gestern und Heute zu sprechen, verdecken die Angst, weniger gebraucht und begehrt zu werden. Anstatt frei zu entscheiden, was es bedeuten kann, eine Frau zu sein, werden „Emanzen" unsolidarisch zu Außenseitern erklärt. Doch Frauengeschichte zeigt, daß nichts unveränderbar ist. Und über Courage, Widerstand und Selbständigkeit ist im „Land der Töchter" einiges zu erfahren.

Ich danke allen Autorinnen, die sich bereit erklärt haben, ihre wissenschaftlichen Arbeiten flott zu formulieren und damit auch für Frauen, die den „Frauengeschichte-Jargon" noch nicht erfahren mußten, lesbar zu machen. Hannes Hofbauer und Erhard Waldner haben meine Ausführungen durchforstet, Michael Baiculescu arbeitete am Layout. Mein Dank gilt auch den geduldigen Beamten des Bildarchivs der Nationalbibliothek sowie anderen ergiebigen Fotoarchiven. Frauenministerin Johanna Dohnal hat mir eine für das Projekt lebenswichtige Summe zukommen lassen, vielen Dank für die unbürokratische Überweisung, die mir die Freude gemacht hat, auch „ohne Beziehungen" als schreibender Mensch unterstützt zu werden.

Gewidmet ist das „Land der Töchter" meinen Freundinnen, die mir das Frausein stets liebevoll und mit Witz verzaubert haben. Für Martina, Dagmar, Gabriele, Brigitte und Marianne.

Kathi, Mitzi, Sisi

Die versunkene Welt der süßen Mädel

Der alte, schrullige Beamtenkaiser, der Wiener Hof und die Ringstraße sind Begriffe, die das Geschichtsbild des letzten Jahrhunderts prägen. Frauen kommen in dieser Überlieferung meist in kitschigem Zusammenhang mit einer Liebesgeschichte vor. Filmindustrie und Operettenwelt vermitteln Eindrücke, mit denen heutige Frauen wenig anfangen können. Das süße Wiener Mädel oder die kecke Försterstochter, die schöne Sisi oder ihre mütterlich gemütliche Konkurrentin Kathi Schratt sind uns trotzdem vertrauter als die Lebensgeschichte unserer Vorfahrinnen.

Die Tourismusbranche vermarktet Sisi-Teller, die Historiker orientieren sich an politischen Persönlichkeiten und kriegerisch-diplomatischen Ereignissen. Zwischen diesen einseitigen Umgangsformen mit österreichischer Vergangenheit sollte ein Weg gefunden werden, der Verständnis und sinnvolle Anknüpfungspunkte mit dem Heute bietet. Auch die väterliche Figur Kaiser Franz Josephs muß einer lebendigeren Diskussion unterzogen werden. Denn seine Politik wird deutlich von Phantasielosigkeit und militaristischer Erstarrung überschattet. Die kulturelle Hochblüte des alten Österreich steht im Gegensatz zum Verfall der Monarchie und ihrer skandalösen sozialen Umstände. Die Welt der Frauen von damals gibt uns einiges zu bedenken. Es ist schwierig, Frauengeschichte zu erzählen, da der Blick auf die Zeit vor hundert Jahren gründlich verstellt ist. Die Frauenklischees, die dem 19. Jahrhundert nachhängen, sind nämlich äußerst wirkungsvoll, da sie bis in unsere heutige Kultur Geltung haben. Die Klassifizierung in liebende, familienorientierte Frauen oder freizügig erotische Frauen, in naive Gefährtinnen oder männerfeindliche Intellektuelle ist nach wie vor aktuell. Zunächst müssen Quellen und Beschreibungen auf diesen Verdacht hin untersucht werden. Die Staubschichten der trockenen Faktengeschichtsschreibung, die, wenn es um Frauen geht, plötzlich Gefühl zeigt, sollten auch abgetragen werden. Ist es noch wissenschaftlich, wenn die politischen Überlegungen Maria Theresias mit der Tugend der Mütterlichkeit und weiblicher „Gefühlswelt" in Zusammenhang gebracht werden? Jede Frau sollte einmal nachdenken, welches Geschichtsbild sie selbst hat, wie sehr ihre Informationen aus männlicher Sicht stammen! Sind diese Überlegungen getan, kommt das Problem des Umgangs mit Frauengeschichte auf uns zu. Verglichen mit der feministischen Diskussion unserer Zeit wirkt die Lebenseinstellung der Frauen des 19. Jahrhunderts auf uns konservativ und traditionell. Daher ist die Kenntnis des damaligen Lebensraums und der Chancen von Frauen unumgänglich. Das gängige Weltbild war: Männer bewirken den Fortschritt, Frauen bewahren die Tradition. Aus dieser scheinbaren Gegebenheit auszubrechen, brauchte viel Kraft und Zeit. Hinderlich blieben die traditionelle Ehe, die wirtschaftliche Abhängigkeit und die strikte Geschlechtertrennung bei der Erziehung.

Die Forderungen der damaligen Frauenbewegung klingen heute zahm und oberflächlich. Doch der Schritt zur Gedankenfreiheit ist ein schwieriger, die Stunde Null eines Emanzipationsprozesses beinhaltet keine Selbstverständlichkeiten. Unsere Kritik sollte das berücksichtigen. Etliche Forderungen des letzten Jahrhunderts sind zwar heute auf dem Papier erfüllt, manche Inhalte aber noch lange nicht durchgesetzt.

Ein kräftiger Anfang

Die Revolution der Frauen 1848

Im Laufe der Jahrhunderte traten Frauen immer wieder für bessere Lebensbedingungen ein. Sie forderten das Ende der Diskriminierung in der öffentlichen Meinung, empört begegneten sie ihrer angeblichen geistigen Minderwertigkeit und der moralischen Verurteilung ihrer Körper. Kilometerlange Bücherregale könnten mit frauenverachtenden Werken gefüllt werden. An eine selbständige Lebensführung ohne Autorität des Mannes dachten diese frühen Frauenrechtlerinnen aber noch nicht. Zunächst bewegten sich Frauen gemeinsam mit Männern aus ihrer politischen Anonymität. Auslöser war die soziale Lage in den vierziger Jahren des 19. Jahrhunderts. Bei Brotunruhen stürmten Frauen die Geschäfte und gingen in die Öffentlichkeit, da die schlechte Ernährungslage sie und ihre Familien unmittelbar bedrohte. Im Laufe des Revolutionsjahres 1848 bildeten sich etliche politische Vereine. Bei Straßenschlachten, beim Barrikadenbau und bei der Versorgung durch mobile Küchen hatten sich Frauen unentbehrlich gemacht, ihre Unterstützung war stets willkommen. Doch als Mitglieder der demokratischen Vereine wurden sie nicht akzeptiert. Ihr Platz war beim Fahnensticken und bei der karitativen Unterstützung. Die politischen Inhalte blieben den männlichen Revolutionskollegen vorbehalten.

Im Zuge von Lohnkürzungen bei 8.000 Erdarbeiterinnen kam es 1848 zur ersten Frauendemonstration. Der Arbeitsminister hatte den niedrigen Lohn von 20 auf 15 Pfennig pro Tag gesenkt, durch Akkordarbeiten könne ohnehin ein Zuschlag dazuverdient werden, meinte er. Männer verdienten täglich 25 Pfennig. Die Frauen zogen protestierend durch die Innenstadt, im Laufe des Nachmittags des 21. August 1848 kamen auch Arbeiter dazu. Am nächsten Tag griff bereits die Nationalgarde ein. Zwei Tage später wurde die Demonstration niedergeschlagen. Das Resultat der sogenannten „Praterschlacht": 18 Tote und 282 Verwundete. Auch beim Begräbnis der Opfer waren viele Frauen anwesend, sie wollten präsent sein, ihren Widerstand gegen unmenschliche Politik zeigen.

Schließlich wird am 28. August 1848 der erste Wiener demokratische Frauenverein gegründet. Wenige Tage vorher bildet sich auch in Prag ein Frauenverein. Der bisherige Zweck von Frauenvereinigungen, nämlich äußerst nötige karitative Arbeit zu erledigen, wird zum ersten Mal abgelehnt. Politische Ziele stehen nun im Vordergrund. Frauen beginnen revolutionär zu denken, um die

Gesellschaft zu ändern und nicht nur durch soziales Engagement zu verbessern. Sie kämpfen für die Beendigung der rigiden Metternichschen Herrschaft, aber auch für eine sinnvolle Aufgabe in der Gesellschaft.

Auch diesem frühen Frauenverein begegnet das Phänomen, daß weibliches politisches Interesse mit sexualpathologischen Bemerkungen kommentiert wird. Die Presse berichtet vom „Treffen der Freudenmädchen", „sie bekämen keinen Mann mehr", „seien ohnehin häßlich" und „würden nicht geheiratet werden". Obszöne Karikaturen mit Anspielungen und Gemeinheiten dem weiblichen Geschlecht gegenüber sind in Mode. Diese „Amazonen" seien angeblich sexbesessen und unweiblich zugleich. Neugierige Männer drücken von außen die Fensterscheiben von Versammlungssälen ein. Nationalgardisten springen auf Tische und äffen die Rednerinnen nach.

Aufgrund des gewaltsamen Endes der Revolution wird nach zwei Monaten jegliche politische Aktivität verboten. Frauen, die im demokratischen Frauenverein aktiv sind, leiden unter schweren Folgen. So auch die Frauenvorsitzende Karoline von Perin. Sie wird in der Presse immer wieder als „schmutzig" beschimpft, schließlich verhaftet und mißhandelt, ihr Vermögen konfisziert. Sie verliert das Sorgerecht für ihre Kinder und emigriert nach München. Um wieder in ihre Heimat zurückkehren zu dürfen, dementiert von Perin ihre aktive Beteiligung an den Protesten der Frauen. Weiters verlangt man, daß sie programmatische Aussagen zurücknimmt.

Die kaiserlichen Truppen, die mordend durch die Straßen ziehen, können jedoch die Wirkung dieser Bewegung nicht völlig ungeschehen machen. Das Kriegsrecht wird verhängt. Nach 21 Uhr wird jede Frau verhaftet, die allein auf der Straße geht, die Bewegungsfreiheit wird völlig eingeschränkt. Doch lange wird man Frauen nicht einsperren können.

Ein Mosaikstein im Denken der Frauen ist in Bewegung geraten.

Glückliches Österreich?

Über die gute alte Zeit

Das monarchistische Österreich erholt sich langsam vom Schock der Revolution. Die Reaktion prägt die nächsten Jahrzehnte. Demokratische und wichtige arbeitsrechtliche Verbesserungen werden durch die Regierung des Ministerpräsidenten Schwarzenberg nicht weiter durchgeführt. Dazu kommen eine strenge Zensur und das Verbot, ausländische Zeitungen zu lesen. Kriegsgerichte und Standrecht sind in Kraft. Verstöße gegen die Interessen der Monarchie sind strafbar, harte Gefängnisstrafen für Freidenker, Verbannung und die Todesstrafe sind mögliche Konsequenzen. Das Spitzelwesen in Kaffeehäusern und Salons floriert. Der so oft beklagte österreichische „Mitläufer" hat in diesem Staatssystem jahrhundertelang eine gute Schule. Stark wirkt sich der Einfluß der Kirche aus, die dem Bürger bereits in der Schulzeit die Kategorien Schuld und Demut einprägt. Gestützt auf Militär, Kirche und die habsburgische Familienpolitik versteht sich Kaiser Franz Joseph unzeitgemäß als absolutistischer Herrscher. Mit den Veränderungen und Ansprüchen der Völker der Monarchie kann er nicht Schritt halten, ist doch seine Politik auf Bewahrung der alten Autoritäten und dem unbedingten Zusammenhalt der Nationen aufgebaut. Obwohl die wirtschaftlichen und sozialen Probleme des Landes Priorität haben sollten, vertraut er den Ratschlägen seines Militärapparats, der in der Monarchie eine starke gesellschaftliche Gruppierung darstellt. Das stete Zündeln mit dem „Handwerk des Kriegs" bedeutet für diese Berufsgruppe Existenzberechtigung und Prestige.

Bis heute imponiert der steife Charme des Offiziers im Samstagnachmittagsprogramm des Fernsehens. Daß derselbe tadellose Kavalier 1848 während der Revolution in die Menge geschossen hat, bleibt unerwähnt. Rührend erscheint seine männliche Treue zum Kaiser, verzeihlich die wahllose Vorliebe für Mädchen. (Natürlich nur, bis er die Frau findet, die seiner würdig ist.) Krieg und pikante Liebschaften sind eine gebräuchliche Kombination, die ihren Zweck in der Vermenschlichung des Kriegsberufes hat. Ein aggressives Militär soll den politischen Fortschritt ersetzen, die Konflikte der Nationen werden lange Zeit ignoriert. Der Ausbruch des Ersten Weltkriegs ist schließlich die Konsequenz dieser verfehlten Taktik. Franz Joseph als Kaiser der längsten Friedensperiode zu bezeichnen, ist zynisch, löst er doch maßgeblich den Ersten Weltkrieg aus. Dieser Krieg ist kein unglücklicher Zwischenfall im Leben eines alternden, überforderten Kaisers, sondern eine kalkulierte Katastrophe. Das Herrschaftssystem der Habsburger will sich auch um den Preis millionenfachen Sterbens am Leben erhalten. In diesem konservativen Klima gehen Veränderungen zunächst langsam vor sich. 1859 bringt die militärische Niederlage von Solferino wieder einen Fortschritt für demokratische Anliegen mit sich. Franz Joseph stellt zwar ein Jahr später klar, daß er „keine Machteinschränkung der Monarchie durch eine Verfassung zu dulden" bereit wäre. Doch immerhin ist er gezwungen, gewisse Veränderungen zuzulassen. Auf einen Schlag werden sechzig Generäle in den Ruhestand versetzt. Mit dieser Strafaktion soll eine Modernisierung des Militärs durchgeführt werden. Die Vorstellung von jenen sechzig Generälen in voller Montur würde einen guten Eindruck von der Verfassung dieses politischen Systems ergeben!

Nach dem schweren militärischen Verlust von Königgrätz und der Errichtung der k. und k. Doppelmonarchie, wodurch der ungarische Reichstag anerkannt wird, geht endlich ein „demokratischer Ruck" vor sich. Die „Liberale Ära" bricht an, die Regierung wird von der deutsch-liberalen Partei gebildet. Hiemit ist die politische Vorherrschaft adeliger oder geistlicher Vertreter vorbei, die Minister werden bürgerlich. Nun werden Glaubens- und Gewissensfreiheit und eine unabhängige richterliche Gewalt garantiert. Der Reichsrat, dessen Mitglieder zunächst von den Landtagen, dann ab 1873 direkt gewählt werden, hat gesetzgebende Gewalt. Die vollziehende Gewalt bleibt beim Kaiser. Er hat aber nun verantwortliche Minister vor sich, die vom Reichsrat zur Rechenschaft gezogen werden können. Sein Entscheidungsbereich ist daher verfassungsmäßig begrenzt, der Wendepunkt in der Monarchie erreicht. Franz Joseph fühlt sich dennoch als absolutistischer Herrscher, doch nun muß er sich mit neuen politischen Mitteln abfinden.

Ein Wirtschaftsaufschwung hebt den Wohlstand der Mittelstandsbürger, doch die soziale Kluft vergrößert sich. Neue, politisch aktive Gruppierungen entstehen. 1867 kommt es zur Bildung des Ersten Allgemeinen Wiener Arbeiter-Bildungsvereins, das allgemeine Wahlrecht wird gefordert. 1873 löst der Schwarze Freitag an der Börse eine Katastrophe aus. Die Folgen der Wiener Weltausstellung schockieren die Monarchie.

Soziale Spannungen und neue politische Massenparteien, die christlichsoziale und die sozialdemokratische Bewegung, prägen die nächsten Jahre. Doch der Trend ist, konservativ und deutschnational zu sein, und Ende des Jahrhunderts liegen damit auch die Christlichsozialen gut im Rennen. Mit der Amtsübernahme von Bürgermeister Karl Lueger, dem Führer der „Vereinigten Christen", verlieren 1897 die Liberalen in Wien ihre Basis. Antisemitismus,

Klerikalismus und kleinbürgerlicher Geist ziehen verstärkt in die Politik ein. Karl Lueger baut seine Popularität auf dem Kleinbürgertum und Teilen des mittleren Bürgertums auf.

1907 wird zwar das lang erkämpfte allgemeine, gleiche, geheime und direkte Wahlrecht eingeführt, doch davon ausgenommen sind Frauen, Ausländer und Minderjährige. In dieser Auseinandersetzung zwischen Demokratie und Monarchie, Antisemitismus und Nationenfrage gelingt es der Frauenbewegung, sich zu etablieren.

Wir wollen gleiche Chancen

Traditionelle Frauenbewegung in der Monarchie

Hatte eine Frau Arbeit, dann niedrigste Lohnarbeit, die kaum zum Leben ausreichte. Kam sie aus einer Familie, die Frauenerwerbstätigkeit für unvornehm hielt, war sie ohnehin auf das Portemonnaie ihres zukünftigen Gatten angewiesen. Doch was sollte sie tun, wenn diese Quelle versiegte oder nicht erreichbar war? Wenn Kinder ernährt werden mußten und der Ehemann seine Arbeit verlor? Die Mädchenbildung war keine geeignete Vorbereitung für Arbeit außer Haus, Frauen aus bürgerlicher Familie konnten bestenfalls als Gesellschafterin oder Erzieherin tätig sein. Höhere Bildung war sowieso ausgeschlossen.

Die Kriegsereignisse von 1866 und die damit verbundene Wirtschaftskrise veränderten das Leben vieler Frauen. Sie mußten zur Kenntnis nehmen, daß ihre Existenz, die durch die Ehe garantiert schien, nicht mehr gesichert war. Gleichzeitig wurde ihnen bewußt, daß sie als Frauen kaum eine ihrer persönlichen Begabung entsprechende Arbeit bekämen. Aus dem Wunsch, auch für Frauen Verdienstmöglichkeiten zu schaffen, entstand der „Wiener Frauener-

Gebäude des Wiener Frauenerwerbsvereins am Wiedner Gürtel „Damals revolutionär, bis vor wenigen Jahren ‚Knödelakademie' "

werbsverein", der die Möglichkeit zu einer guten Ausbildung selbst in die Hand nehmen wollte.

Die obligatorischen karitativen Ziele traten in den Hintergrund, Frauen begannen sich mit für sie ebenfalls lebenswichtigen wirtschaftlichen und sozialen Fragen zu beschäftigen. Näh- und Strickstuben, Fortbildungsschulen und eine Frauen-Handelsschule wurden errichtet. Die Skala der möglichen Berufe für Frauen reichte vorerst nicht weit. Erzieherin, Kindergärtnerin und Krankenpflegerin, Berufe, die früher Frauen der Aristokratie ehrenamtlich durchführten, wurden zu Lohnberufen. Bei der Wiener Weltausstellung 1873 initiiert der Frauenerwerbsverein eine eigene Ausstellung über Frauenarbeit. Vormals bestand diese aus Kunststickereien und Spitzenklöppeleien. Nun präsentiert sich ein „ganz neuer und wichtiger Zweig des wirtschaftlichen Lebens und der socialen Gestaltung". Neben den üblichen Textilien liegen Berichte über Handelsschulen, Sprachschulen und telegraphische Lehrkurse auf. Frauen aus Galizien, der Bukowina und Ungarn bringen künstlerische Arbeiten nach Wien.

Immer mehr Frauenvereine werden gegründet. Eine einheitliche Linie oder gar politische Programme kommen durch die Verschiedenartigkeit der Frauengruppen schwer zustande, die sich in praxisorientierten Selbsthilfegruppen mit dem Fernziel der politischen Gleichberechtigung versammeln. Ein großer Teil der ab 1866 gegründeten Frauenorganisationen wird später als bürgerliche Frauenbewegung bezeichnet. Dieser Sammelbegriff ist irreführend. Die Herkunft vieler Frauen ist zwar bürgerlich, deren politische Tätigkeit aber nicht unbedingt. Viele der Frauen sind überhaupt keinen Parteien oder Interessen zuzuordnen, da sie sozial engagiert und fortschrittlicher als die männlichen Bürgerlichen dieser Zeit agieren. Forderungen der Frauenbewegung gleichen in mancher Hinsicht den Anliegen der Sozialdemokratie. Aber vielen ist aufgrund der bürgerlichen Herkunft eine Annäherung an diese Partei nicht möglich. Einige Frauen identifizieren sich eher mit den Zielen der Sozialreformer, deren Repräsentanten aus dem mittleren Bürgertum stammen und für eine Besserstellung der sozial Schwächeren eintreten.

Auguste Fickert gründet 1893 den „Allgemeinen österreichischen Frauenverein", der jedoch nicht so unpolitisch ist, wie die Behörden es gerne hätten. Im Programm wird das Frauenwahlrecht gefordert, Frauen aus allen Lagern sind sehr willkommen. Fickert, eine tief religiöse, philosophisch und sozialökonomisch gebildete Frau, engagiert sich stark sozial. Sie bemüht sich um Frauen aller Gesellschaftsschichten und wirbt intensiv für eine einheitlichere Frau-

Marianne Hainisch hält eine Muttertagsrede im Radio

enbewegung. Marianne Hainisch, eine der führenden Frauenrechtlerinnen, gründet schließlich den „Bund Österreichischer Frauenvereine".

Die Lebensgeschichte von Marianne Hainisch scheint dem damaligen Zeitgeist vorerst ganz zu entsprechen. 1839 als Tochter einer begüterten Kaufmannsfamilie geboren, heiratet sie bereits im Alter von 18 Jahren den Industriellen Michael Hainisch. Sie wird Mutter zweier Söhne. Das Leben scheint für sie durchaus angenehm zu verlaufen, ihre Ehe ist gut. Als es in den sechziger Jahren in der österreichischen Baumwollindustrie kriselt, beginnt sie durch das Schicksal einer Freundin, die als Gattin eines Spinnereibesitzers in finanzielle Schwierigkeiten gerät und gezwungen wird, für sich und ihre Kinder selbst zu sorgen, nachzudenken. Sie begreift, daß es auch für sie als ungebildete Frau unmöglich ist, Arbeit zu finden. Marianne Hainisch ist empört über diese Hilflosigkeit und schließt sich der Frauenbewegung an.

Im Wiener Frauenerwerbsverein ergreift sie bald das Wort. Sie tritt für ein Frauenbildungsprogramm ein und fordert, daß die Gemeinde Wien in einem Realgymnasium Parallelklassen für Mädchen einrichtet oder ein eigenes Gymnasium eröffnet. Die Erste Österreichische Sparkasse widmet 40.000 Gulden dafür. Jahrelang wird in unzähligen Petitionen der Zugang zur Universität gefordert. Als der Frauenweltbund 1899 einige österreichische Frauenvereinigungen zur Teilnahme an einer internationalen Frauentagung einlädt, nimmt Marianne Hainisch teil. Beeindruckt von der internationalen Solidarität und Stärke wird es zu ihrem Anliegen, die österreichischen Frauenvereine zusammenzuschließen. 1902 gründet sie den „Bund Österreichischer Frauenvereine", der zunächst aus dreizehn Vereinen besteht. Marianne Hainisch ist in ihren privaten Lebensansichten überraschend konservativ geblieben. „Anstand" gilt ihr als höchst erstrebenswert, die freie Liebe ist für sie tabu. Als sie einmal verspätet zu einem ihrer zahlreichen Vorträge erscheint, entschuldigt sie sich mit den Worten: „Die Anteilnahme am öffentlichen Leben darf die Familienmutter nie und nimmer der Pflichterfüllung gegen ihre Familie entziehen." In diesem Sinne ist auch ihre Initiative zur Einführung des Muttertags zu verstehen. 1936 stirbt sie siebenundneunzigjährig.

Bis zur Auflösung des Bunds Österreichischer Frauenvereine durch den Frauenbund der NSDAP treten über hundert weitere Vereine bei. Es wird intensiv an verschiedensten Frauenanliegen gearbeitet. Rechtsfragen, Bildung, Kampf gegen den Alkohol und Friedensarbeit sind Themen von Frauen-Kommissionen. Eigene Frauenzeitschriften wie „Die Österreicherin", „Die Dokumente der Frau" oder „Neues Frauenleben" berichten über diese Arbeit. Die

Versammlung des Bundes Österreichischer Frauenvereine 1903

monatlich erscheinende Zeitschrift „Der Bund", die von 1905 bis 1918 existiert, ist ein wichtiges Dokument dieser Tätigkeiten.

In vielen Belangen ist sich die Frauenbewegung uneinig. So scheint besonders die Frage der Gleichberechtigung mit der Lebenseinstellung der katholischen Frauen nicht gut vereinbar zu sein. Die grundlegende Veränderung der Beziehung Frau–Mann paßt damals wie heute nicht in die Familienpolitik der katholischen Kirche. Unter dem Druck der Kirche separiert sich die katholische Frauenbewegung und muß deshalb grundlegende Frauenanliegen aufgeben. Auch die Zusammenarbeit mit Frauen in den österreichischen und ungarischen Kronländern ist schwierig. Der immer schärfer werdende Nationalitätenstreit wirkt sich aus. Die ungarischen Frauen wollen dem Bund gar nicht erst beitreten, die tschechischen Aktivistinnen weigern sich, Deutsch als Verhandlungssprache zu sprechen. Der Zwist der Männer überträgt sich auf die Frauen. Marianne Hainisch bemüht sich, durch Agitationsreisen nach Prag, Brünn und Laibach Mitglieder und Vereine anzuwerben.

Die Frauenbewegung in der Monarchie ist mit unserer heutigen politischen Erfahrung schwer zu beurteilen. Um die Jahrhundertwende verliert sie ihren Schwung, da die politische Stoßkraft durch gewählte Volksvertreterinnen noch immer fehlt.

„Die Befreiungsstunde der Arbeiterin fällt zusammen mit der ihrer ganzen Klasse ... die klassenlose Gesellschaft kennt die Vormachtstellung des Geschlechts nicht mehr" (August Bebel).

Im Schatten der Genossen

Die linken Frauen

Arbeiterinnen sehen ihren Kampf um eine Verbesserung ihrer sozialen Verhältnisse in Zusammenhang mit der Situation der gesamten Arbeiterschaft. Der Kampf um ein menschlicheres Arbeitsrecht deckt sich mit den Anliegen der männlichen Kollegen, wichtige gesetzliche Maßnahmen betreffen im 19. Jahrhundert Männer und Frauen gemeinsam. Daher unterscheiden sich ihre Methoden und Ziele von den Anliegen der traditionellen Frauenbewegung.

Das Recht auf Erwerbsarbeit ist für diese Frauen kein Diskussionspunkt. Sie müssen Geld beschaffen, auch wenn viele ihrer Kollegen in den Fabriken ihre Mitarbeit als existentiell bedrohlich empfinden. Frauen gelten als Lohndrückerinnen, den Männern wäre es lieber, sie selbst bekämen mehr Lohn, sodaß ihre eigenen Frauen nicht arbeiten müßten. Als wichtig wird auch die Öffnung von Angestelltenberufen und gewerblicher Ausbildung für Mädchen erkannt. Die Lösung der „Frauenfrage", die Vereinbarkeit von Mutterschaft und Beruf, wird radikaler gefordert: Bildung, Beruf und Verdienst müßten für Frau und Mann gleichwertig sein. Auch die Wahl des Partners sollte völlig frei sein, die Eheschließung nicht verpflichtend. Die Frauen glauben, daß die Überwindung der kapitalistischen Welt die Emanzipation mit sich bringen würde.

Für die proletarischen Frauen sind Aktionen in der Öffentlichkeit wichtige Ausdrucksmittel, Politik wird auf der Straße und in den Betrieben gemacht. Flugblätter und Plakate, Reisen und Betriebsversammlungen gehören zum politischen Programm dazu. Oft ein schwieriger Schritt für die Funktionärinnen, die wenig Bildung und nebenbei einen harten Beruf haben. Dazu kommt die Illegalität, in der sich die Frauen bewegen müssen. Denn das bis 1911 in Kraft befindliche Vereinsgesetz untersagt Frauen, Ausländern und Minderjährigen jede Form der politischen Betätigung. Die traditionelle Frauenbewegung hat Schwierigkeiten, Hausfrauen in ihrer Bewegung zu integrieren, für die Arbeiterinnen sind die zahllosen Dienstbotinnen, Heimarbeiterinnen und Frauen in Familienbetrieben schwer zu organisieren. Gerade diese hätten Hilfe notwendig, sind sie doch dem Druck der Herrschaft besonders ausgeliefert.

Bei der Gründung der Sozialdemokratischen Partei 1888 entsteht trotz der Aktivität von Frauen weder eine eigene Organisation, noch werden weibliche Mitglieder zugelassen. In den Versammlungen sind Frauen sehr selten anzutreffen, eine dritte eigenständige Kraft neben Gewerkschaft und Partei ist unerwünscht. Obwohl im Hainfelder Programm der Sozialdemokratie Frauen-Schutzforderungen enthalten sind, weist man weibliche Delegierte zurück, denn: Man „könne nur Männer gebrauchen".

„Adelheid Popp spricht zu arbeitslosen Frauen. Bei Frauenversammlungen war es üblich, daß zwei uniformierte Kommissäre die Rednerinnen überwachten, Spitzel hielten sich in der Menge auf."

Da die sozialdemokratischen Frauen den Kampf um die Änderung der Gesellschaft immer als einen gemeinsamen betrachten, ist die Sehnsucht vieler Genossinnen, der Partei beitreten zu können, groß. 1890 findet die konstituierende Sitzung zur Bildung eines Arbeiterinnen-Bildungsvereines statt. Um bessere Voraussetzungen für gute politische Arbeit zu schaffen, wird der schlechte Bildungsstand der Arbeiterinnen in Angriff genommen. Eine Bibliothek wird eingerichtet, jeden Samstag finden ideologische Vorträge von führenden Parteigenossen statt, unter der Woche wird über Schrifttum und Gesundheit informiert. Der Vereinsraum ist im Fachverein der Bäckergewerkschaft am Neubaugürtel untergebracht. Lehrerinnen unterrichten gratis. Einige hundert Mitglieder treffen hier zusammen. Der im Winter 1893 gegründete Lese- und Diskutierclub „Libertas" löst den Arbeiterinnen-Bildungsverein ab. Man versammelt sich zum Plaudern und Diskutieren in Avrils Gasthaus im 6. Wiener Gemeindebezirk. Hier ist auch Viktor Adler oft zu Gast. Er erklärt den Frauen, daß Sparsamkeit an der täglichen Nahrung nicht vernünftig sei, da so

Die erste Ausgabe der Arbeiterinnen-Zeitung

Unternehmer weiterhin die Arbeitslöhne niederdrücken würden. Und er empfiehlt, die Zeit, in der Frauen liebevoll Monogramme in Taschentücher ihrer Männer sticken, besser mit einem guten Buch zu verbringen. In Graz, Linz und Brünn werden ebenfalls Bildungsvereine eingerichtet.

Wichtig ist auch die Einbeziehung von Arbeiterinnen in Fachorganisationen. Adelheid Popp berichtet, daß Vortragsreisen in die Provinz durch Sammlungen finanziert werden müssen, da nicht viel Geld vorhanden ist. Die Sozialdemokratische Partei hat zu dieser Zeit besonders große Ausgaben, um inhaftierte Genossen und deren Familien zu unterstützen. Die Verfolgung der politischen Tätigkeit und die ständigen Konfiskationen der Zeitungen erschweren das Engagement um die Sache selbst. Viele Genossinnen, die Vorträge und Reden in Wien halten, müssen nach der Arbeit stundenlang zu Fuß zu den Versammlungsorten gehen, da sie sich die Straßenbahn nicht leisten können. Fahren Frauen zu wochenlangen Agitationsreisen in die heutigen Bundesländer, so stoßen sie auf Ablehnung. Die Gewerkschafterin Anna Boschek wird in Bludenz bereits Tage vor ihrem Vortrag in den Zeitungen als „liederliche Dirne" bezeichnet. In der Versammlung liest sie empört die entsprechenden Textstellen vor, die klerikale Kreise in der „Rankweiler Zeitung" über sie verbreiten. Oft reden Wachposten und Kommissäre den Frauen zu, sie mögen die Versammlung absagen, da sie sonst keinen Mann bekommen würden, sie selbst würden eine solche Frau nicht heiraten. Noch immer denken Männer, daß Frauen in ihrer ganzen Existenz von ihnen abhängig sein sollten.

Viele Frauen arbeiten tagsüber, am Abend widmen sie sich der Bildungsarbeit, dazu kommt noch die politische Aktion. So wird am 1. Mai 1891 ein Kampftag für die Einführung des 8-Stundentages abgehalten. Ein besonderer Erfolg ist die Herausgabe der „Arbeiterinnen-Zeitung" Anfang 1892, ein Lebenszeichen des erwachenden Selbstbewußtseins der Frauen. Nun werden die Anliegen der Arbeiterinnen österreichweit gelesen, eine eigene weibliche Redaktion wird eingerichtet.

Am 1. Oktober 1893 findet in der Penzinger Au in Wien eine Frauenversammlung statt, bei der die Frauen vehement das Wahlrecht fordern. Der Widerstand der Genossen ist beträchtlich. Fabriksarbeiterinnen, Dienstmädchen und vor allem Ehefrauen und Verwandte führender sozialdemokratischer Politiker sind anwesend. Ein Frauenreichskomitee, die erste Organisation der Arbeiterinnen, wird gegründet. Die engagierte Adelheid Popp schreibt in ihren Erinnerungen:

„Obwohl ich meiner ganzen Anschauung nach die politische
Frauenorganisation für ebenso notwendig und wichtig hielt wie
die gewerkschaftliche, schien es mir doch klüger, die noch
vorhandene Abneigung gegen die politische Betätigung der
Frauen zu berücksichtigen, um später im Einvernehmen mit allen
denselben Zweck zu erreichen."

Beim Linzer Parteitag 1898 wird Arbeiterfrauen jede eigenständige politische Handlung abgesprochen. „Frauen haben die Aufgabe, durch Bewältigung der Alltagssorgen den Genossen die Ausführung ihrer öffentlichen politischen Aufgaben zu erleichtern", heißt es. Die Partei spricht sich vehement gegen Ortsgruppengründungen und die Aufnahme nichtorganisierter Hausfrauen und Heimarbeiterinnen aus. Alle „separatistischen" Bestrebungen der Frauen werden behindert, Frauenorganisationen müssen den bestehenden Strukturen der Partei eingegliedert werden. Die Gründung von Frauensektionen in Gewerkschaften erfolgt zögernd. Frauen übernehmen in den Gewerkschaften aufwendige organisatorische Aufgaben, während die Partei die Richtlinien der politischen Arbeit festlegt. Das Wiener Programm fordert im Punkt 12 die Beseitigung aller Frauen benachteiligenden Gesetze. Als im Wahlkampf 1901 die sozialdemokratischen Frauen energische Wahlarbeit leisten, ermöglicht

Adelheid Popp

man ihnen die Gründung einer eigenen Frauenorganisation. Die Statuten für den „Verein sozial-demokratischer Frauen und Mädchen" werden ausgearbeitet, die Gründung erfolgt 1902. Eine der engagiertesten Frauen der Sozialdemokratie ist Adelheid Popp.

Als Tochter eines Webers kommt sie 1869 in ärmlichen Verhältnissen zur Welt. Der Vater trinkt, es gibt viel Streit in der Familie, die Ernährung ist schlecht. Für die vierzehn Geschwister bleibt oft nur Wassersuppe übrig, nur drei Brüder Adelheids überleben diese Kindheit. Der Vater stirbt an einem Krebsleiden, und obwohl Adelheid in der Schule nicht unbegabt ist, muß sie mit zehn Jahren Heimarbeit übernehmen. Zwölf Stunden täglich häkelt sie Tücher, dann kommt sie in Werkstätten. Trotz der mühevollen Arbeit beginnt sie sich für Bücher zu begeistern. Ihre Gesundheit verschlechtert sich. Nach einer Stelle in einer Korkstoppelfabrik und gesundheitsschädigender Arbeit in einer Bronzewarenfabrik muß sie ihre Lehrstelle im Posamenteriegewerbe aufgeben. Ohnmachtsanfälle stellen sich ein. Sie leidet unter Angstgefühlen und kommt in eine Nervenklinik. Innerhalb kürzester Zeit wird sie durch ausreichende Ernährung geheilt. Doch sie muß weiter arbeiten. In einer Metalldruckerei erleidet sie einen Rückfall, sie kommt in die psychiatrische Abteilung für Geisteskranke. Nach vier Wochen guten Essens wird sie als geheilt entlassen. Wieder wechselt sie laufend den Arbeitsplatz, da ihre Mutter stets etwas besser bezahlte Arbeit für sie findet. Nach drei Wochen sind ihre Kräfte wieder erschöpft, sie wird nun als dauernd arbeitsunfähig erklärt und kommt mit vierzehn Jahren ins Armenhaus. Sie soll in das Herkunftsland ihrer Eltern, Böhmen, abgeschoben werden. Ihre Mutter entschließt sich, die Tochter zu sich zu nehmen. Wieder findet sie Arbeit in einer Korkstoppelfabrik. Da hier die Arbeitsbedingungen besser sind, fühlt sie sich gesünder, ihr politisches Interesse erwacht. Sie kommt in Kontakt mit der Sozialdemokratie, studiert Broschüren und Zeitungen, deren Inhalt sie ihren staunenden Kolleginnen weitererzählt. Schließlich arbeitet sie sich durch die Werke von Karl Marx und Friedrich Engels. Als bei einer sozialdemokratischen Versammlung die Passivität der Arbeiterinnen beklagt wird, ergreift sie leidenschaftlich das Wort. Um politisch aktiv zu werden, ist zunächst Bildung vonnöten, erklärt sie den verblüfften Genossen, die sich vorerst über ihre unbeholfene Ausdrucksweise lustig machen. Sie erregt Aufsehen und übernimmt Funktionen in der Arbeiterinnenorganisation. Zeitungen berichten über ihre engagierten Reden. Als die erste Nummer der Arbeiterinnen-Zeitung als Beilage der Arbeiterzeitung erscheint, ist Adelheid Dworak dafür verantwortlich. Sie übernimmt die Schriftleitung und scheidet aus der Fabrik aus. Ihr späterer Mann, Julius Popp, ist Parteikassier und Administrator der Arbeiterzeitung.

Arbeiterinnenstreik in Gumpendorf 1893

1893 kommt es zu Arbeiterinnenstreiks, 600 Frauen demonstrieren drei Wochen lang gegen die unwürdigen Arbeitsbedingungen in vier Gumpendorfer Appreturfabriken in Wien. Dieser erste selbständige Arbeiterinnenstreik zeigt die Brutalität und Sturheit des politischen Polizeiapparats. Attacken der berittenen Polizei, Aggressionen gegen Streikposten sind an der Tagesordnung. Nach für die Genossinnen siegreicher Beendigung der Streiks treffen aus ganz Österreich Glückwunschtelegramme ein, in der Gumpendorfer Bierhalle wird eine Siegesfeier abgehalten. Nicht nur die Festrede wird verboten, sondern auch die Verlesung der Telegramme.

Ihr Engagement bringt Adelheid Popp immer wieder mit dem Gesetz in Konflikt. Sie kämpft gegen die gesundheitsschädigende Nachtarbeit und empfiehlt, ehemalige Arbeiterinnen als Gewerbeinspektorinnen einzusetzen, da nur sie die Tricks der Fabriksherren kennen. Oft wird ein Arbeitsraum Stunden vor Ankunft eines Gewerbeinspektors aufgeräumt, gefährliche Arbeiten werden in seiner Anwesenheit nicht verrichtet. Nach dem Krieg wird Adelheid Popp sozialdemokratische Abgeordnete im Parlament. Sie stirbt 1939, kurz vor Ausbruch des Zweiten Weltkriegs.

Immer wieder werden sozialdemokratische Frauen von der Polizei verhaftet und verhört, da sie Versammlungen nicht angemeldet haben. Empört verweisen sie darauf hin, daß schließlich die christlichsozialen Frauen ihre Treffen bei Tee und Sandwiches auch nicht als politische Versammlung ankündigen. Weshalb ist es nicht möglich, die verschiedenen Frauenorganisationen zu einer gemeinsamen politischen Vereinigung zusammenzuschließen?

In der Frage des Wahlrechts ist das möglich. Auch in wesentlichen sozialen Fragen gibt es ähnliche Anliegen. Doch den Bürgerlichen, die parteipolitisch neutral bleiben wollen, scheinen die sozialdemokratischen Frauen zu sehr an ihre Partei gebunden, außerdem lassen sie sich auf spätere Zeiten vertrösten. Die arbeitenden Frauen ihrerseits machen sich über die „Damen" lustig, die Politik aus ihrer Sicht als Hobby betreiben.

Käthe Leichter, eine der führenden Sozialdemokratinnen, meint dazu, daß diese Frauen

> „... im übrigen aber immer wieder versichern, daß sie gewiß nicht aufrührerisch seien, auf friedlichem Weg und ohne die bestehende Ordnung anzutasten zu ihrem Recht kommen wollen. Sie jubelten auf, wenn irgendwo in der Welt eine Frau Professor wurde, ... daß es nicht um die Heraushebung einzelner Bevorrechtigter, sondern um die Hebung der so schlecht gestellten Frauenarbeit überhaupt ging, übersahen sie".

Dieser Zwist kommt den Zeitgenossen sehr recht. So bringt der Ausschluß der Frauen aus politischen Gremien keine Solidarität der weiblichen Kräfte mit sich. Erst als das Frauenwahlrecht nach dem Ersten Weltkrieg in Kraft tritt, überwinden sich die Parteigenossen, Frauen in eine gemeinsame Organisation aufzunehmen. Jedoch setzen sich auch die zahlenmäßig stark vertretenen Arbeiterinnen mit inhaltlichen Anliegen kaum durch. Die Interessen der Frauen verschwinden im Schatten der Parteiarbeit, die immer im Vordergrund steht. Frauenpolitik wird zu Familienpolitik. Die sexualreformatorischen und feministischen Anliegen werden in den Parteien zerstört. Was bleibt, ist die Illusion, gemeinsam mit Männern Gleichberechtigung zu erreichen.

„Mulier taceat in ecclesia" *

Gläubig und doch sehr politisch

Die katholischen Frauen

Die Ziele der katholischen Frauenbewegung stehen in Einklang mit der katholischen Glaubenslehre. Frauen aus dem Hochadel leiten die Landesverbände und das Sekretariat, bieten Stellenvermittlung und Rechtsberatung an. Auch ein „Christlicher Verein zur Förderung der Mädchenbildung" im Sinne der erwünschten Weiblichkeit wird gegründet. Welche Interessen vertritt diese Frauenbewegung?

Bis zur Jahrhundertwende betätigen sich Katholikinnen vorrangig karitativ. Mühevolle Sozialarbeit wird ohne Bezahlung geleistet, doch die Frauen werden trotz der Mißstände nicht politisch aktiv. Beten und Helfen ist erwünscht, starke Frauen seien innerhalb der Familien und der Kirche als „Seele des Hauses" wichtig. Die strikte Rollenverteilung der Gesellschaft bleibt unangefochten. Selbsthilfe für Frauen durch Berufstätigkeit gilt als notwendig, ist jedoch auf Dauer nicht erstrebenswert. Sitte und Anstand ersetzen die Bildung, die Männersache Politik habe in Frauenrunden nichts verloren, Muttersein sei politisch genug, Güte und Liebe die weiblichen Mittel. Am 1. katholischen Frauentag 1910 wird sogar die Debatte über das Frauenstimmrecht abgelehnt.

Wollen Frauen aus der stillen Mutterrolle heraustreten, stoßen sie in ihrer eigenen Glaubensgemeinschaft auf Unwillen. Äußert sich eine Frau in ihrer Gemeinde öffentlich über politische Themen, so begegnet ihr ein höchstes Maß an Unverständnis. Nach wie vor schadet das Interesse an kirchlichen oder gesellschaftlichen Fragen dem Ansehen einer Frau samt ihrer Familie. Erst 1907 bekennt sich die Katholische Reichsfrauenorganisation unter der Präsidentschaft der Gräfin Zichy-Metternich zur Emanzipation, Kontakte zur Frauenbewegung werden geknüpft.

Die der Kirche nahestehenden Christlichsozialen versuchen, die gut organisierten Frauen für parteiliche Zwecke einzusetzen. Der „Christliche Wiener

---
* Die Frau schweige in der Kirche

Frauenbund" wird auf Initiative von Karl Lueger und Erzbischof Kardinal Friedrich Piffl gegründet. Man hat wirklich wenig zu befürchten, nehmen diese Frauen doch an, daß die soziale Vorrangstellung des Mannes gottgewollt und natürlich sei. Zudem argumentieren die katholischen Frauen vehement gegen die Ziele der Sozialdemokratie. Immer wieder wird verbreitet, daß deren Parteiprogramm die Institution der Familie zerschlagen wolle. Der klerikale Zeitgeist macht auch vor der Frauenbewegung nicht halt. Jeglicher unchristliche Einfluß soll von den Familien abgehalten werden. In der „Österreichischen Frauenzeitung" sind Aufforderungen zu lesen, die Jahrzehnte später auf Wiens Hausmauern wieder auftauchen.

„Gedenket der sehnsüchtig wartenden stammesverwandten Geschäftsleute! Vermeidet den Einkauf bei den Feinden unseres Volkes. Kauft nur bei Christen!"

Vor dem Hintergrund des antisemitischen Glaubenskampfes der Kirche warnt die katholische Frauenbewegung vor der geistigen und sittlichen „Verderbtheit" der Juden. Christlichen Hausmädchen wird empfohlen, sich von jüdischen Häusern fernzuhalten.

Der Wiener Bürgermeister Lueger spannt Frauen für Propagandazwecke ein. Das Wahlrecht stellt er ihnen nicht in Aussicht. So treten die Frauen für eine politische Gruppierung ein, die eigentlich nicht daran denkt, Gleichberechtigung als Gegenleistung zu gewährleisten. „Meine Amazonen werden tüchtig zuhauen", freut sich Lueger. In den Kirchen wird Tagespolitik gemacht, werden Frauen im Namen Gottes motiviert. Die Mittel der christlichsozialen Agitation sind vielfältig. Bälle, Wallfahrten und kirchliche Veranstaltungen werden von Frauen organisiert. Nach den Wahlsiegen lobt der Bürgermeister seine „Frauenpolitik": „Wir verdanken den Frauen den Sieg!"

„Ja, gnä' Frau, schauns halt, daß
Ihnere Weiber das Stimmrecht
krieg'n – sonst is nix" *

„Frauenspersonen ausgenommen"

Der Kampf um politische Rechte

Es ist klar, daß mit der Erlangung von politischen Rechten die Frage nach Gleichberechtigung in der Öffentlichkeit klarer gestellt werden kann. Können Frauen erst einmal in den Gremien der Regierung und Verwaltung mitreden, werden auch ihre Anliegen besser angehört. Es gibt einerseits die prinzipiell sturen Gegner des Frauenwahlrechts, die in keiner Hinsicht zu Konzessionen bereit sind. Aber auch die Sozialdemokraten wollen abwarten, und die Bürgerlichen glauben, eine gewisse „geistige Unreife" der Frauen mache politische Entscheidungen unmöglich.

Nach dem kaiserlichen Patent vom 4. Februar 1861 ist nicht ein Individuum wahlberechtigt, sondern die Person, die Steuer bezahlt oder einem privilegierten Berufskreis angehört. Das Geschlecht ist nicht bestimmend. Einzelne Frauen besitzen also seit 1861 prinzipiell das Wahlrecht. Politische Aktivität ist jedoch untersagt. Das Staatsgrundgesetz vom 21. Dezember 1867 proklamiert das Recht aller Bürger, sich zu versammeln und Vereine zu bilden. Der § 30 des Vereinsgesetzes bestimmt jedoch eine Ausnahmeregel für „Ausländer, Frauenspersonen und Minderjährige".

1888 wird dem größten Teil der wahlberechtigten Frauen das Wahlrecht wieder entzogen. Frauengruppen reichen unzählige Petitionen ein, man berücksichtigt sie nicht. Durch die Badenische Wahlreform 1897 erhalten alle 24jährigen unbescholtenen Staatsbürger in Österreich das Wahlrecht. Ausgeschlossen sind Frauen, Unmündige und Verbrecher. Es kommt zu Wahlrechtsversammlungen, außerdem engagieren sich Frauen aller politischen Richtungen in den Wahlkämpfen der Parteien, um das Wahlrecht für sich beanspruchen zu können. Bei Veranstaltungen kommt es immer wieder zu Zusammenstößen mit der Polizei, Verletzte und zahlreiche Verhaftete sind die Folge.

---

* Wiener Bürgermeister Lueger zu Marianne Hainisch

Mutig lautet die Resolution zum Frauenwahlrecht am 1. Oktober 1893:

„In Erwägung, daß die Arbeiterinnen unter derselben ökonomischen Unterdrückung zu leiden haben wie die arbeitenden Männer; in weiterer Erwägung, daß dieser entwürdigende und für die Gesellschaft gefährliche Zustand auf ökonomischem Gebiet auch in der politischen Rechtlosigkeit seinen Ausdruck findet; in weiterer Erwägung, daß nur die Eroberung der politischen Macht diesem System ein Ende bereiten kann und zur Erreichung dieses Zieles gemeinsamer Kampf gegen gemeinsame Ausbeutung notwendig ist, fordert die am 1. Oktober 1893 tagende Versammlung der Arbeiterinnen als vornehmstes Kampfesmittel das aktive und passive, allgemeine, gleiche und direkte Wahlrecht für alle Vertretungskörper, für alle Staatsbürger ohne Unterschied des Geschlechtes vom 21. Lebensjahre an und erklärt, mit aller Kraft, aller Entschiedenheit und allem Opfermut im begonnenen Kampf mitzustreiten und ihn bis zum endgültigen Siege durchzuführen."

Die Referentinnen dieser Resolution werden, da sie die „Ehrfurcht vor Mitgliedern des kaiserlichen Hauses verletzt" hätten, angeklagt. Thron, Altar und Militarismus sind Heiligtümer. Wer sich abfällig und kritisch äußert, muß damit rechnen, zu einigen Monaten schweren Kerkers verurteilt zu werden. Auch „Aufreizung zum Klassenhaß" kann einem vorgeworfen werden. Aktive Frauen werden bespitzelt, zeitgenössische Polizeinoten enthalten zum Beispiel Vermerke wie: „Amalie Ryba führt einen leichtsinnigen Lebenswandel, weil sie oft nach 10 Uhr nach Hause kommt." Bei Frauen kommt wie so oft neben dem politischen Vorwurf auch noch die persönliche moralische Komponente dazu.

1905 finden große Demonstrationen für die Einführung des allgemeinen Wahlrechts statt, doch als 1907 allgemeine Wahlen stattfinden, sind Frauen wieder ausgeschlossen. Das Abgeordnetenhaus gibt bekannt, daß die Zeit für das Frauenwahlrecht noch nicht reif sei. Mit Unmündigen und Verbrechern gemeinsam wird den Frauen das Recht zur Mitbestimmung verwehrt.

Erbittert kämpfen die Frauen weiter, gibt es doch keine vernünftigen Gründe für diesen Ausschluß. Frauenstimmrechtskommissionen bilden sich, sogar die Frauen der traditionellen Frauenbewegung greifen zu Mitteln der Politik auf der Straße, es findet eine Demonstrationsfahrt mit Kutschen und Automobilen zum Parlament statt. Doch konservative Kräfte aller Parteien verhindern das politische Mitspracherecht bis zum Ende der Monarchie.

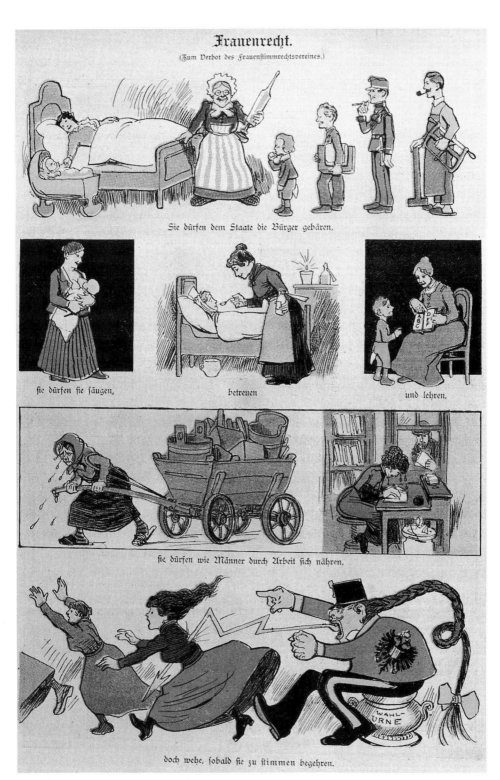

Karikatur zum Frauenwahlrecht, 1907

Warten auf den Prinzen

Frauenarbeit im 19. Jahrhundert

In den Fabriken herrschen vorwiegend verheerende Arbeitsbedingungen. Dort zu arbeiten bedeutet, jahrelang körperliche Überanstrengung auf sich zu nehmen. Frauen werden schlechter entlohnt als Männer, sie haben keinen Zugang zu Ausbildung, Lehrstellen oder Fachschulen. Was übrig bleibt, sind ungelernte Arbeiten, Fabriksarbeit und Hilfsdienste. Mit der zunehmenden Technisierung und Arbeitsteilung fällt Frauen die unqualifizierte Arbeit der Massenanfertigung zu. Dort, wo der gelernte Arbeiter überqualifiziert ist, rückt die Hilfsarbeit der Frau nach. Es gibt einen direkten Zusammenhang zwischen der Vereinfachung der Arbeit und dem Ansteigen des Frauenanteils.

Das heißt aber noch nicht, daß die Arbeit dadurch leichter wird. Sie bleibt nämlich schwere Männerarbeit, die zehn Stunden täglich verrichtet werden muß. Frauen dienen sozusagen als Maschinenersatz. Sie fallen der Modernisierung eines Betriebs zuerst zum Opfer. Wo Männer mit dem Lohn nicht mehr auskommen können, werden Frauen herangezogen, von denen man annimmt, daß sie ohnehin einmal heiraten oder mit wenig Lohn zufrieden sind. Eine Ausbildung wird Frauen verwehrt und ist für diese Art von Arbeit unerwünscht. Mit dem Argument, daß sie aufgrund ihrer schwächeren körperlichen Konstitution weniger leisten könnten, werden Frauen für ihre unerfreuliche Arbeit schlechter bezahlt. Der Fabrikant spart sich teure männliche Arbeitskräfte, Frauen leisten die gleiche Arbeit zu niedrigeren Löhnen.

Das Leben von jungen Fabriksarbeiterinnen, die unverheiratet ihre Familie verlassen müssen, ist schwierig. Für Mädchen aus ärmeren Familien beginnt die eigenständige Erwerbsarbeit im Alter zwischen 11 und 15 Jahren. Sie können sich kein eigenes Zimmer leisten, teilen sich als Bettgeherinnen ein Bett mit Frauen, die in einer anderen Schicht arbeiten. Da ihnen auch keine Küche zur Verfügung steht, können sie nicht für sich selbst kochen. Es bliebe auch wenig Zeit, denn sie kommen müde von der Arbeit und kaufen auf dem oft weiten Nachhauseweg günstige Nahrungsmittel fertig ein oder besorgen sich kalte Speisen aus der Volksküche. Die es sich leisten können, holen mit einem „Heferl" aus dem nächsten Gasthaus ein bißchen Gemüse und Brot. Viele leben jahrelang von Kaffee und Brot. Häufige Arbeitsplatzwechsel aus familiären oder gesundheitlichen Gründen bringen unregelmäßige, saisonbedingte Beschäftigungen mit sich. In allen Branchen liegt der Lohn der Frauen unter dem der Männer. Daher ist eine bleibende Existenzsicherung durch den selbstverdienten Lohn der Frauen fast unmöglich. Die sozialdemokratische Frauenrechtlerin Adelheid Popp, die selbst als junges Mädchen schwerste und ungesunde Lohnarbeit verrichten mußte, schildert die Lage dieser Frauen:

> „Da sitzen nun die vierzehnjährigen Mädchen in der Fabrik, bewacht und angepeitscht von einer ganzen Schar Arbeiter. Sie hoffen auf den eigenen Haushalt. Wie die verzauberte Prinzessin im Märchen hoffen sie auf den Prinzen, der sie erlösen wird aus der Pein und Qual der Lohnarbeit. Sie sehen zwar das traurige Los ihrer verheirateten Kolleginnen, aber in einem Winkel ihres Herzens bleibt doch jeder einzelnen die Hoffnung, daß es gerade ihr besser beschieden sein soll." *

Sind Frauen einmal verheiratet, so eröffnet sich mit dem Haushalt eine zusätzliche Arbeitswelt. Hausarbeit wird allgemein als „Nicht-Arbeit" eingestuft, nicht als Arbeit im eigentlichen Sinne. Sie ist Frauensache. Fabriksarbeiterinnen, die nach der Geburt von Kindern ihre Erwerbstätigkeit für eine gewisse Zeit aufgeben müssen, nehmen zu Hause noch schlechter bezahlte Heimarbeit an. Die Grenzen zwischen bezahlter und unbezahlter Frauenarbeit verschwimmen. Neben dieser eigentlich fabriksmäßigen Hausarbeit werden noch zusätzlich Arbeiten aller Art angenommen. So das Wäschewaschen für Bettgeher oder Bügeln auf Auftrag. Sobald die Kinder größer sind, wird, wenn möglich, wieder besser bezahlte Fabriksarbeit angenommen.

Mangelnde Schutzvorrichtungen und Steigerung der Produktion auf Kosten der billigen Arbeitskräfte sind an der Tagesordnung. Es kommt vor, daß Gewerbeinspektoren besonders gefährliche Arbeiten für Frauen untersagen. Doch sie stoßen auf den Protest der Handelskammer, die den Vorteil billiger Arbeitskräfte für die Wirtschaft wahren möchte. Um gesetzlich verkürzte Arbeitszeiten zu umgehen, wird den Arbeitnehmerinnen nahegelegt, sie mögen sich doch Arbeit mit nach Hause nehmen. Wer sich dafür nicht meldet, hat Nachteile zu erwarten. Viele sind froh, so ein bißchen mehr Geld zu verdienen. Mit Hilfe weiblicher Familienmitglieder wird bis in die Nacht hinein gearbeitet. Charakteristisch für die weibliche Arbeitskraft ist der oftmalige Wechsel der Arbeit, ein stetiger Neubeginn aufgrund familiärer Gegebenheiten. Eine weiterführende kontinuierliche Qualitätsarbeit ist so unmöglich. Die Frau bleibt Hilfsarbeiterin.

---

* Adelheid Popp, Die Arbeiterin im Kampf ums Dasein, Wien 1911

Mit dem Wachsen der Frauenbewegung werden die Arbeitgeber hellhöriger und fürchten Störungen des reibungslosen Arbeitsablaufs. Der Direktor der Schokoladefabrik Küfferle läßt zum Beispiel Bögen herumgehen, auf denen die Arbeiterinnen Bestätigungen unterschreiben sollen, daß sie nicht auf Frauenversammlungen gehen. Auch Nachfragen bei Kolleginnen, wie denn eine Verdächtige ihre Feierabende verbringe, kommen vor.

Die Gründung von Frauensektionen bei der Gewerkschaft verzögert sich lange, so haben die Frauen eigentlich keine Vertretung, die sich ihrer Probleme annimmt. Am ehesten werden die Fachvereine der kaufmännischen Angestellten ausgebaut. Keine Vertretung haben vorerst auch Dienstbotinnen, die in Familien mit Kleinbetrieben oft unangemeldet neben der Hausarbeit im Betrieb arbeiten müssen. Arbeitsunfälle und Krankheiten sind das Problem der Arbeitnehmerin.

Um 1900 weist Österreich einen im europäischen Durchschnitt hohen Frauenerwerbsanteil auf. 41% aller Berufstätigen sind Frauen, die meisten davon in der Land- und Forstwirtschaft. Umso erstaunlicher ist die beharrliche Diskussion über die Rolle der Frau in der Berufswelt.

Marianne Hainisch, die sich mit der Erwerbstätigkeit der Frauen auseinandersetzt, meint 1875 in ihrer Abhandlung „Zur Brodfrage der Frau":

> „Man gönnt es der Frau, daß sie die schwere Arbeit auf den Bauten, die ungesunde in den Fabriken und die erschöpfende an der Nähmaschine vollbringt, sobald sie aber an dem Schreibtische oder in irgend einer höheren Kategorie des Erwerbs Arbeit und Brod sucht, beginnt man sofort über ihren schöpferischen Geist, ihre geistigen und physischen Kräfte Zweifel zu erheben, und besonders in Bezug auf die letzteren heißt es dann, zum größten Erstaunen derer, welche die Frauen auf den Bauten, in den Fabriken und an der Nähmaschine arbeiten sehen, urplötzlich, daß die Natur nun einmal den Frauen die Grenze gesetzt habe!"

Durch schlecht bezahlte Arbeit wird die Abhängigkeit der Frauen von ihrer Familie immer größer. Lebensveränderungen sind mit großen finanziellen Einbußen verbunden. Die geschlechtliche Arbeitsteilung ist zur Zeit der Jahrhundertwende bereits vollzogen.

In der zweiten Hälfte des 19. Jahrhunderts stehen den Frauen immer mehr Berufe offen. Vorherrschend sind monotone, häufig dienende sowie heilende, pflegende, erzieherische und helfende Arbeiten, die verblüffende Ähnlichkeiten mit typisch häuslicher Frauenarbeit aufweisen. Eine spezielle Ausbildung ist oft nicht nötig, da der Frauenalltag genug Übungsmöglichkeiten bietet. Menschlichkeit und Einfühlungsvermögen als weibliche Stärken sind die natürliche Qualifikation, die allerdings nicht gut bezahlt ist. „Semiprofessionen" fordern Geduld und Kondition, klare Frauensache, die den in die Arbeitswelt strömenden Frauen gerne überlassen wird. So verliert zum Beispiel der Beruf des Sekretärs, als er von Frauen besetzt wird, an Inhalt und Wertschätzung. Die Arbeit verwandelt sich in unselbständige Dienstleistung.

Seit 1867 sind theoretisch öffentliche Ämter für alle österreichischen Staatsbürgerinnen zugänglich. Zum traditionellen Beruf der Lehrerin im Staatsdienst kommt vor allem der Post- und Telegraphendienst dazu.

Welche Arbeit erwartet die Frauen, die froh sind, Alternativen zur Fabriksarbeit zu finden? Oberflächlich betrachtet ein Fortschritt, weist der Beruf des „Fräuleins von der Post" wieder die typischen Merkmale von Frauenarbeit auf. So sind die 1899 beim Wiener Fernsprechamt angestellten 700 Frauen in der untersten Gehaltsstufe. In den „Dokumenten der Frauen" wird über die Arbeit der Telefonistinnen berichtet:

> „Sie müssen einen umfangreichen Hörapparat tragen, der Brust und Kopf umschließt und auf Ohr und Schläfen einen derart empfindlichen Druck ausübt, daß am ersten Geschäftstage drei Ohnmachtsanfälle vorkamen und die Betroffenen nach Hause transportiert werden mußten. Jeder Tag hat bisher eine Anzahl neuer Opfer gefordert. Es treten nämlich häufig heftige Übelkeiten bei den Beamtinnen auf und selbst die Widerstandsfähigsten leiden an intensivem Kopfschmerz."

Unerträglicher Lärm, elektrotechnische Mängel, die bei Gewitter lebensgefährlich sind, und ein Glasdach, durch das die Sonne brennt, sind die Begleiterscheinungen der gewährten Emanzipation.

Obwohl Telefonistinnen im Staatsdienst angestellt sind, bleibt ihnen der Beamtenstatus verwehrt. In die Pensionskasse müßte extra eingezahlt werden, auch eine Krankenversicherung von 21 Kronen kann auf Wunsch abgezogen werden. Die meisten Frauen sparen diese große Ausgabe ein und denken

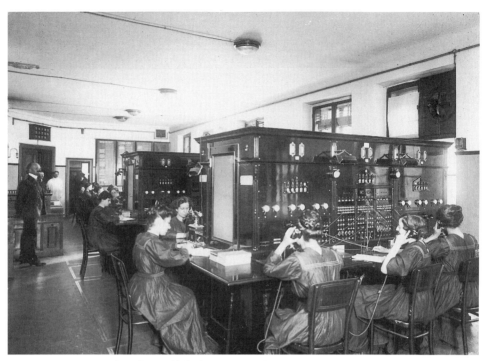
Telefonistinnen in einer Telefonzentrale

nicht an ihre eigene Absicherung. Passiert ein Unfall, werden sie älter, stehen sie ohne Versorgung da. So bleibt der Wunsch nach einer Ehe aufrecht.

Auch bei den k. und k. österreichischen Staatsbahnen werden Frauen eingestellt. Zunächst nur bahnintern die unversorgten Töchter und kinderlose Frauen von Bahnbediensteten. Ihre Schreibposten haben den Status von Taglöhnerinnen. 1899 sind 648 Beamtinnen definitiv bei der Bahn angestellt. Doch das bedeutet noch lange keine Gleichstellung. Auf den entscheidenden Unterschied wird geachtet: Von Gehaltsregulierungen der Beamten, Unterbeamten und Dienern der Staatsbahnen sind sie ausgeschlossen.

Anfangs erhalten Lehrerinnen das gleiche Gehalt wie ihre männlichen Kollegen. Doch Ende der 80er Jahre, als sich die Staatsfinanzen verschlechtern, spart man ausgerechnet an ihren Gehältern. Das bringt einiges an Budgetersparnis, gibt es doch 1900 in der österreichisch-ungarischen Monarchie immerhin 34.427 Lehrerinnen. Zugleich mit der Wirtschaftlichkeit dieser Maßnahme wird die argwöhnisch betrachtete Gleichheit zwischen Frau und Mann wieder rückgängig gemacht. 1907 erhalten Lehrerinnen in Niederösterreich nur 72% des normalen Lehrergehalts.

Das Repertoire der Zurückdrängung von Frauen ist damit nicht erschöpft. Empört wehren sich Frauen gegen die Zölibatsklausel, die 1880 eingeführt wird. Sie bestimmt, daß Lehrerinnen, die heiraten, entlassen werden sollen. Dieses „Zölibat" bleibt lange erhalten, noch 1933 wird eine Verordnung für Niederösterreich erlassen, die Lehrerinnen ohne feste Stelle eine Heirat ohne Genehmigung des Landesschulrats untersagt. Bei Nichtbefolgung wird die Heirat einfachheitshalber als freiwillige Dienstentsagung angesehen.

Eine eigene Existenzgründung ist nicht erwünscht, wo bliebe da die Bedeutung der Familie? Ein niedriges Gehalt ist aus wirtschaftlicher Sicht vorteilhaft, es trifft auch bloß dasjenige Geschlecht, das ohnehin die Möglichkeit hat, einen Versorger zu finden. Anderes bleibt den meisten Frauen auch nicht übrig. Der Verdienst weiblicher Angestellter liegt etwa bei der Hälfte des Einkommens der Männer. Nun, als Frauenberufstätigkeit nicht aufzuhalten ist, erweist sie sich für die Wirtschaft als vorteilhaft und kostensparend. Sie ist es bis heute geblieben.

„... daß der Mann das Haupt der Familie sei, weil er eine andere Erziehung und Ausbildung genossen habe und gewöhnlich physisch oder intellektuell der Frau überlegen sei und eine reifere Urteilskraft als die Frau besitze." *

Die Fassade des Müßiggangs

Der Alltag der Gnä' Frau

Für Frauen des Adels und des wohlhabenden Großbürgertums kommt Frauenerwerbstätigkeit nicht in Frage. Gelassenes Nichtstun gilt als Beweis für die finanzielle Sicherheit, die der Ehemann bietet. Arbeit bedeutet, der charmante Schmuck des Hauses zu sein, Kinder in die Welt zu setzen und die Dienstboten zu koordinieren. Handarbeiten und Klavierspielen unterbrechen den Müßiggang, Repräsentationspflichten und karitativer Einsatz ergänzen die Pflichten.

So angenehm der Alltag dieser Frauen scheint, so beschwerlich ist er für Dienstbotinnen, die in diesen luxuriösen Häusern die umfangreiche Hausarbeit verrichten. Töchter von Bauern, Arbeitern und kleinen Handwerkern werden dafür angestellt, ungeregelte Arbeitsbedingungen sind auf der Tagesordnung. Unbegrenzte Arbeitszeit und umständliche, mühsame Arbeit bei schlechter Bezahlung werden zu Merkmalen dieses für das 19. Jahrhundert typischen Frauenberufs. Die Schicksale sauberer Dienstmädchen, denen der Hausherr nachstellt, sind ein dunkler Teil nachsichtig belächelter „Frauengeschichte". Das Ausgeliefertsein des weiblichen Körpers, die sexuelle Belästigung am Arbeitsplatz, wird augenzwinkernd toleriert.

In der nach „Höherem" strebenden Gesellschaft der Monarchie wird viel auf den äußeren Schein geachtet. Die Vorschriften des guten Tons werden penibel gepflegt, man trachtet den adeligen und wohlhabenden Schichten nachzueifern. Hat man schon nicht deren Reichtum und Macht, so kopiert man wenigstens den Stil. Daher ist auch jede Form der Frauenarbeit äußerst unvornehm und stört das Prestige des Mannes. Für höhere Angestellte, etwa im Banken-

---
* Familienrecht des Allgemeinen Bürgerlichen Gesetzbuches, 1786

sektor, ist es selbstverständlich, daß ihre Frauen die Hände in den Schoß legen und sich und ihre Kinder versorgen lassen. Nach außen hin zumindest. An außerhäusliche Arbeit ist schon gar nicht zu denken, aber auch Fleiß in den eigenen Wänden gilt als ordinär und, gesellschaftlich gesehen, als Eingeständnis finanzieller Not.

Doch wie sieht die Wirklichkeit hinter der Fassade des Müßiggangs aus? Die finanziellen Möglichkeiten vieler Familien, die sich diesem Diktat des gesellschaftlichen Scheins aussetzen, sind bei weitem nicht so groß, daß die Mithilfe der Frauen nicht sehr wichtig wäre. Jegliche körperliche Arbeit muß aber nach außen hin kaum merkbar verrichtet werden. Die Fähigkeiten einer Frau werden unsinnigerweise daran gemessen, wie penibel gereinigt die Wohnung ist. Dementsprechend verläuft auch die Mädchenausbildung, um später die Kindererziehung und die komfortable Gestaltung des Heims emsig, sparsam und vor allem stets liebevoll besorgen zu können. Reicht das Gehalt des Ehemannes nicht, so werden Dienstbotinnen gekündigt, still und heimlich übernimmt die Hausfrau deren Pflichten.

Dazu kommt die periodisch zu erledigende Repräsentationspflicht, auch ein Relikt aus vornehmer Gesellschaft. Die Wiener Geselligkeit ist durch zahlreiche Anekdoten kluger Bonmots männlicher Gäste berühmt, die Dame des Hauses wird wegen ihrer Liebenswürdigkeit gelobt. Ihre Mühe und Arbeit bleiben unerwähnt. Für die Karriere des Hausherrn wird viel Zeit aufgewendet. In monatelanger Arbeit versucht die Hausfrau, die teure Eleganz des Salons, der meist weitaus luxuriöser als die übrigen Zimmer der Wohnung eingerichtet ist, selbst herzustellen. Die damals beliebten Tischdeckerln, Klavierüberwürfe und Läufer werden gestickt, sogar Teppiche als Perserimitation geknüpft. Es wird auch gebastelt: Paravents, Sofaüberzüge und Verzierungen sollen den perfekten Rahmen für die Abendgesellschaft abgeben.

Meist übersteigt auch die standesgemäße Zubereitung des Festmahls die finanziellen Möglichkeiten der Familie. Das Diner, üblicherweise ein sechsgängiges Mahl, erfordert tagelange Küchenarbeit, Einkaufen und Planen des Menüs. Am Abend selbst wird ein Lohndiener angemietet, der die Gäste bedient. Die Hausfrau sitzt äußerlich entspannt, wahrscheinlich müde, bei ihren Gästen. Die Frauenarbeit bleibt unsichtbar und daher unbedankt. Im Alltag müssen die Ausgaben der Abendgesellschaft dann wieder eingespart werden.

Steht es einmal besonders schlecht um die Finanzen der Familie, nimmt die „gnädige Frau" noch erwerbsmäßige Heimarbeit an. Das zusätzliche „Körberl-

„Der äußere Schein erschwert das Leben."

geld" verschwindet in der Haushaltskasse. Das muß natürlich streng geheimgehalten werden. Die Handarbeiten werden dann an organisierte Händler und Zwischenhändler abgegeben, die anonym den Kontakt zu den Kunden herstellen. Dieser Nebenerwerb ist äußerst schlecht bezahlt, „Zubrot" wird eben nicht als Beruf angesehen.

Marianne Hainisch, die das Wiener Bürgertum bestens kannte, beklagt diese Verlogenheit:

> „Es gibt zahllose gebildete, achtenswerte, den angesehensten
> Kreisen angehörende Familien, in welchen das Einkommen des
> Mannes nicht reicht, in welchen aber, wie die Dinge heute
> stehen, der Mann aus Furcht, an seiner Stellung einzubüßen,
> der Frau von erwerblicher Arbeit abraten muß. Die arme Frau
> verrichtet zu Hause die gröbste, anstrengendste, nicht
> lohnende Arbeit, und die wird ihr nicht gewehrt, weil sie im
> Verborgenen geleistet wird; oder wieder in anderen Familien
> malen und musizieren die Töchter und lesen Romane, während
> der Vater der Mühe des Erwerbens beinahe unterliegt."

Wollen engagierte Frauen selbst ein Gewerbe ausüben, müssen sie ihren Gatten um Erlaubnis fragen. Prinzipiell dürfen Frauen nach Erlassung der liberalen Gewerbeordnung von 1859 selbständig ein Gewerbe führen.

Töchter bürgerlicher Familien, die keine üppige Aussteuer und auch keine besonders gute Partie zu erwarten haben, sind gezwungen, sich eine berufliche Alternative zur Ehe zu suchen. Nur ungelernte Arbeit bleibt zur Auswahl, da ihnen der Zugang zur Berufsbildung versperrt ist. Der Wert der Frauenbildung im 19. Jahrhundert liegt in der Bildung von Sittlichkeit und Frömmigkeit, nicht gerade berufsorientiert. Dazu kommt, daß gewisse Berufe nicht standesgemäß sind und einen doch noch erhofften zukünftigen Ehekandidaten abschrecken könnten. Übrig bleiben Berufe wie Haushälterin, Kindermädchen oder Gesellschafterin. Auch hier sind die Löhne gering, die Frauen haben niemals die Möglichkeit, selbständig zu werden. Die Ehe bleibt das Lebensziel, der Ehemann der Begleitumstand.

Andrea Loebenstein

Frauenehre, Liebe und der abgesetzte Mann

Bürgerliche Frauenliteratur

Der Begriff klingt etwas verstaubt, so wie auch die Bücher der heute weitgehend in Vergessenheit geratenen Autorinnen erst von einer Staubschicht befreit werden mußten. Bürgerliche Frauenliteratur ist Literatur von Frauen zur Zeit der Frauenbewegung zwischen 1866 und dem Ersten Weltkrieg. Die Autorinnen der bürgerlichen Frauenliteratur standen in engem Kontakt zur Frauenbewegung. In literarischer Form setzten sie sich mit der Situation der Frau aus ihrer eigenen Perspektive auseinander. Themenentwicklungen wie das Aufzeigen neuer weiblicher Lebensmodelle, Kritik an realen Lebensbedingungen, aber auch der Konflikt zwischen neuen Tendenzen und traditionellen Wertvorstellungen sind zu erkennen. Die Autorinnen konnten zur Zeit ihres Wirkens einen gewissen Bekanntheitsgrad erzielen. Ihr Schaffen muß der Unterhaltungsliteratur zugeordnet werden. Faßt man die Themen der bürgerlichen Frauenliteratur zusammen, ergeben sich drei Schwerpunkte: Frauenehre, Liebe und der „abgesetzte Mann".

Mit dem pathetischen Begriff Frauenehre lassen sich die Forderungen der Autorinnen nach Emanzipation umschreiben. Angestrebt werden eine selbständige und unabhängige Stellung der Frau, Gleichberechtigung in Bildung und Beruf, allerdings unter Bewahrung der „weiblichen Eigenschaften". Frauenehre wird zum Symbol für Emanzipation.

Die Thematisierung der Liebe nimmt einen weiteren zentralen Stellenwert ein. Der Konflikt, in den diese Frauengestalten verstrickt sind, ist meist durch die Liebe zu einem Mann geprägt. Dem Schema der Unterhaltungsliteratur entsprechend werden die Merkmale des romantischen Liebeskonzepts reduziert und stereotypisiert.

Die Formulierung „der abgesetzte Mann" beinhaltet die Forderung nach mehr Rechten für die Frau. Die Frau soll mit jenen Eigenschaften, durch die sie traditionell definiert wird – wie Mütterlichkeit oder die Sphäre des Herzens –, das öffentliche Leben bereichern. Damit ist die Hoffnung verknüpft, der Frau neue Tätigkeitsbereiche zu eröffnen. Das Konzept ist darauf abgestimmt, die Vorherrschaft des Mannes durch die Einbeziehung der Frau in männliche Domänen zu unterlaufen. Die Absetzung des Mannes kommt keinem radikalen Machtkampf gleich, sie soll vielmehr durch die Teilung der Aufgabengebiete in männliche und weibliche erfolgen. Nun zu den Autorinnen und ihren Werken. Fünf Romane bürgerlicher Frauenliteratur sollen hier vorgestellt werden.

Franziska von Kapff-Essenther (1849-1899) bildete sich durch Selbststudium und Privatstunden zur Lehrerin aus und leitete eine Privatschule in Wien. In zweiter Ehe heiratete sie 1888 den Schauspieler Paul Blumenreich, gemeinsam gaben sie das „Berliner Feuilleton" heraus. In diese Zeit fiel auch ihre umfangreiche literarische Tätigkeit, zu der sie aus finanziellen Gründen gezwungen war. Sie veröffentlichte 39 Bücher. Ihr Mann flüchtete wegen unglücklicher Theaterspekulationen nach Amerika; Franziska von Kapff-Essenther selbst beging wegen ihrer finanziellen Notlage Selbstmord.

Die Arbeit an „Frauenehre. Roman aus dem modernen, socialen Leben" (1873) begann Franziska Essenther bereits mit 19 Jahren. In drei Bänden wird die Emanzipation der Frau in Bildung und Beruf anhand der alles überstrahlenden Protagonistin Emilie entworfen: Emilie erhält durch ihren sehr fortschrittlichen Vater die gleiche Erziehung wie ihr Zwillingsbruder; dies bildet den Grundstein für ihre Bestrebungen. Erfolgreich widmet sie sich ihrer Ausbildung, sie lebt mit dem Bewußtsein:

„(...) keine Macht soll mich abhalten, mich so auszubilden und
zu vervollkommen, wie es mir die Erkenntnis meiner höheren
Pflicht gegen mich selbst und mein innerer Beruf gebieten." *

Emilie will Ärztin werden. Davon kann sie auch die Liebe zu Konrad Linden, der ihren Berufswunsch ablehnt, nicht abhalten; seinen Heiratsantrag lehnt sie mit folgender Begründung ab:

„Würde ich nicht moralisch sinken, wenn ich meine
Unabhängigkeit einem Mann opfere, der mich möglicherweise nur
wegen meiner körperlichen Reize zur Gattin wählt und mich für
das Opfer meiner Freiheit durch die Sorge um meine Existenz
bezahlt?"

---

* Franziska Essenther, Frauenehre. Roman aus dem modernen, socialen Leben, Wien 1873, 3 Bde.

Emilie geht ihren Weg: Als Student verkleidet, absolviert sie das Medizinstudium. Allen Schwierigkeiten zum Trotz ist sie von der Gewißheit beseelt, für alle Frauen zu kämpfen:

> „(...) mit welcher Ungerechtigkeit man diese Pflanzstätten höherer Bildung einer ganzen Hälfte des ganzen Menschengeschlechts verschlossen, wie man den dümmsten Burschen zugelassen, aber die genialste Frau zurückgewiesen, und doch war diese Bildungsanstalt für den menschlichen Geist da, nicht für den männlichen allein."

Und so gelingt es ihr, die Zulassung aller Frauen zum Studium durchzusetzen. Erfolgreich meistert Emilie den Einstieg ins Berufsleben, obwohl auch hier Frauen größeren Schwierigkeiten ausgesetzt sind:

> „Ich weiß ja, daß ich in meinem Berufe das Außerordentliche leisten muß, um meinem Zwecke gerecht zu werden, denn Fehler und Unvollkommenheiten, welche man bei jedem männlichen Individuum leicht übersähe, würden an mir, der Frau, triumphierend aufgedeckt werden."

Schließlich hat sie eine eigene Arztpraxis, widmet sich sozialer und politischer Tätigkeit. Um das Happy-End des Romans zu vervollkommnen, hat auch Konrad Linden seine Einstellung geändert. Sie heiraten und leben, gemeinsam mit ihrem Sohn, eine Ehe auf der Basis von Freiheit und Gleichheit.

> „Sie waren sich gleich an Sympathien für einander, in ihrem geistigen Standpunkte, ihren Weltanschauungen, ihrer Lebensaufgabe und ihrer Bedeutung für die Gemeinschaft; in dieser Gleichheit lag die Grundbasis ihrer Ehe, aus welcher gleiche Verteilung der Pflichten und Rechte an beide Teile von selbst erwuchs."

Der Roman „Frauenehre" zeigt das Leben einer Frau, die durch Willenskraft und Ausdauer eine selbständige und gleichberechtigte Position erlangt, das Ideal der „Frauenehre" verwirklicht. Frauenehre wird hier verstanden als Gleichberechtigung in Bildung und Beruf unter Bewahrung des weiblichen Rollenbilds. Progressive emanzipatorische Aspekte sind mit traditionellen Vorstellungen vom Wesen der Frau verbunden. Auffallend ist, daß Emilie alle Lebenslagen problemlos meistert, sie ist mit extrem positiven Zügen gezeichnet, mit einem Flair der Unantastbarkeit umgeben, alle Unstimmigkeiten und Krisen lösen sich in Wohlgefallen und allgemeine Zufriedenheit auf. Diese Art des Perfektionismus ist in der Literatur nur selten zu finden; die heile Welt, die durch die Gleichberechtigung der Frau Verwirklichung findet, ist stark überzeichnet.

Julie Thenen (1833-1919) stammte aus einer orthodox-jüdischen Kaufmannsfamilie. Ihr Vater war bestrebt, ihren Wissensdrang zu unterdrücken, sie konnte sich erst nach ihrer Heirat 1851 weiterbilden. Ihr erster Roman „Der Wunder-Rabbi", ein Angriff auf traditionelle jüdische Sitten, erregte großes Aufsehen.

1881 erschien die Erzählung „Fräulein Doctor im Irrenhause". Das Fräulein Doctor ist die Schauspielerin Zerline, die sich als Ärztin ausgibt, um eine Irrenanstalt zu besichtigen – sie will sich auf die Rolle der Ophelia vorbereiten. Zerline wird durch die Abteilungen geführt. Interessant ist eine Episode in der Frauenabteilung: In einem Saal kommt sie gerade rechtzeitig zu einer Sitzung von Vertreterinnen der Frauenbewegung. Die Frauen sind, entsprechend der realen Situation, in drei Gruppen gegliedert: Anhängerinnen der Konservativen, Emanzipierte und Sozialdemokratinnen. Die konservative Rosalinde Zimperling richtet sich gegen die Bestrebungen der Emanzipierten, sie nennt diese „streitwütige Amazonen".

„Alle weiblichen Tugenden würden von ihnen lächerlich gemacht
(…) sie wollten das Frauengeschlecht demoralisieren (…)" *

Doch die emanzipierten und sozialdemokratischen Frauen weisen in ihren Reden alle Vorwürfe zurück.

„Die Zukunft werde lehren, ob dies wirklich ein göttliches und
natürliches Recht wäre, daß das Weib allein unverrückbar an
einem Standpunkte geschmiedet bleiben soll."

Eine Sozialdemokratin greift die verlogene Lebensweise der konservativen Frauen an. Da kommt es zum Eklat – die Sitzung endet in Tumult und Handgreiflichkeiten, Wärterinnen müssen die Frauen internieren. Die Frauenversammlung entspricht in übersteigerter Form den realen Uneinigkeiten in der Frauenbewegung: Gesellschaftskritische Aspekte werden erkennbar. Zu

---

* Julie Thenen, Fräulein Doctor im Irrenhause. Eine Begebenheit aus unserer Zeit. Wien 1881

guter Letzt wird Zerline ins Geschehen mit einbezogen. Eine Patientin, gerade im Selbstgespräch über die Untreue ihres Ehemannes, erkennt Zerline als ihre Nebenbuhlerin. Sie stürzt sich auf Zerline, um das ihr angetane Leid zu rächen. Das Fräulein Doktor ist entlarvt und verläßt unter Beschimpfungen die Anstalt.

Rosa Mayreder (1858-1938) zählte zu den führenden Persönlichkeiten der bürgerlichen Frauenbewegung. Sie war Vizepräsidentin des „Allgemeinen österreichischen Frauenvereins" und Mitherausgeberin der Zeitschrift „Dokumente der Frau". Ihr Wirken als Essayistin findet bis heute Anerkennung – die Werke „Zur Kritik der Weiblichkeit" (1905) und „Geschlecht und Kultur" (1923) stellen einen Beitrag zur Analyse der Stellung der Frau in Kultur und Gesellschaft dar. Mayreders literarische Tätigkeit umfaßte Romane, Novellen, Lyrik und Dramen, fand jedoch weniger Beachtung.

Rosa Mayreder

Im Roman „Idole. Geschichte einer Liebe" (1899) berichtet die Ich-Erzählerin Gisa rückblickend von ihrer Liebe zum Arzt Raimund Lamaris. Durch die Pflege des schwerkranken Vaters ist Gisa ans Haus gefesselt; nur die Visiten von Lamaris bringen Abwechslung in ihr unerfülltes Leben. In Gedanken baut Gisa eine Traumwelt um Lamaris auf, der sie sich völlig hingibt.

> „Die wenigen Worte, die ich mit ihm wechselte, wenn er
> wirklich gegenwärtig war, wuchsen zu unerschöpflichen
> Unterhaltungen, wenn ich mit mir selbst alleine war." *

Langsam gesteht sich Gisa ihre Liebe ein. Doch diese Liebe ist nur das Produkt ihrer Phantasie – eine Idolbindung. Eine Entdeckung durchkreuzt Gisas Traumwelt: Lamaris wird in einem zwielichtigen Lokal mit einer Dame gesehen. Gisa empfindet Eifersucht, von da ab begegnet sie Lamaris mit Zurückhaltung; sie irrt verzweifelt in der Stadt umher. Es kommt zu einem unverhofften Zusammentreffen: Nach einem langen Gespräch faßt Lamaris Gisas Hände, eilt aber gleich darauf grußlos davon. Gisa bleibt mit ihrer Liebe allein zurück:

> „Ich stand betäubt, ich rührte mich nicht. Wie glücklich war
> ich, wie glücklich! Trunken vor Glück! Ja, ganz wie in einem
> Rausch hatte ich alles Gefühl für Ort und Stunde verloren, wie
> wenn die Zeit in dem Augenblick stillgestanden wäre, als er
> meine Hände an seine Brust drückte. Dieses Leben, das unter
> meinen Händen atmete, es war das Leben, das ich liebte! In
> dieser atmenden Bewegung empfing ich das Geschenk seines
> Lebens; es strömte wie ein magisches Fluidum durch meine
> Hände, es floß von ihm zu mir herüber als ein bebender
> Schauer."

Das bittere Erwachen folgt – Lamaris zieht in eine andere Stadt, seine Offenheit bei der letzten Begegnung war nur der Abschied. Als Gisa nach zwei Jahren erfährt, daß Lamaris seine Köchin, die ein Kind von ihm erwartet, geheiratet hat – und das Aussehen der Köchin dem ihren sehr ähnlich ist –, lebt ihre Liebe wieder auf.

Der Roman zeigt das unerfüllte Leben eines bürgerlichen Mädchens, dem es durch Hinwendung in traumhafte Visionen zu entfliehen versucht. Aus

---

* Rosa Mayreder, Idole. Geschichte einer Liebe. Roman, Berlin 1899

Mayreders theoretischen Werken kann man schließen, daß sie Gisas introvertiertes Verhalten als Ausdruck von individuellen Anlagen und nicht von der Umwelt geprägt verstanden wissen will. Der Roman ist eine Zustandsbeschreibung eines Typs von Frau: Gisa ist in ihren individuellen Anlagen schicksalshaft gefangen, sie muß ihre Liebe in Traum-Vorstellungen ausleben. Doch Liebe und Leid verweisen auch auf die Elemente des romantischen Liebeskonzepts, das Mayreder übernimmt. Es ist dies die Liebe, die dem Erlebnis des isolierten Ich und der daraus folgenden Sehnsucht nach Vereinigung entstammt. Gisas Liebe ist nicht Gegenwart und Besitz, sondern Sehnen und Begehren, sie liebt das Bild, das sie von Lamaris entwirft.

Dora von Stockert-Meynert (1870-1947) bekam schon im Elternhaus eine umfangreiche Bildung und hatte durch ihre früh verstorbene Mutter Kontakt zur Frauenbewegung. Um 1900 begann sie ihre schriftstellerische Tätigkeit, sie verfaßte Romane, Erzählungen und Novellen, auch einige ihrer Theaterstücke kamen zur Aufführung. Seit 1919 war sie für fast 20 Jahre Präsidentin des „Vereins der Künstlerinnen und Schriftstellerinnen in Wien".

„Grenzen der Kraft" (1903) ist Dora v. Stockert-Meynerts erste in Buchform veröffentlichte Erzählung. Die junge Irma Wiesner will sich zur Pianistin ausbilden lassen. Sie nimmt beim berühmtem Professor Hartberg Unterricht. Bald steht nicht mehr das Klavierspiel, sondern die Liebe der beiden im Vordergrund. Hartberg – unglücklich verheiratet und von seiner Frau getrennt – ist von Irmas unverdorbener Art entzückt. Da er Irma nicht heiraten kann, beschließen sie die Trennung. Doch Hartberg kann nicht von ihr lassen und nimmt den Kontakt wieder auf, aber ein platonisches Verhältnis genügt ihm nicht mehr:

> „Deine Liebe gleicht einem schimmernden Tropfen. Die meine aber
> ist ein reißender Strom, der über Gestein und Trümmer hinwegstürmt,
> dem Ziel entgegen. Und das Ziel der Liebe ist der Besitz!" *

Nach längerem Drängen kann er Irma zu einer sexuellen Beziehung überreden. Hartberg geht auf Tournee nach Amerika, zur selben Zeit stirbt Irmas Mutter. Irma ist verzweifelt und nicht fähig, ihr Leben zu meistern. Als Rettung sieht sie die Rückkehr Hartbergs, ohne weitere Überlegung zieht sie zu ihm. Ein Jahr lang leben sie eine Ehe ohne Trauschein, aber Irma empfindet permanent ein Gefühl der Schande – sie kann die Vorurteile der Gesellschaft nicht verkraften:

---

* Dora v. Stockert-Meynert, Grenzen der Kraft. Eine Erzählung, Wien/Leipzig 1903

> „(...) in Schande leben ist hundertfacher Tod, und ein Mädchen
> aus unseren Kreisen, mit unserem Ehrgefühl und unserer
> Erziehung kommt darüber nicht hinweg."

Als Irma ein Kind erwartet, belastet sie ihre unmoralische Lebensweise immer mehr.

> „Das Kind wird einst dein Richter werden, denn dein Mutterkuß
> drückt ihm ein ewiges Merkmal auf das Haupt! Und deine Schande
> wird sein Schicksal sein! Wohin es sich wendet, wird es
> verachtet werden, bis es dir fluchen wird und seinem Leben!"

Irmas Gesundheitszustand wird zunehmend schlechter. Als Hartbergs Ehefrau ihren Besuch ankündigt, fehlt Irma der Mut zur Auseinandersetzung. Völlig entkräftet bricht sie zusammen, erleidet eine Fehlgeburt und stirbt. Im unlegalisierten Zusammenleben von Mann und Frau sieht Dora von Stockert-Meynert die Grenzen weiblicher Kraft. Die Bedeutung der Ehe in Hinblick auf bürgerliche Wertkriterien darf nicht in Frage gestellt werden. Die Erzählung weist eine starke Polarisierung auf: Der Konflikt zwischen fortschrittlichen und regressiven Elementen wird zugunsten traditioneller Moralvorstellungen gelöst. Sittlichkeit und Moral in Verbindung mit den „weiblichen Eigenschaften" sind für die Autorin Bereiche, die, trotz aller Emanzipationsbestrebungen, unangetastet bleiben müssen.

Emilie Mataja (1855-1949) begann ihre schriftstellerische Tätigkeit schon früh, gegen den Widerstand der Eltern – sie publizierte unter dem Pseudonym Emil Marriot. In ihren Romanen und Erzählungen schildert sie die zeitgenössische Gesellschaft und setzt sich mit Fragen bürgerlicher Moral auseinander.

„Der abgesetzte Mann. Roman aus der Zeit vor dem Kriege" (1916) erzählt die Geschichte dreier Schwestern und der Frauenrechtlerin Eugenie. Aglaja, Gabriele und Alice werden als drei exemplarische Frauentypen beschrieben: Emanzipierte, Mutter und Dirne. Die häßliche Aglaja arbeitet mit ihrer Tante Eugenie in der Frauenbewegung. Sie wird zum Synonym eines Typs der emanzipierten Frau:

> „(...) eine geschlechtslos gewordene Frauenrechtlerin mit dem
> unversöhnlichen Männerhaß der sich vom Manne verschmäht
> fühlenden Frau." *

---

* Emil Marriot, Der abgesetzte Mann. Roman aus der Zeit vor dem Kriege, Berlin 1916

Gabriele entspricht dem Bild der mütterlichen, gütigen Frau, sie ist naiv und ohne Selbstbewußtsein. Vom Trieb zur Mutterschaft gedrängt, heiratet sie einen ehrlichen, arbeitsamen Mann. Kokett und verrucht entspricht Alice dem Typ der Dirne. Sie wird Schauspielerin, doch es sind die Männer, zu denen es sie hinzieht:

„Sie ist eine kleine schlaue Dirne, die im Mann ein Objekt rücksichtsloser Ausbeutung sieht."

Eugenie, Führerin der Frauenbewegung, scheitert aufgrund fehlender Eigenschaften wie Liebe und Güte. Der Roman bietet einen Überblick über die geleistete Arbeit der bürgerlichen Frauenbewegung; wobei Emilie Mataja nur Emanzipation in Verbindung mit Weiblichkeit, verstanden als aufopfernde Nächstenliebe, positiv bewertet.

Was sind nun die Charakteristika für den Verlauf der bürgerlichen Frauenliteratur? Ausgangspunkt ist die kühne, kämpfende, alles bezwingende Heldin im Roman „Frauenehre". Emilie kann die Emanzipation der Frau in Bildung, Ehe, Gesellschaft, ja in fast allen Bereichen durchsetzen. Doch es bleibt nicht bei diesem utopischen Konzept. In den weiteren Werken werden bereits Grenzen aufgezeigt: Der Zwiespalt zwischen Emanzipationswunsch und der Macht der Tradition wird deutlich. Der Widerspruch zwischen neuem Gedankengut und traditionellen Wertmaßstäben wird thematisiert. Doch auch wenn sich immer wieder die regressiven Elemente durchsetzen, wird dennoch der Anspruch auf Emanzipation vorgebracht. Aus der Konfrontation zwischen Neuem und Traditionellem werden die Probleme der Frauengestalten deutlich. Sieghafte Heldinnen sind damals wie heute selten vorzufinden – wichtiger sind Konflikt, Zwiespalt und Widerspruch.

Die bürgerliche Frauenliteratur behandelt die Suche nach Identität und Selbstverwirklichung im Rahmen der damaligen Möglichkeiten. Der Kampf um Bildung, Beruf und gleichberechtigte Partnerschaft schließt die Suche nach Identität und Selbstverwirklichung mit ein. In fast allen Werken versuchen die Frauengestalten zumindest ansatzweise, neue Lebensmodelle zu erproben; auch wenn dies nicht immer gelingt. Und auch Kritik an gesellschaftlichen Verhältnissen wird offenkundig. Gerade in den Bereichen, in denen die defizitäre Situation der Frau am deutlichsten ist – in Bildung und Beruf –, werden traditionelle Gesellschaftsstrukturen aufgebrochen. Allerdings geht die damalige Argumentation in eine andere Richtung: Die Frau soll durch die weibliche Teilnahme am öffentlichen Leben, ihre sogenannte „Kultursendung", gesellschaftliche Veränderungen bewirken.

Junge Frau, als Schulmädchen verkleidet

„Wenn, wie es jetzt den Anschein hat, einmal ganze Scharen von inländischen und ausländischen Damen in die Hörsäle einströmen werden, so muß mit der Zeit der wissenschaftliche und soziale Charakter unserer Universitäten Veränderungen erleiden, und das möchte ich, so lange und sosehr es irgend möglich ist, zu verhüten suchen." *

„Ist die Frau dazu befähigt, so ist sie auch logischerweise dazu berechtigt." **

Männerräume werden erkämpft

Die Wissenschaft und ihre Lehre

In der 1805 erlassenen „Politischen Verfassung" von Franz I. wird empfohlen, „die arbeitenden Volksclassen zu recht herzlichen guten, lenkbaren und geschäftigen Menschen zu machen". Mehr Bildung sei nicht angebracht, mache kritisch und selbstbewußt. Der Lehrstoff wird von Gedächtnisübungen und Disziplin bestimmt, überfüllte Klassenzimmer und unpersönliches Unterrichten sind an der Tagesordnung. Dieser politische Hintergrund trifft besonders für Frauen zu. Können wenige Mädchen eine Schule besuchen, so werden sie mit unpraktischem Wissen vollgestopft, selbständiges und vor allem berufsorientiertes Lernen ist nicht gefragt. Die „Bildung für Frauen" hat im 19. Jahrhundert eine eigene Bedeutung. Bildung soll vor allem ein Mittel gegen weibliche Schwäche und Unmoral sein, die „Ausbildung" zur tadellosen Haushaltsführung vertreibt eigene Gedanken. Eine spezielle Erziehung könne

---

* Prof. Hans Delbrück, Friedrich Wilhelms-Universität Berlin/(Gutachten hervorragender Universitätsprofessoren über die Befähigung der Frau zum wissenschaftlichen Studium 1897, in: Gerd Stein, Femme fatale – Vamp – Blaustrumpf, Sexualität und Herrschaft. Kulturfiguren und Sozialcharaktere des 19. und 20. Jahrhunderts, Bd. 3, Frankfurt 1984)
** Ernst Eckstein, Dresden, in: siehe oben

Häuslichkeit, Keuschheit, Demut, Emsigkeit und Schönheit, innere wie auch möglichst äußere, sowie Gefühlsamkeit stärken. Generell wird immer wieder verbreitet, daß gebildete Frauen in höchster Gefahr seien, keinem Mann mehr zu gefallen. Hätten sie mehr Bildung als der mögliche Brautwerber, wirkten sie angeblich abstoßend. Der Schulbesuch wird daher sicherheitshalber bereits mit 17 Jahren abgeschlossen.

Die Elementarausbildung von Buben und Mädchen ist bis zu den Schulgesetzen 1869 gleichermaßen mangelhaft, dann verschlechtert sich die Bildung zahlenmäßig noch zuungunsten der Frauen. In den Bürgerschulen sind proportional weniger Mädchen anzutreffen. Mit der Machtübernahme der Christlichsozialen in Wien verschlechtert sich die Bildungssituation ab 1900 generell. Der Unterricht in den Volksschulen wird klerikaler, Lehrer sind zunehmend politischen Maßregelungen ausgesetzt. Höhere Bildung für Frauen ist staatlicherseits unerwünscht, rechtlich unterbunden und wird öffentlich nicht finanziert. Die einzigen weiterbildenden Schulen sind Lehr- und Erziehungsinstitute, die für Frauen aus besserem Haus standesgemäßes Wissen für die angenehme Konversation mit ihrem Mann und dessen Gesellschaft ermöglichen. Die Bildung von Frauen hängt von der Gutwilligkeit des Vaters, Vormunds oder Bruders ab.

Neben mangelhafter Bildung nähren Unmengen kitschiger und klischeehafter Literatur die Hoffnungen der Leserinnen. Politische oder gar emanzipatorische Gedanken haben keinen Platz in den beliebten „Familienblattromanen". Das rührende Thema Nummer eins: Liebe mit der Krönung des Hochzeitstags. Die Leserinnen selbst werden dann früher oder später sehr unromantisch nach ökonomischen Überlegungen vermählt.

Der Kampf um eine bessere Schulausbildung dauert Jahrzehnte. Marianne Hainisch, die dieses Anliegen ein Leben lang vertritt, fordert 1870 im „Wiener Frauen-Erwerbsverein" energisch das Realgymnasium für Mädchen. Der höheren Bildung für Mädchen wird stärkster Widerstand entgegengesetzt. Die schließlich errichtete sechsklassige Bildungsschule und das Mädchenlyzeum sind jedoch keine Vorstufe zu einem akademischen Studium oder einer fachlichen Berufsausbildung. Die erste Mittelschule für Frauen, in etwa vergleichbar einer heutigen Realschule, ermöglicht nach einem Ministerialerlaß 1872 die Matura für Mädchen. Die Universität bleibt aber noch verschlossen. Die voruniversitäre Bildung konzentriert sich darauf, Frauen in ihrem Denken weiblich zu erhalten, sodaß der Wunsch nach höheren Studien nicht aufkomme. Erst 1892 wird die „gymnasiale Mädchenschule" – die Bezeichnung Mädchengymnasium darf noch nicht gebraucht werden – in der Rahlgasse in Wien eröffnet. Der Lehrplan führt bis zur Matura, dann können die weiteren Prüfungen nur in Prag oder Graz abgelegt werden. 1904 kommt es zur Gleichstellung von „männlicher" und „weiblicher" Matura. Jedoch muß die Prüfung bis 1910 in einem Knabengymnasium abgelegt werden. Unter dem fortschrittlichen Staatssekretariat Glöckel können Mädchen ab 1919 auch Knabenmittelschulen besuchen, ersparen sich daher das Schulgeld, das bisher für Privatmädchenschulen gezahlt werden mußte. Der Weg zur Universität ist weit.

Bei der Frage des freien Zugangs von Frauen zu den Universitäten zeigt sich die beschämende Einstellung vieler Zeitgenossen deutlich. Verschiedenste Gründe, halb wissenschaftlich, manche einfach frauenfeindlich und emotionell, werden angeführt. Da wird Besorgnis über das schwache Geschlecht und die bleibende Qualität der wissenschaftlichen Forschung geäußert. Die Herren Professoren befürchten eine Schädigung der Gesundheit, Verlust der weiblichen Qualitäten und vor allem die Zerstörung der natürlichen Ordnung zwischen Mann und Frau. In diesem Sinn stellt die Wiener Ärztekammer 1896 kategorisch fest, daß Frauen in geistiger, körperlicher und seelischer Hinsicht für ärztliche Berufe nicht geeignet seien. Die Person der Studentin, Zielscheibe des Spotts, wird zum Symbol für das Eindringen der Frauen in die männliche Geisteswelt. Auch hier treffen wir auf das alte Muster: Man spricht studierenden Frauen ihre Weiblichkeit ab und beschuldigt sie gleichzeitig der Unmoral. Nach langem Drängen der Frauen und internationalem Vorbild wird 1897 die Zulassung von ordentlichen Hörerinnen zum philosophischen Studium an der Universität erteilt. Doch einfach haben es Frauen auch weiterhin nicht. Jede Stufe der akademischen Ausbildung muß anfangs mit Ausnahme-Akten beantragt werden, so etwa der Besuch von Vorlesungen, Nostrifikationen, die Zulassung als Assistentin oder der Beitritt zu akademischen Berufsverbänden. Der Historiker Georg Busolt aus Kiel meint 1897:

> „Was aber meine Disziplin, die Geschichte, betrifft, so gehört zur Lösung der von ihr gestellten Aufgaben: ein lange methodisch geschulter, streng auf die Erforschung der Tatsachen gerichteter Blick, eine reife Lebenserfahrung und Menschenkenntnis, ein politisches Urteil und ein das ganze Gebiet des wirtschaftlichen, staatlichen und teilweise auch des religiösen Lebens umfassendes Wissen. Das sind Eigenschaften, die eine Frau ihrer ganzen Natur nach nicht besitzen kann. Offen gesagt, ist mir auch sonst das Frauen-Studium nicht gerade sympathisch … Man ermögliche vor

allem ... durch Erleichterung des Besuches von Gewerbeschulen und ähnlichen Anstalten eine praktische, bessere Vorbildung sich anzueignen, die ihnen ein menschenwürdiges Dasein zu führen gestattet."

Einige Professoren haben eine besondere Idee. Sie machen den Vorschlag, daß Frauen zwar studieren dürften, ihren Beruf aber nicht ausüben sollten.

„Zu Rechtsanwälten und Staatsanwälten sind sie ungeeignet, weil das Reden der Frau in öffentlicher Gerichtssitzung sich mit unseren Sitten und Gewohnheiten schlecht verträgt; die Frau würde dadurch eine Einbuße an ihrer Würde erleiden. Dazu kommt die im weiblichen Charakter liegende Neigung zu Aufwallungen des Gefühls, zur Heftigkeit und zur Rechthaberei."

Professor Paul Laband aus Straßburg findet eine Lösung:

„Sie würden die Fähigkeit zur Anfertigung von Eingaben und anderen Schriftsätzen haben, also als Gehülfin eines Rechtsanwalts nützliche Dienste leisten können."

Labands Angebot an studierende Frauen entspricht auch heute oft der Realität. In Büros haben überdurchschnittlich viele Frauen mit guter Ausbildung mittelmäßige, untergeordnete Posten. Sie machen weniger schnell Karriere als ihre Studienkollegen. Auch die Wahl des Studienfachs bleibt lange beschränkt. Noch in den zwanziger Jahren unseres Jahrhunderts passiert es, daß Professoren der medizinischen Fakultät ihre Vorlesung erst dann beginnen, wenn die Frauen den Hörsaal verlassen. Noch für einige Jahre blockieren konservative, frauenfeindliche Kreise Frauenuniversitätsbildung. 1946 läßt die katholische Fakultät auch Zuhörerinnen zu.

Das kriminelle Geschlecht

Frauen in Konflikt mit dem Gesetz

Die populärwissenschaftliche Literatur des 19. Jahrhunderts beschäftigt sich eingehend mit der „Natur des Weibes". Dutzende Bücher erscheinen über Sexualität und angebliche biologische Gründe für weibliches Verhalten. Die straffällig gewordene Frau gilt als besonderes Beispiel krankhafter Sexualität. In dem Werk „Das Weib als Verbrecherin" von Cesare Lombroso werden Körper und soziales Verhalten in engsten Zusammenhang gebracht. Frauen seien während ihrer Menstruation mehr oder weniger unzurechnungsfähig, also eher kriminell, meint der Autor. Willenlos wären sie ihrem übermächtigen Geschlecht ausgeliefert, der Trieb löse verbrecherische Handlungen aus. Lombroso hat seine eigenen Methoden, er nimmt Körpermessungen vor und „entdeckt" den „weiblichen Verbrechertypus". Körpermessungen werden später auch im Dritten Reich zum Beweis der Minderwertigkeit von Menschen eingesetzt. Bereits im 19. Jahrhundert schätzt man den Charakter von Frauen mit dieser Methode ein, die wahren Motive von Kriminalität, nämlich Not und Armut, werden nicht abgehandelt. Die Schandtat sei, so glaubt man, ausschließlich von der weiblichen Schwäche und Neigung ausgelöst. Bezeichnenderweise wird das Pendant zur Kriminalität in der Prostitution gesehen. Auch bei Eigentumsdelikten liefert die Kriminalwissenschaft eindeutige Motive. Frauen werden vor Gericht als „ethisch minderwertige", „unmoralische" oder „gefährlich raffinierte Personen" bezeichnet. Es wird die Befürchtung geäußert, daß emanzipierte Frauen eher zu kriminellen Handlungen neigen könnten.

Das Ehrenmitglied der belgischen Gesellschaft für Psychiatrie, Paul Näcke, legt 1894 in seinem Buch „Verbrechen und Wahnsinn beim Weibe" die für ihn wahren Eigenschaften von kriminellen Frauen offen. Er stellt Reizbarkeit, impulsives Wesen, Faulheit, Eitelkeit, Neigung zu stehlen, zu lügen, zu intrigieren und sich gegen die Ordnung aufzulehnen, fest. Herr Näcke hat seine Untersuchungen an Frauen in Gefängnissen, die unter unangenehmen Haftbedingungen leiden, durchgeführt. Sind nicht Wutanfälle oder Verfolgungswahn normale psychische Folgen von Haftbedingungen? Auch Menstruationsunregelmäßigkeiten oder Frauenleiden sieht Herr Doktor Näcke in keinem Zusammenhang mit jahrelangem Eingesperrtsein. Medizinische Diagnosen dieser Art werden ernst genommen, beinhalten sie doch die Botschaft, daß Frauen, wenn sie ihre Sexualität im Griff haben, der Gesellschaft nicht unangenehm werden können.

Welche Delikte werden von Frauen begangen? Da hat sich seit dem 19. Jahrhundert nicht viel geändert. Einfacher Diebstahl, auch Betrug und Unterschlagung. Nicht die hormonelle Verwirrung, sondern eine schwierige soziale Situation bewegt Menschen, gegen das Gesetz zu handeln. Für alleinstehende Frauen ist es äußerst schwierig, sich alleine zu durchzubringen. Sehr oft kommt es vor, daß Frauen Delikte begehen, um Geld für Freunde zu beschaffen oder mit besserer Kleidung zu gefallen. Die möglichen Umstände einer kriminellen Handlung verdeutlicht folgender Fall.

„Name der Angeklagten: Marianne Krischka, 31 Jahre, Näherin, Schule bis zum 14. Lebensjahr, ledig, katholisch, Vorstrafen wegen Straßenunfugs, Kuppelei, Irreführung der Behörde. Name des Angeklagten: Adolf Seiser, 19 Jahre, Gymnasialschüler, ledig, kein Vermögen, unbescholten. Die Anklage lautete: Verbrechen des Diebstahls nach 171, 173, 174b und Verbrechen des Betrugs nach 197, 200 StG. sowie Irreführung der Behörden (Falschmeldung) nach 320 StG. Die Ermittlungen ergaben: ‚Adolf Seiser, der seit Anfang des Jahres 1904 ein Verhältnis mit Marianne Krischka hatte, verließ ihretwegen sein Elternhaus und die Schule. Von Juni bis August des Jahres brachten sie sich durch, indem Adolf Seiser ein Zimmer anmietete und sich als zahlungsfähiger Mieter ausgab. Marianne Krischka gab sich als seine Schwester aus und besuchte ihn täglich. Sie tauchte dann eines Tages mit einem Paket auf, worin sie einpackten, was sie fanden, und verschwanden, ohne Kost und Quartier zu bezahlen. Anfänglich machte Adolf Seiser eine Anzahlung (er hatte von zu Hause 2 Uhren und 2 Ketten mitgenommen und besaß daher etwas Geld), später nicht mehr. Fast immer meldete er sich unter falschem Namen. In 6 Fällen hatten die beiden Kost und Nächtigung nicht bezahlt, in 6 Fällen zusätzlich aus den Wohnungen etwas gestohlen. Dabei handelte es sich um Kleider, Wäsche, Hemden, einen Damenhut, Herrenstiefletten und Pantoffeln sowie eine Schnurrbartbürste. Diese Gegenstände versetzten sie entweder oder verwendeten sie selbst. Nicht alle Geschädigten schlossen sich dem Strafverfahren an. Beide Angeklagten gaben alle ihnen zur Last gelegten Fälle zu, verantworteten sich aber so, daß sie dem Partner die Schuld zuzuschieben versuchten. Marianne Krischka gab an, er habe alles genommen, sie habe nicht gewußt, daß er etwas schuldig blieb, sie habe von den gestohlenen Sachen nichts bekommen. A. Seiser gab an, sie habe ihn verleitet, Schule und Elternhaus zu verlassen, ihm mit Selbstmord gedroht, falls er zurückkehre, und sie habe ihn auch zu allen Straftaten verleitet. Sein Verteidiger gab an, sie habe sich einmal in einem Kaffeehaus öffentlich gebrauchen lassen, sie habe seine Sinnlichkeit geweckt, auf sehr laszive Weise ihre Reize enthüllt und ihn dadurch gewonnen. Das Gericht ließ diese Verantwortungen nicht gelten und entschied, die Diebstähle waren gemeinsam verübt worden; denn M. Krischka kam mit Papier und Spagat, teils nahmen sie Sachen, die nur er, teils Sachen, die nur sie gebrauchen konnte. Die Behauptung, sie habe ihn verführt, sei unglaubwürdig, da sie zwar größere Erfahrung besaß, er aber einen reiferen und intelligenteren Eindruck machte als sie. Das Urteil: Je 5 Monate schweren Kerkers. Die Strafe wurde gleich bemessen, obwohl sie Betrug und Falschmeldung nicht begangen hatte, sondern nur davon wußte. Die Verhandlung dürfte das Ende der Beziehung gewesen sein.' " *

Leider hat auch die moderne Kriminalsoziologie viele dieser Ansätze nicht gründlich genug revidiert. Psychologische Untersuchungen von männlichen Häftlingen sind vorrangig, es gibt auch wesentlich mehr Literatur, die sinnvoll auf die Hintergründe und Lebensbedingungen eines kriminellen Menschen eingeht. In Abhandlungen über straffällige Frauen finden sich ungute Zusätze wie folgender aus dem Jahr 1973:

„Vor allem ist die Frau weit mehr durch die Aufgabe der Arterhaltung in Anspruch genommen als der Mann, und zwar nicht nur durch Mutterschaft, Schwangerschaft, Geburt und Stillzeit, sondern vor allem durch die ‚Unausgeglichenheit' ihres Organismus ... in Form erhöhter Anfälligkeit gegen Versuchungen infolge von hormonalen Einflüssen bei Menstruation und Klimakterium, die durch erhöhte Stimmungslabilität, Sensibilität, gesteigerte Triebstärke, Einengung der Verstandestätigkeit und des Bewußtseins, Verwirrtheitszustände ... sowohl den Intellekt als auch den Willen und die Gefühlssphäre ergreifen." **

---

* aus: Irene Bauer, „Diebinnen und Betrügerinnen im Wien der Jahrhundertwende. Zur Sozialgeschichte der Frauenkriminalität", Diplomarbeit, Hist. Institut 1987
** H. Einsele, Weibliche Kriminalität und Frauenstrafvollzug, 1973

> Man wird erst wissen, was die Frauen sind, wenn ihnen nicht mehr vorgeschrieben wird, was sie sein sollen. *

Das schöne Eigentum

Die Schranken der Weiblichkeit

Während viele Frauen ihr Leben lang um Wohnplätze und regelmäßiges Essen kämpfen, haben andere – Figurprobleme. Rosa Mayreder schildert 1907 in ihrem Essay „Wider die Weiblichkeit" ihre Erfahrungen mit dem beengenden Schönheitsideal ihrer Jugend.

„Damals war die Erziehung noch ganz auf bestimmte körperliche
Vorzüge gerichtet: so durften schon die kleinen Mädchen
beileibe nicht ohne Hut und Handschuhe sich im Freien tummeln,
damit Gesicht und Hände nichts von dem ‚Milch-und
Blut'-Charakter verlören, der als auszeichnender Reiz galt;
meine Mutter war sogar gegen das Turnen, weil diese Übungen
die Hände zu groß und stark machten. Das Schuhzeug mußte immer
auf das Engste sein; ich erinnere mich, daß ich jahrelang
durch zu kleine Stiefel zum ausdauernden Gehen untauglich war.
Um die Taille schlank zu erhalten, wurden die Mädchen schon
vom zwölften Jahr an, kaum daß sich die ersten Spuren
weiblicher Rundung ankündigten, in den Schnürleib gesteckt;
und bei festlichen Anlässen, wenn die Damengala ihren
Höhepunkt erreichte, mußte das Mieder noch um einige
Zentimeter enger als sonst zugeschnürt werden. Ein möglichst
geringes Taillenausmaß zu haben, war der Ehrgeiz jedes jungen
Mädchens. Was gegenwärtig die Schlankheit der
Gesamterscheinung ist, beschränkte sich damals auf die Taille
allein, während die Abwesenheit von Hüften und Busen als
unverzeihlicher Mangel galt. Daß man sich denselben leicht
durch geistige Tätigkeit zuziehen konnte, war eine besonders
abschreckende Wirkung solcher widernatürlicher Bestrebungen.
Allen Ernstes wurde in hygienischen Schriften davor gewarnt;

---
* Rosa Mayreder, Kritik der Weiblichkeit, Essays 1907

Die jungen Aristokratinnen Mädi und Thilda 1901

und die Behauptung, daß das Studium die weiblichen Formen verderbe, hat sich noch lange erhalten, nachdem schon die Erfahrung reichlich das Gegenteil bewiesen hatte. Auch daß das Studium die Haare ausfallen machte, gehörte zu den verbreitetsten Anschauungen; die Häufigkeit der Glatzen bei Männern wurde auf die geistigen Anstrengungen zurückgeführt. Es scheint, daß die Natur mich zum Gegenbeweis dieser Anschauungen bestimmt hatte; denn weder der Reichtum meiner Haare, die ich bis nach meinem zwanzigsten Jahr in langen Zöpfen herabhängend trug, noch die Fülle der Gestalt entsprach dem dürren Bild, das man von einer ‚Studierten' entwarf. Leider dehnte sich das Beweismaterial auch auf meine Taille aus." *

---

* Bubenicek (Hg.) „Aus den Erinnerungen einer Entarteten", Böhlau-Verlag 1986, S. 29, Rosa Mayreder oder Wider die Tyrannei der Norm. Monographien zur österreichischen Geistes- und Kulturgeschichte

In ihrer Bewegungsfreiheit beschränkt durch einen eingeschnürten Körper, gewarnt vor Bildung, leben viele Frauen hinter vergoldeten Gitterstäben. Obwohl sie selbst sich ihrer beengenden Körperlichkeit bewußt werden, beten Männer diese Äußerlichkeiten unbeirrt an. Arthur Schnitzler, dessen Frauenfiguren bis heute bewundert und bedauert werden, träumt in seinen Erinnerungen:

„Für ihre anmutig schlanke, nicht allzu große Figur war das
blonde Köpfchen fast zu groß geraten; aber das blasse Gesicht
mit der Stumpfnase, den wie schmollend aufgeworfenen roten
Lippen, den unruhig großen, grauen Augen, der
blondüberkrausten Stirn war von so sinnlichem Reiz, daß man
sich nur wünschte, es auf dem weißen Spitzenpolster zu sehen,
für den es geschaffen war." *

Die Fixierung auf unbewegliche Reize setzte sich bis zu den Füßen fort. In der ersten Hälfte des 19. Jahrhunderts werden keine brauchbaren Schuhe zum Ausgang produziert. In „Stoffschucherln" zum Binden muß ein Ausgang bei Regen gut überlegt werden. Angeboten werden bloß Gamaschen, die wiederum aus Standesdünkel abzulehnen sind, da vorwiegend Arbeiterinnen in solch unschickem Schuhwerk gehen. Frauenschuhe sind überdies meist Folterwerkzeuge, für längere Märsche ungeeignet, zum Trippeln wie geschaffen. Mit der Befreiung des Geistes und der verbreiteten Erwerbstätigkeit kommt es zu einer Änderung der Bekleidungsvorschriften. Um die Jahrhundertwende symbolisiert die Wahl der Kleider Fortschritt und Bewegung. Die „Reformkleidungsbewegung" tritt für bequeme Kleidung ein, 1902 wird in Wien der „Verein zur Reform der Frauenkleidung" gegründet. Ebenso beengend wie einschnürende, gefällige Kleidung ist der Ausschluß der Frauen aus dem öffentlichen gesellschaftlichen Leben.

Welcher öffentliche Raum steht zur Verfügung? Der Salon bietet Gelegenheit, mit anderen Menschen zusammenzutreffen. Arbeiterinnen haben die Möglichkeit, in Gaststuben zu sitzen, später bekommen Frauen in Kaffeehäusern eigene Zimmer mit Rauchverbot zugeteilt. Mehlspeiskränzchen und Konzertcafés erweitern die wenigen geselligen Möglichkeiten. Doch um politisch zu reden, unter sich zu sein, fehlt der geeignete Ort.

---

* Arthur Schnitzler, Jugend in Wien

Am 29. Mai 1900 wird nach dem Vorbild amerikanischer Clubs in Wien der Erste Wiener Frauenklub gegründet. Das Lokal befindet sich im ersten Stock des Trattnerhofs mit Aussicht auf den Graben. In der gediegenen Atmosphäre von Adolf Loos zeigen sich über 300 Frauen interessiert. Lesezimmer, Salon mit tiefen Fauteuils und ein Spielzimmer bieten den Rahmen geselliger Zusammentreffen. Ein eigenes Clubprogramm beinhaltet künstlerische Veranstaltungen, Diskussionen, Ausflüge und sogar gemeinsame Reisen. Nach internen Zwistigkeiten löst sich der Club auf, Auguste Fickert gründet daher einen neuen Frauenklub auf der Wiener Tuchlauben.

Der Wiener Frauenclub in seinem neuen Heim: das Präsidium und die Damen des Ausschusses am Tage der Eröffnung im Billardzimmer.

> Ob die Persönlichkeit um der Fortpflanzung willen entrechtet wird oder um der Hygiene eines physiologischen Bedürfnisses willen, das ist nur ein Unterschied des Motivs, aber nicht ein Unterschied in der Auffassung der Persönlichkeit.*

Unmoralisch und käuflich

Über Freier und Prostituierte

Da viele Ehen unter dem Gesichtspunkt materieller Vorteile geschlossen werden, hat die sexuelle Befriedigung in der Ehe einen anderen Stellenwert als heute. Für Frauen, die, unaufgeklärt und natürlich jungfräulich, einen ungeliebten Mann heiraten, ist körperliche Liebe oft eine unangenehme Begleiterscheinung des Ehestands. Die Erfahrung unerwünschter vielfacher Schwangerschaften und Geschlechtskrankheiten läßt Frauen Sexualität abwehren. Das für die damalige Gesellschaft „Unaussprechliche" wird zum geheimen Leid der Frauen, und nur die berühmte Ausrede der „Migräne" hilft, den Körper vor dem Recht des Ehemanns zu schützen. In der sexualwissenschaftlichen Literatur ist man der Meinung, daß weibliche Liebe eher geistiger Natur und weit entfernt von Sinneslust sei. Männer bräuchten Lust, Frauen nicht. Andererseits gäbe es wieder schamlose Frauen, die schwache Männer heimtückisch verführten. Ganz klar ist dieser Widerspruch wohl auch den „Theoretikern" nicht. Es ist nichts Besonderes, wenn ein Mann seine von der Natur so überreichlich gegebene Lust bei Prostituierten auslebt. Der Bordellbesuch gehört zu einem ganzen Mann dazu, in der Familie wird darüber nicht gesprochen. Die Kirche hat eine besondere Sicht: Sie beklagt die Unsittlichkeit in den Städten, Genuß- und Vergnügungssucht seien die Hauptübel, die Emanzipation der Frauen sei ein gefährlicher Auslöser.

Das Gehalt vieler Frauen als Arbeiterin oder Kellnerin ist so gering, daß sie sich gezwungen sehen, ihren Körper zu verkaufen. Sie rutschen langsam in dieses Milieu. Besonders tragisch sind Fälle, in denen Frauen durch Betrug zur Prostitution gebracht werden. Vorgetäuschte Stellungsangebote für

---
* Rosa Mayreder, Geschlecht und Kultur, S. 181, Jena 1923

Dienstmädchen locken junge Mädchen vom Land in die Städte. Am Bahnhof empfängt sie ein verkleideter Pfarrer oder angeblich jemand von der Herrschaft. Die Frauen werden zum Teil mit Zwang in den Bordellen festgehalten, es kommt auch vor, daß böhmische Mädchen ihren Eltern für 20 bis 60 Kronen abgekauft und ins Ausland geschafft werden. Auch Hebammen machen bei diesem Geschäft mit. Sie befreien Frauen aus mißlicher Lage und versprechen angebliche Stellen im Ausland. Am Nordbahnhof Gänserndorf ist der Hauptumschlagplatz für Mädchenhandel, der besonders nach Ungarn floriert. Die Unmoral der Prostitution indes empört.

> „Die Prostitution stellt sich eben als ein freches Attentat
> gegen die guten Sitten dar, denn die gewerbsmäßige Hure bietet
> der Männerwelt ein stetes bereitwilliges Objekt zur
> Befriedigung der Leidenschaften." *

Nicht Armut und glücklose Zwangsehe werden als Ursachen der Prostitution erkannt, sondern die „Veranlagung mancher Frauen". Faulheit und Verdorbenheit machen sie zur Dirne, die im Grunde sittsame Männer verführt. Die Frauenbewegung beschäftigt sich lange Zeit nicht mit diesem Problem. Zu strikt sind Vorschriften, über welche Themen Frauen in der Öffentlichkeit nicht sprechen dürfen. Über Sexualität wird auf keinen Fall gesprochen. Als sich Rosa Mayreder 1893 des Problems der Prostitution annimmt, reagieren die versammelten Frauen ablehnend. Es betrifft sie erst, als etwas passiert, das ihnen klar macht, daß auch sie selbst oder ihre Töchter mit dieser Problematik nahe zu tun haben. Ein Mädchen wird von der Polizei mitgenommen und muß sich, im Verdacht, Prostituierte zu sein, von einem Amtarzt untersuchen lassen. Dieser Übergriff verändert die Zurückhaltung der Frauen, die sich nun gegen die doppelbödige Sexualmoral und die verheerende wirtschaftlichen und sozialen Verhältnisse vieler Frauen wenden. Nicht nur die wirtschaftliche Unabhängigkeit, sondern auch die sexuelle Befreiung der Frau wird zum Ziel. Wenn Sexualität zwischen Frau und Mann auf freiwilliger und lustvoller Basis stattfände, wäre die Prostitution bald überflüssig. Rein karitative Hilfe für „gefallene Mädchen" wird als Dienst an ihren männlichen Kunden erkannt. Auch gesetzliche Maßnahmen gegen Prostitution und Geschlechtskrankheiten dienen eigentlich der Sicherheit des Kunden, der sich selbst nicht zu Untersuchungen melden muß oder gar auf der Straße aufgegriffen wird. Die Frauen fordern eine höhere Bestrafung für Mädchenhandel.

---

* Max Gruber, Die Prostitution vom Standpunkt der Sozialhygiene betrachtet, Wien 1900

Revolutionär findet 1908 ein Treffen über Geschlechtskrankheiten statt, die einseitige Verachtung von Prostituierten wird klar verurteilt. Die Mitglieder der Frauenbewegung verfassen eine Petition, „worin gegen die Einrichtung öffentlicher Häuser protestiert und die sanitätspolizeiliche Kontrolle der Prostituierten scharf kritisiert wird". In der Folge spricht sich der Sanitätsausschuß des Parlaments gegen das Bordellwesen aus, doch die örtliche Polizei duldet oft stillschweigend dessen Existenz.

Verena Pawlowsky
Rosa Zechner

Vor der „Schand und Noth" gerettet?

Ledige Mütter im Wiener Gebär- und Findelhaus

Was bedeutete es für eine Frau im Wien des 19. Jahrhunderts, ein uneheliches Kind zu bekommen? Statistiken belegen, daß es sich dabei nicht um ein Randproblem handelte. Gerade um die Jahrhundertmitte setzte sich die Hälfte der Wiener Neugeborenen aus Kindern unverheirateter Frauen zusammen. Die ‚Illegitimitätsrate' war in der ersten Hälfte des 19. Jahrhunderts in Wien von knapp 30% auf fast 50% gestiegen und hielt bis in die 1860er Jahre diese Höhe.* Zwischen dem ausgehenden 18. und der zweiten Hälfte des 19. Jahrhunderts ist europaweit ein Anstieg der unehelichen Geburten feststellbar. Als Ursachen für die Entwicklung der ‚Illegitimität' wirkten verschiedene Faktoren. Nicht nur Mentalitätswandel und Rechtsentwicklung, sondern vor allem wirtschaftliche Veränderungen waren ausschlaggebend. Die höchsten Quoten unehelicher Geburten fanden sich bei Arbeitsorganisationen, die auf Dienstbotinnen- und Gesindehaltung beruhen. Städte wiesen in der Regel höhere ‚Illegitimitätsraten' auf als ländliche Gebiete. Zeitgenossen führten mehrere Gründe an:

„Gebärhäuser, flottante Bevölkerung, Cölibatäre, zahlreiches
Dienstpersonal, erschwerte Möglichkeit der Heiraten." **

Die besonderen Lebensverhältnisse im städtischen Bereich waren gekennzeichnet von einer großen Mobilität der Bevölkerung, Zwangszölibaten, wie sie für bestimmte Berufsgruppen – eben zum Beispiel für Dienstbotinnen – bestanden, und von der Schwierigkeit, einen eigenen Haushalt zu gründen. Im folgenden interessiert jedoch vor allem der Hinweis auf die Gebärhäuser.

---

* Vgl. Josef Ehmer, Produktion und Reproduktion in der Wiener Manufakturperiode, in: Felix Czeike (Hg.), Vormärz in Wien, Wien/München 1980, S. 127. – Ab den 1870er Jahren ging die Zahl der unehelichen Geburten zurück – ein Rückgang, der bis in die Mitte des 20. Jahrhunderts anhielt. Vgl. Gustav Adolf Schimmer, Die unehelich Geborenen in Österreich, in: Statistische Monatsschrift 2 (1876), S. 168. Michael Mitterauer, Ledige Mütter. Zur Geschichte unehelicher Geburten in Europa, München 1983, S. 109
** Gustav Adolf Schimmer, Die unehelich Geborenen in Österreich, in: Statistische Monatsschrift 2 (1876), S. 166

Wien hatte seit 1784 ein mit einer Findelanstalt gekoppeltes Gebärhaus in der Alservorstadt, das ledigen Frauen offenstand. Dort konnten sie ihr Kind gratis gebären und danach an das Findelhaus abgeben. Die Gründung der beiden Anstalten unter Josef II. setzte Änderungen im Strafrecht voraus. Bis ins 18. Jahrhundert wurde außerehelicher Geschlechtsverkehr als Unzuchtsdelikt noch strafrechtlich verfolgt. Frauen wie Männern drohten Geld- und Schandstrafen. Mit den während des aufgeklärten Absolutismus massiv einsetzenden bevölkerungspolitischen Maßnahmen wurde von einer Bestrafung außerehelichen heterosexuellen Verkehrs abgegangen. Um dem Kindesmord – dem „Schlüsseldelikt aller strafrechtsreformerischen Bestrebungen des 18. Jahrhunderts" – vorzubeugen, kam es unter Maria Theresia zu einer Verbesserung der Rechtssituation lediger Mütter, die nun nicht mehr öffentlich diskreditiert werden durften. Josef II. setzte diese Politik fort.

Die tolerantere Einstellung gegenüber der ‚Illegitimität' ist vor allem in Zusammenhang mit bevölkerungspolitischen Absichten zu sehen: Viel Nachwuchs war für den Staat von Bedeutung. Die Gründung des Wiener Gebär- und Findelhauses fügte sich in diese Politik und war überhaupt erst möglich, nachdem die (Er-)Zeugung unehelicher Kinder nicht mehr unter Strafe stand. Ein nicht unbeträchtlicher Teil – nämlich ein Viertel bis ein Drittel – aller Wiener Kinder wurde in dieser Entbindungsanstalt geboren. Zu Jahrhundertbeginn suchten jährlich rund zweitausend und in den 1860er Jahren pro Jahr etwa acht- bis neuntausend Frauen das Wiener Gebärhaus auf. Sicherlich trug das Gebärhaus zur hohen Wiener ‚Illegitimitätsrate' bei, indem es auch Frauen anderer Kronländer anzog. Doch grundsätzlich dürfte nicht die Existenz des Gebärhauses die Ursache für die hohe Unehelichkeitsquote der Stadt gewesen sein, sondern umgekehrt: Das soziale Problem der unehelichen Geburt wurde durch dieses Haus etwas entschärft.

Für die ledige Mutter bot die Gebär- und Findelanstalt oft die einzige Möglichkeit, ihr Kind am Leben zu erhalten. Einerseits versuchten viele ledige Frauen, anonym zu gebären, um gesellschaftlicher Ächtung zu entkommen, andererseits zwang sie die Armut, ihre Kinder ins Findelhaus abzugeben. Die Frauen – großteils Dienstbotinnen – waren häufig ohne eigenen Hausstand, in abhängiger Stellung: Sie konnten ein Kind nicht behalten und sich meist nicht einmal für die Stillperiode eine Unterbrechung ihrer Arbeit und ihres Verdienstes leisten. So wandten sie sich an das Gebär- und Findelhaus.

Pflichten der Anstalt – Pflichten der Frauen

„Die öffentliche Vorsorge bietet durch dieses Haus geschwächten Personen einen allgemeinen Zufluchtsort an, und nimmt, da sie die Mutter vor der Schand und Noth gerettet, zugleich das unschuldige Geschöpf in Schutz, dem diese das Leben geben soll" *, heißt es im Gründungspapier der Wiener Gebär- und Findelanstalt aus dem Jahr 1784. Die Anstalt war ‚Zufluchtsort', weil sie unverheirateten Müttern die Geheimhaltung ihrer Situation zusicherte. Ledige Frauen blieben in der Gebäranstalt und auch als Mütter der ins Findelhaus abgegebenen Kinder anonym:

> „In diesem Hause wird all denen, welche zur Geburtshilfe und Wartung bestimmet sind, die Verschwiegenheit zur strengsten Pflicht gemacht (…). Keine Person, die aufgenommen zu werden verlangt, wird um ihren Namen, und destoweniger um den Namen des Kindesvaters gefragt. (…) Übrigens haben die hierher ihre Zuflucht nehmenden Personen die Freyheit mit Larven, verschleyert, und überhaupt so unkennbar als sie immer wollen (…) dahin zu kommen." **

Die hier beschriebene umfassende Geheimhaltung galt jedoch nur für Frauen, die Aufnahmsgebühren bezahlten. Dem Großteil der Frauen, den unentgeltlich Aufgenommenen, wurde anstatt der vollen Anonymität nur eine weitgehende Diskretion gewährt. Schon die Tatsache, daß diese Frauen ein Armutszeugnis mitzubringen hatten, zeigt das. Sie mußten ihre Identität der Behörde preisgeben. Trotzdem war der Bruch zur früheren Rechtslage eindeutig. An die Stelle öffentlicher Bestrafung trat das Schutzangebot einer staatlichen Institution. Viele machten davon Gebrauch: Im Laufe seines Bestehens von 1784 bis 1908 suchten über 700.000 Frauen das Gebärhaus auf. Die meisten der von ihnen geborenen Kinder kamen ins Findelhaus und wurden in die ‚Außenpflege', d.h. an bezahlte Pflegefrauen auf das Land, weitergegeben, welche die Findelkinder bis zu deren 10. Lebensjahr versorgten. Die Sterblichkeit dieser Kinder war sehr hoch. 67% aller Aufgenommenen erreichten das Ende der Findelpflege nicht.

Das Angebot der Anstalt umfaßte folgendes: Die Frauen konnten unentgeltlich und unter medizinischer Kontrolle gebären, die Anstalt versorgte sie während ihres Wochenbettes und zog ihre Kinder auf Staatskosten groß. Für dieses Angebot hatten die Frauen jedoch Gegenleistungen zu erbringen, von

---

* Nachricht an das Publicum, Wien 1784, S. 12f.
** Ebd., S. 19

denen die Anstalt und – wie sich zeigen wird – die Medizin profitierten. Ein verschwindend geringer Teil der Frauen konnte sich die Verpflegungsgebühren der Zahlgebärabteilung und die Aufnahmstaxen des Findelhauses leisten. Die zahlenden Frauen genossen alle Vorteile des Entbindungshauses. Der eigentlich zentrale Teil des Gebärhauses aber war die Gratis-Klasse. Und hier, also im Regelfall, verlangte die Anstalt als Gegenleistung der Frauen, daß sie ihre Körper zur Verfügung stellten – und das auf vielfältige Art und Weise: Sie mußten den angehenden Geburtshelfern und Hebammen als ‚Unterrichtsmaterial' – wie der gängige Begriff lautete – dienen, sie hatten bestimmte Arbeiten zu verrichten und im Findelhaus Ammendienst zu leisten. Der Zugriff auf die Frauen war umfassend. Den gratis aufgenommenen Schwangeren wurden verschiedene Arbeiten zugeteilt, die sie gleichsam als Beitrag zur eigenen Verpflegung ausführen mußten. Zum Großteil handelte es sich dabei um Tätigkeiten, die für die Aufrechterhaltung des Anstaltsbetriebs notwendig waren. – Schwere Arbeit war keine Seltenheit:

„Ihre Arbeit besteht im Holz und Wasser tragen; beschwerlich ist namentlich das Letztere für so viele Localitäten, für so viele Kinderbäder u.s.w. Auch das Holztragen in die zweiten Stockwerke hinauf ist keine leichte Arbeit, besonders im Winter, wo die Leute oft sehr leicht bekleidet sind. Sie haben ferner die schmutzige Wäsche hinaus, die reine wieder hinaufzutragen, die ganze Kinderwäsche für einen Stand von beiläufig 200 Säuglingen zu besorgen. Diese Wäsche haben sie nicht nur zu reinigen, sondern auch trocken an ihre Leidensgefährtinnen wieder auszutheilen, abzuholen u.s.w.; alle Fußböden, die Stiegengänge, Aborte u.s.w. sind von ihnen zu scheuern. Von dem Wegtragen der Patientinnen sind sie seit mehreren Jahren dispensirt, auch mit Leichen haben sie nichts mehr zu thun, doch müssen sie sich auf die Strohkammer begeben und das Stroh für die Kliniken herbeischaffen." *

Frauen, die ihre Kinder unentgeltlich in der Findelanstalt abgeben wollten, mußten sich zu einem viermonatigen Ammendienst im Findelhaus verpflichten. Meistens stillten sie dort ihr eigenes und ein zweites Kind, bis die Säuglinge in die ‚Außenpflege' abgegeben wurden.

---

* Niederösterreichisches Landesarchiv, Fasz. 48/5, Findelanstalt Wien, Kt. 1a, 8. Sitzung vom 30. 4. 1869 (Rektor Braun)

Frauen als Unterrichtsmaterial

In erster Linie profitierte die Gebäranstalt von der unglaublichen Fülle an medizinischem ‚Material', das die mehreren tausend Frauen pro Jahr darstellten. Seit der zweiten Hälfte des 18. Jahrhunderts versuchten die akademischen Ärzte – vor dem Hintergrund bevölkerungspolitischer Interessen – den Einflußbereich der Frauen in der Medizin zurückzudrängen. Insbesondere ging es darum, das Gebären als bislang „primär soziales, halböffentliches Ereignis zwischen Frauen" unter männliche Kontrolle zu stellen und auf einen körperlichen Mechanismus zu reduzieren. Dies erfolgte durch staatliche Monopolisierung der Hebammenausbildung unter männlicher Leitung sowie Professionalisierung der Ärzteschaft auf dem Gebiet der Geburtshilfe und Frauenheilkunde. Hier wird einmal mehr die enge Verknüpfung der Gebär- und der Findelanstalt deutlich: Ohne das Angebot an ledige Mütter, ihre Kinder ins Findelhaus aufzunehmen, wäre die Gebäranstalt leer geblieben. Wie auch in anderen Städten war die Schaffung einer praxisbezogenen Ausbildungsstätte für Mediziner bei der Errichtung der Wiener Gebär- und Findelanstalt ein Hauptinteresse gewesen. Das Gebärhaus war der Ort, an dem die Kontrolle über den weiblichen Körper einsetzte. Ledige Schwangere, Gebärende und Wöchnerinnen gaben das ‚Material' ab, an dem angehende Ärzte und staatlich auszubildende Hebammen die Praxis der Geburtshilfe erlernten und Wochenbetterkrankungen beobachteten. Hier konnte relativ hemmungslos – anfangs auch ohne jedes antiseptische Wissen – untersucht und versucht werden. Das Interesse der Ärzte richtete sich auf den gesunden gebärenden, den kranken und den toten Frauenkörper. Kreißsaal, Krankenzimmer und Sezierraum waren Unterrichtsorte. Die männliche Geburtshilfe zeichnete sich durch den übertriebenen Gebrauch von Instrumenten aus. Die Geburtszange wurde zum Synonym für diesen instrumentalen Zugriff auf die weibliche Gebärfähigkeit. Im Vergleich zu anderen Geburtshäusern war jedoch die Wiener geburtshilfliche Schule zurückhaltender bei der Verwendung von Instrumenten. Boer, erster Leiter der Klinik, übte in seinen „Aphorismen" Kritik an der Operationswut seiner Kollegen in anderen Städten:

> „Die mehresten Mütter und neugebohrnen Kinder werden krank nicht aus natürlichen Ursachen, sondern weil man sie naturwidrig behandelt. (...) Ein Geburtshelfer, welcher bey fünf und zwanzig Geburten unter sieben und vierzig, wie sie nach einander kommen, die Kinder mit der Zange hinwegnimmt, verdient nicht sowohl den Nahmen eines Geburtshelfers, als eines Kopfziehers." *

---

* Johann Lukas Boers, Abhandlungen und Versuche geburtshülflichen Inhaltes, Bd. 2/1, Wien 1802, S. 32, 35

Dem unbeschränkten männlichen Zugriff zum ‚Material Frau' wurden aus medizinhygienischen Gründen in den 1860er Jahren – also erst zwei Jahrzehnte nach Semmelweis – Grenzen gesetzt. Diese Entwicklung machte Veränderungen in der Unterrichtsform notwendig, was von den leitenden Männern der Wiener Anstalt mit bedauerndem Unterton festgestellt wurde. Folgendes äußerte 1896 der damalige Vorstand der Zweiten geburtshilflichen Klinik, Rudolf Chrobak:

„Früher, als uns die Gefahren der geburtshilflichen Untersuchung, die Antisepsis und Asepsis nicht bekannt waren, konnte man auch die ausländischen Aerzte zu zahllosen Untersuchungen zulassen und die kolossale Fülle des Materials zog eben ungemein viele solcher Ärzte nach Wien (…). Unter den heutigen Verhältnissen, (…) bleibt (…) nichts übrig, als den Aerzten das Material in Form von Cursen, welche die dauernde Anwesenheit des Assistenten bedingen, zugängig zu machen."

Geheimhaltung nur um den Preis medizinischer Öffentlichkeit

Die auf der einen Seite angebotene Geheimhaltung verlangte auf der anderen Seite von den Frauen, sich einer neuen, viel ungewöhnlicheren – der medizinischen – Öffentlichkeit auszusetzen. Die Wahrung der Anonymität der Frauen nach außen war mit einer Preisgabe ihrer Körper an die klinische Öffentlichkeit gekoppelt. Die schwangeren und gebärenden Körper waren „von öffentlichem Interesse". Der Geheimhaltung stand somit widersprüchlich eine schonungslose Öffentlichkeit vor dem ärztlichen Blick gegenüber. Es kam vor,

„(…) daß das Bett einer Wöchnerin nicht etwa von 2, 3, sondern von 8 bis 10 und 12 Studirenden (…) benützt wird, und daß eben die erwähnte Zahl das, was eben zur Benützung des Materials erforderlich ist, nämlich die Besichtigung und Betastung vornehme, und es wird dessen erwähnt, daß von Seite der Wöchnerinnen bei so vielfacher Besichtigung und Untersuchung nicht bloß Klagen und Weinen, sondern Bitten laut werden, daß sie endlich einmal nicht mehr untersucht würden". *

Als ‚Zufluchtsort' definiert, sollte die Anstalt den Frauen Schutz vor gesellschaftlicher Ächtung bieten. In der Behandlung als ‚Unterrichtsmaterial' wirkte aber eben diese gesellschaftliche Ächtung, die Schande, fort: Weil die Frau-

---

* Stenographische Protokolle des Niederösterreichischen Landtages, Sitzung vom 15. 2. 1866, S. 816 (Mühlfeld)

en als ‚gefallene Mädchen' betrachtet wurden, sprach man ihnen auch jede Scham ab. Nur bei ‚diesen' Frauen war eine derartige Übertretung von Tabugrenzen möglich und konnte uneingeschränkt experimentiert werden.

Die Gebäranstalt erweist sich als äußerst ambivalente Einrichtung für Frauen und die als Humanität gepriesene Geheimhaltung als ein zwiespältiges Angebot. Die öffentliche Schande wurde zwar verdeckt, war aber gleichzeitig Grundvoraussetzung der anstaltsinternen (medizinischen) Behandlung. Weil die Frauen als moralisch ‚disqualifiziert' galten, waren ihrer Behandlung als Demonstrationsobjekte keine Grenzen gesetzt. Doch der Kaufpreis dafür war für viele Frauen hoch.

Dienst im Kriegsfall

Frauenarbeit im Ersten Weltkrieg

Bereits um die Jahrhundertwende ist der Anteil berufstätiger Frauen in Österreich hoch. 43,2% der Frauen arbeiten, die meisten in der Landwirtschaft, viele sind in Fabriken beschäftigt. Obwohl der Verdienst von Frauen für viele Familien finanziell notwendig ist, setzen sich im Wiener Landesausschuß die Christlichsozialen noch 1904 dafür ein, daß eine Heirat als automatischer Dienstverzicht gelten soll. Immer wieder werden derartige „Zölibate" für bestimmte Berufsgruppen verlangt, so auch 1910 für Kindergärtnerinnen. Erschwerend für die Berufswahl einer Frau ist, daß Berufstätigkeiten verschiedenster Art als wider die „natürliche Bestimmung der Frau" beurteilt werden: Künstlerische Berufe hätten einen „Hang zur Unmoral", Lehrerinnen bekämen ein spitzes Kinn und Büroangestellte arbeiteten zu viel mit Männern gemeinsam! Der „Beruf" soll eine Art Vorausbildung für die Ehe sein und auf keinen Fall mögliche Bewerber abschrecken. Beliebte Berufe, die bei Gelegenheit nahtlos in die Arbeit in der Familie übergehen sollen, sind Kindergärtnerin, Säuglingsschwester, Krankenschwester, Hausschneiderin, Weißnäherin, Wäscherin oder Büglerin.

Doch der Fortschritt in Richtung qualifizierter Frauenberufe ist nicht mehr aufzuhalten. Das k. und k. Arbeitsministerium entschließt sich zu einem sensationellen Schritt: Sämtliche Gewerbe- und Fachschulen werden für Frauen zugänglich. Ein weites Spektrum an Berufen wie das Kunsthandwerk, die Weberei und Wirkerei, die Uhrmacherei oder die Möbeltischlerei steht offen, doch der Beginn des Ersten Weltkriegs verändert die wirtschaftliche Struktur Österreichs und das Leben der Frauen grundlegend. Die Ziele der Frauenbewegung des 19. Jahrhunderts treten angesichts der Not und Zerstörung menschlichen Lebens in den Hintergrund. Der tägliche Überlebenskampf um Nahrungsmittel läßt Frauenwahlrechts-Kommissionen und Debatten um sinnvollere Frauenbildung zweitrangig werden. Frauen versammeln sich nun nicht aus politischen Gründen, sondern um das Konservieren von Obst und Gemüse, das für lange Kriegsmonate haltbar gemacht werden muß, zu erlernen.

Doch wie reagieren sie auf den Krieg selbst? Marianne Hainisch schreibt bei Kriegsausbruch:

Gratisverteilung von Fleisch an Frauen eingerückter Reservisten, 1914: „Gratisfleisch statt Wahlrecht."

„Frauen Österreichs!

Beklagenswerte Ereignisse haben uns den Krieg aufgezwungen ... sollen wir passiv dulden und leiden? Das geziemt der Gattin und Mutter, der Staatsbürgerin nicht, sondern es ist an uns zu versuchen, wie wir die Not lindern, unseren Soldaten Erleichterungen, der Kriegsführung Unterstützung zuführen können. ... So bitte ich im Namen des Bundes Österreichischer Frauenvereine die österreichischen Frauen, die uns stets treu zur Seite standen, sich für den Dienst im Kriegsfall zu organisieren." *

In der monatelangen Kriegsbegeisterung gehen alle Appelle der Friedenskommission des Bundes Österreichischer Frauen und Bertha von Suttners unter. Bei Kriegsausbruch wird der Kampfwut von Vätern, Brüdern, Ehemännern oder Genossen keine klare „Frauenlinie" entgegengesetzt. Alle politischen Lager argumentieren mit der Notwendigkeit dieses Krieges; soweit ist sich die öffentliche Meinung einig. Auch prinzipiell gegen den Krieg eingestellte Frauen äußern keine konkrete Kritik an der Politik der Habsburger, die den Krieg mit seinen schrecklichen Folgen außenpolitisch einkalkulieren. Frauen unter-

---

* „Der Bund", Heft 8, Oktober 1914

stützen die „Krieger" tatkräftig und ermöglichen das Funktionieren der Kriegswirtschaft für vier lange Jahre. Unzählige Schriften und Aufrufe ermutigen Frauen, sich durch harte Arbeit die staatsbürgerliche Anerkennung zu verdienen. Auch die österreichische Heeresleitung wendet sich an Frauenorganisationen, um für die Kriegswirtschaft Arbeiterinnen zu gewinnen. Sozialdemokratinnen und bürgerliche Frauen organisieren nach anfänglichem Widerstand gegen den sich anbahnenden Weltkrieg tatkräftig Hilfsaktionen.

Da Anfang des 20. Jahrhunderts die meisten Frauen keinen speziellen Beruf erlernen, werden sie durch die Kriegsereignisse überrascht. Die „eheliche Versorgung" kämpft an der Front, sie müssen plötzlich selbst für ihr unmittelbares Überleben sorgen. Die enormen Lebenserhaltungskosten – 1916 erhöhen sie sich um mehr als 200% – zwingen immer mehr Frauen, wahllos Arbeit anzunehmen. Zwischen März 1914 und August 1916 steigt die Zahl der weiblichen Mitglieder der Krankenkassen um rund eine Million Arbeiterinnen, es gibt 1917 bereits mehr versicherte Frauen als Männer. Die mühsam erkämpfte Sozialgesetzgebung wird umgangen, Sonntagsruhe, Schutz und Rechte von Arbeiterinnen werden außer Kraft gesetzt. Unter militärischer Kontrolle wird die Produktionssteigerung forciert. Arbeitslosigkeit und Lebensmittelknappheit lösen Hungerstreiks der verzweifelten Menschen aus.

Straßenarbeiterinnen 1914: „Ohne sie steht alles still."

In dieser Notlage werden Frauen erstmals auch in männlichen „Berufsdomänen" akzeptiert. Das ist zwar grundsätzlich positiv, hat aber weitreichende Konsequenzen. Denn die Frauen springen für die Männer, die an der Front kämpfen, ein und sind schlecht bezahlt und kaum ausgebildet. Sie leisten schwere körperliche Akkordarbeit in Rüstungsbetrieben, Arbeitsunfälle und Hunger sind verbreitet. Auch im Krieg liegen die Frauenlöhne unter denen der Männer. So erhalten Schaffner in der Gemeinde Wien einen Tageslohn von 3.90 Kronen, Schaffnerinnen nur 3.60.

Für eine weiterführende Berufsausbildung gibt es im Krieg keine Möglichkeit. Als Aushilfskräfte benützt, arbeiten Frauen ohne Rücksicht auf ihre Gesundheit. Bei der Berufsberatung für Kriegerwitwen stellen ärztliche Untersuchungen einen hohen Anteil an Blutarmut, Geschlechtskrankheiten, hohe Nervosität und zahlreiche tuberkulös Erkrankte fest. Auch als Alleinversorgerin steht einer Frau kein ungehindertes Auftreten in der Öffentlichkeit als selbstverständlich offen. Der Vorfall, über den 1916 in der Neuen Freien Presse berichtet wird, zeigt, wie alte Klischees überlebt haben:

„... die Verhandlung gegen den Besitzer eines Kaffeehauses
auf der Mariahilferstraße und zwei seiner Angestellten, die
heute vor dem Bezirksgerichte Josefstadt durchgeführt wurde,
... streifte ein doch sehr wichtiges gesellschaftliches
Kapitel, nämlich die Frage, wie Frauen, die ohne Begleitung
öffentliche Lokale besuchen, von einer falschen Beurteilung
und den sich daraus ergebenden peinlichen Konsequenzen
geschützt werden können.

Die streng konservative Schicklichkeitsordnung, die bis vor
dem Kriege in Kraft war und kategorisch daran festhielt, daß
mit einbrechender Dunkelheit keine anständige Dame allein ein
öffentliches Lokal besuchen dürfe, ist stillschweigend
gemäßigt oder außer Kurs gesetzt worden.

Der Kaffeesieder Hans S., der Zahlkellner Karl A. und die
Wirtschaftsleiterin Helene U. waren nach § 482 St.G.
angeklagt, weil der Privaten Anna S., die am 11. Juli um 9 Uhr
abends in das Kaffeehaus gekommen war, die Verabreichung des
bestellten Glases Kaffee verweigert worden war. Anna S. war ohne
Begleitung erschienen, und der Zahlkellner forderte sie auf,
das Lokal zu verlassen. Die Dame leistete Folge, erstattete

aber die Anzeige, in der sie erklärte, daß sie, vom Regen
überrascht, in das Kaffeehaus eingetreten sei, um dort zum
Nachtmahl einen Kaffee zu trinken, daß also eine Verweigerung
eines notwendigen Lebensmittels vorliege. Der Richter sprach
den Cafetier frei, verurteilte aber die beiden anderen
Angeklagten zu je zwanzig Kronen Geldstrafe.
In den Gründen sagte der Richter, daß Kaffee zweifellos zu den
notwendigen Lebensmitteln gehöre."

So bleibt es bei dieser juristischen Lösung, prinzipiell gleiche Vorrechte für Frau und Mann stellt der Richter jedoch nicht deutlich genug fest.

„Ohne Unterschied des Geschlechts"

Die politischen Rechte sind erreicht

Nach dem Tod Kaiser Franz Josephs, dem Zerfall der alten Verfassung, wird das Wahlrecht für Frauen endlich durchgesetzt. 1918 beschließt die Nationalversammlung zunächst die Vereins- und Versammlungsfreiheit für Frauen und Männer. Mit der Proklamation der Deutsch-Österreichischen Republik am 12. November 1918 wird das lang geforderte, tatsächlich allgemeine, direkte und geheime Wahlrecht für alle Vertretungskörper allen Staatsbürgern – ohne „Unterschied des Geschlechts" – zuerkannt. Eine neue Ära beginnt.

Freudig wird in Frauenorganisationen über die zukünftigen Pflichten und Vorteile von Staatsbürgerinnen diskutiert. Doch, was den Frauen 1918 noch nicht bewußt war, müssen sie erfahren, daß die Mitgestaltung von Politik im Wahlrecht nicht mit inbegriffen ist. Wählen ja, regieren nein, so läuft die Entwicklung, die viele lange nicht wahrhaben wollen. Frauen ziehen zwar in den Wiener Gemeinderat und das Parlament ein, doch eine Minderheit sind sie bis heute geblieben.

Sitzung der Nationalversammlung im Parlament, sozialdemokratische Abgeordnete: „Beachtenswert die Damen im Hintergrund!"

Die Frauenbewegung gerät in eine inhaltliche Krise. Die alten Vordenkerinnen der Jahrhundertwende sind nicht mehr die Jüngsten. Ihre Ziele sind auf dem Papier erreicht, den Kampf um die Realisierung können sie nicht mehr führen. Trotzdem wird die hochbetagte Marianne Hainisch nach dem Krieg wieder Vorsitzende des Bundes Österreichischer Frauenvereine. Sie übernimmt zwar dynamisch die Leitung der Friedenskommission, wird zur Nachfolgerin von Bertha von Suttner, doch kann sie die alte Frauenbewegung nach dem Krieg nicht mehr beleben. Eine grundlegende Neuorientierung nach Erlangung der heiß umkämpften staatsbürgerlichen Rechte gelingt nicht so recht. Dazu kommen starke Mitgliederverluste und veraltete Vereinsstrukturen mit wenig Kontakt zur nachkommenden Generation. Jüngere Frauen organisieren sich eher in den Parteien und der Gewerkschaft, wenden sich angesichts der schwierigen politischen Lage Österreichs zunächst von konkreten Frauenanliegen ab. Viele sind auch überzeugt, daß die Frauenbewegung mit der Erlangung politischer Gleichberechtigung ein vorläufig befriedigendes Ende gefunden habe. Nun sei es an der Zeit, mit den Männern gemeinsam an die Realisierung politischer Ziele heranzutreten.

Doch die alten Wertvorstellungen von der Rollenverteilung zwischen Frau und Mann haben die Zeiten der Monarchie gut überstanden. Die scheinbar hoffnungslose Lage der jungen Republik Österreich verleitet viele Menschen dazu, die „früheren Zeiten mit dem Kaiser" in verklärtem Licht zu sehen. Diese Nostalgie fördert den Wunsch nach den alten Privilegien und gesellschaftlichem Anstand, die das Leben scheinbar leichter machen. Speziell die Emanzipation der Frau gilt als Übel der modernen Zeit, die der Krieg mit sich gebracht hat. Die bürgerlichen Kreise sind besonders von dem sozialen Abstieg nach dem Krieg betroffen. Ersparnisse und Grundbesitz sind durch die Inflation entwertet. Die Existenz scheint auch durch die politisch starke Arbeiterschaft bedroht, die Wahlerfolge der Sozialdemokraten und die Sozialgesetzgebung als Ausdruck der neuen Zeit bringen radikale Reaktionen mit sich. Demokratie und „Gleichmacherei" werden zu Feindbildern. Der Bürgerkrieg der dreißiger Jahre ist der Höhepunkt dieser Geisteshaltung. So setzt der Mittelstand auf die korrigierende Kraft der Weltgeschichte. Viele Konservative diskutieren eine Donauföderation nach monarchistischem Muster, mit Hauptsitz Wien. In der „Zwischenkriegszeit" wird die katholische Kirche zum wesentlichen Motor der Christlichsozialen Partei, deren „Frauenpolitik" dementsprechend ausfällt. Zwar erwähnt 1919 das Parteiprogramm die Gleichberechtigung, doch wird in den bürgerlichen Kreisen am traditionellen Rollenbild der Frau festgehalten. Ihr Platz sei der häusliche Herd, allerdings rechtfertige die Not Frauenarbeit. Es kursiert das bewährte Schlagwort „Doppelverdienertum", so soll arbeitenden Frauen ein schlechtes Gewissen gemacht werden.

Karikatur von Rudolf Hermann: „Wir Christlichsoziäuln san net nur da, um die Zentralbank und die Postsparkasse auszuplündern, sondern wir haben auch ein Programm: Nieder mit die Juden und mit dem Mieterschutz! Es lebe der österreichische Kirchenstaat und der § 144!"

Die christlichsoziale Frauenbewegung, die zum lästigen Anhängsel alter Zeiten wird, fordert die Anerkennung der Berufstätigkeit nicht vehement genug. Wie immer wird als Beweis weiblicher Intelligenz auf einige „Karrierefrauen" verwiesen, zu einer Selbstverständlichkeit sollte beruflicher Ehrgeiz nicht werden. Als politische Botschaft bleibt die unklare Position einer versöhnlichen, allumfassend mütterlichen Frauenbewegung übrig. Mütterlich-Sein wird zum Programm. Alle Lebensbereiche sollen als Gegenpol zu männlicher Vernunft „feminisiert" werden. Die dringend nötige Kritik an der autoritären Politik wird nicht geäußert, denn im Grunde bleiben die bürgerlichen Frauen unpolitisch und treten nicht an die Öffentlichkeit. Extreme Formen nimmt die Katholisierung der Politik in der Person des „Priesterpolitikers" Ignaz Seipel an. Seipel wird 1922 Bundeskanzler und signalisiert deutlich mehr Distanz zu liberalen Ideen und Sozialismus als seine Vorgänger.

Die Wahlschlachten in Österreich werden nun härter geführt. 1927 gewinnen die Sozialdemokraten an Stimmen, die Christlichsozialen erleiden Verluste. Das Linzer Programm der Sozialdemokratie zeigt 1927 deutlich den Willen zu Demokratie. Aber die parteipolitischen Auseinandersetzungen werden nicht nur auf politischer Ebene geführt. Viele ehemalige Militärangehörige der Monarchie, die ihren Dienstgeber verloren haben, begrüßen die Entmilitarisierung nach dem Weltkrieg nicht. Sie organisieren sich bereitwillig in den halbmilitärischen Organisationen der Frontkämpfer und der Heimwehr. Dröhnende Aufmärsche prägen das Straßenbild der zwanziger und dreißiger Jahre, Hetzreden bereiten das Klima des Bürgerkriegs vor.

Immer häufiger kommt es zu Zusammenstößen der halbmilitärischen „Selbstschutzformationen" der Parteien oder ihnen nahestehender Verbände. Todesopfer sind zu beklagen. Die rechte „Frontkämpfervereinigung", die „Heimwehr" und der sozialdemokratische „Republikanische Schutzbund" liefern einander blutige Gefechte. 1927 fordert eine Auseinandersetzung in Schattendorf zwei Tote auf sozialdemokratischer Seite. Geschworene sprechen die Täter frei. Obwohl bekannt ist, daß Geschworene oft Fehlurteile sprechen, wird dieses „politische Urteil" zum Auslöser von Tumulten. Als der Justizpalast brennt, schreiten Bundesheer und Polizei ein. Die Bilanz: 90 Tote.

Eine dringend nötige „Abrüstung" wird durch die Regierung nicht energisch betrieben. Die verheerende Wirtschaftskrise mit Bankzusammenbrüchen, Entwertung des Geldes und Arbeitslosigkeit bringt auch bei den Nachwahlen 1928 sozialdemokratische Gewinne. Immer radikaler politisierend, legt sich die Heimwehr durch den „Korneuburger Eid" nachdrücklich auf ein faschistisches Programm fest. „Wir verwerfen den westlichen Parlamentarismus und den

Soziale Not, 1936: „Die Wiener Wärmestuben wurden wieder eröffnet und werden von 8 Uhr früh bis 5 Uhr nachmittags sehr viel in Anspruch genommen."

Parteienstaat ... Jeder Kamerad ... kennt die drei Quellen seiner Kraft: seinen Gottesglauben, seinen eigenen zähen Willen und das Wort seiner Führer." Bindungen an das faschistische Italien mit Mussolini werden gepflegt. Unterstützt wird die Heimwehr durch die Industrie, die nichts gegen eine antisozialistische Kraft einzuwenden hat. Auch die katholische Kirche setzt den aggressiven politischen Mitteln wenig entgegen. Auf vielen Fotos dieser Zeit sind Geistliche an der Seite von Heimwehrführern zu sehen. Waffenweihen und Segnungen der Verbände sind ein vertrautes Bild. Die katholische Kirche wird mit zahlreichen Austritten konfrontiert. Es scheint, als ginge die Zeit der Christlichsozialen zu Ende, sie verlieren die Wahlen 1930, die Sozialdemokraten werden stärkste Kraft im Parlament.

Auch innerhalb der Sozialdemokratie kommt eine wirklich fortschrittliche Frauenpolitik nicht viel weiter. Der politische Alltag mit parteipolitischen Sorgen bindet die Energien der Frauen. Parteiraison hat Vorrang. So klagt die österreichische Delegation beim Internationalen Frauentag Anfang der dreißiger Jahre:

> „Die formale Gleichberechtigung ist da. Doch der Inhalt?
> Wenn die sozialistische Frau auch in Reih und Glied mit der
> um ihre Befreiung kämpfenden Arbeiterklasse steht und sich
> eins mit ihren letzten Zielen weiß, darf sie ihren Blick
> nicht für die Wirklichkeit einer bis in die kleinste
> Einzelheit von Männern geleiteten Politik trüben lassen." *

Die klassischen Frauenressorts etablieren sich: Fürsorgearbeit, soziales Engagement und Kinderbetreuung. Auch die innerparteiliche Schulung setzt Schwerpunkte mit Vorträgen über einschlägige Frauenthemen, Verbreitung leicht faßlicher Groschenbüchl, Veranstaltungen von Festen und Vorleseabenden mit „praktischer" Bildung. Politisch brisante Inhalte bleiben immer mehr aus. Auch die Arbeiterinnen-Zeitung legt ihren kämpferischen Stil ab und entwickelt sich zum friedlichen Sprachrohr der Partei. In den Wahlkämpfen werden Plakate, die sich eigens an die Wählerinnen richten, gedruckt. Der Aufruf „Mütter!" ist häufig, der Aufruf „Väter" bleibt unüblich. So schleicht sich auch bei den Sozialdemokratinnen ein altbekanntes Frauenbild ein: Die kameradschaftliche Ehefrau, deren Lebensziel die Mutterschaft ist. Die politisch enttäuschten Frauen sind, als sich die Wirtschaftslage Ende der zwanziger Jahre dramatisch verschlechtert, von der Arbeitslosigkeit besonders betroffen.

---

* Internationaler Frauentag, Broschüre, Artikel Marianne Pollak

Noch werden die Christlichsozialen mehrheitlich von Frauen gewählt, doch 1927 sind viele Frauen enttäuscht, wie wenig sich ihre Partei für Frauenbelange einsetzt und eine entsprechende Vertretung in der Politik zuläßt. Politisches Engagement von Frauen stößt nicht nur in der christlichsozialen Partei auf Unverständnis, sondern auch unter den Frauen selbst. Es ist vielen Frauen noch immer nicht bewußt, wie sehr die Männerdomäne Politik ihre eigenen Lebensbereiche beeinflußt.

Die bereits neunzigjährige Marianne Hainisch versucht nun etwas Einmaliges in der österreichischen Frauengeschichte: Sie gründet am 12. Dezember 1929 die „Österreichische Frauenpartei". Das Programm: Den „inneren und äußeren Frieden, das materielle Wohl und die geistige Höherentwicklung des Volkes anstreben". Eine für diese Zeit aktuelle Forderung, da sich der Bürgerkrieg anbahnt. Daher haben „unparteipolitische" Ziele große Bedeutung. Nun hoffen die Frauen, ausgleichend und klug handeln zu können, denn die Regierung scheint durch die wirtschaftliche Notlage und die politische Radikalität überfordert zu sein. Ausländische Kredite bleiben aus, die Währung wird ständig entwertet. Doch die Wählerinnen entscheiden gegen die Österreichische Frauenpartei, die es bei den letzten freien Wahlen 1930 auf kein einziges Mandat bringt. 1930 wird die sozialdemokratische Fraktion stärkste Partei. Bundeskanzler Dollfuß weiß, wie nahe sein politischer Gegner der absoluten Mehrheit ist.

Wer ist die schönste Verkäuferin Wiens?

Die neuen Frauenberufe

Nach dem Krieg werden zehntausende Frauen aus dem Staatsdienst und den Fabriken entlassen. Die Kanzleien der Armee im Hinterland und in der Etappe lösen sich auf. Stillgelegte Betriebe der Kriegsindustrie lösen Massenentlassungen aus. Empört protestieren arbeitslose Frauen gegen das „Gesetz zur Wiedereinstellung von Heimkehrern", denn als die Männer aus dem Krieg zurückkehren, wird Frauenarbeit wieder umstritten. Das „Aktionskomitee arbeitsloser Gewerbegehilfen", über 5.000 Menschen, fordert, daß Kellnerinnen durch arbeitslose Kellner ersetzt werden sollen. Auch Frauen in Ämtern und Betrieben sollen für die Männer Platz machen und besser wieder „weibliche Eigenschaften" annehmen. Von der Arbeitslosigkeit betroffene Frauen erhalten weniger Unterstützung als ihre Kollegen. Als sich die Wirtschaft langsam von den Kriegsereignissen erholt, benötigt die rasch anwachsende Bürokratie der Banken und Versicherungen günstig arbeitende Büroangestellte. Frauenarbeit wird von einer zeitgenössischen Studie so eingeschätzt:

> „Es zeigt sich eben eine deutliche Differenzierung der Anlagen, die nicht nur physischer, sondern auch geistiger Natur sind. Bei denjenigen Verrichtungen aber, die größere Beweglichkeit, vor allem Fingerfertigkeit erfordern, zeigen sie sich geschickter und leistungsfähiger als die männlichen Angestellten und scheinen sie auch an Ausdauer zu übertreffen. Eine spezielle Bedeutung hat ihre höhere Stimmlage für den Fernsprechdienst." *

Diensteifer, Pflichttreue und Geduld werden als weibliche Fähigkeiten geschätzt. Höflichkeit gegenüber Vorgesetzten, Ordnungsliebe und die schöne Schrift gelten als „Vorteile". In leitende Positionen mit entsprechendem Gehalt gelangen Frauen wegen ihres angeblichen Mangels an Energie und Verantwortung jedoch nicht. Die meisten der angestellten Frauen sind als Verkäuferinnen und Bürokräfte tätig, also in untergeordneten Arbeitsbereichen. Die Medien berichten über die neue Selbständigkeit der Frauen. Es wird „modern", berufstätig zu sein, die Sekretärin wird zum Idealbild der emanzipierten, großstädtischen Frau.

---

* Hans Nawiasky, Die Frau im österreichischen Staatsdienst, Wien o.J.

Sekretärin mit Chef

Die Träume der Frauen werden in beliebten Illustrierten verbreitet, die Österreichische Angestelltenzeitung berichtet 1930:

Eine von der Schönheitskonkurrenz:

Die Grete ist in einem Riesenmodenhaus, achtzehn Jahre jung und zum Anbeißen. Natürlich hat sie bei der Konkurrenz der Wiener Illustrierten Zeitung mitgespielt: „Wer ist die schönste Verkäuferin Wiens?" Die Firma mag sie gut leiden, weil so ein frisches Gesicht und die ewig lustige Laune Goldes wert sind: Pardon: 108 Schilling im Monat. Grete ist übermondän, liebt das Grelle, die letzte Mode, den Tanz und den Sport. Sie ist überall dabei. Sie kann sich nur das Billigste an Kleidern, an Vergnügungen leisten, aber was tut's mit achtzehn Jahren? Nur ein Schatten liegt auf dem Kätzchendasein: Daß die Eltern daheim so viel von dem verdienten Geld haben müssen. Zu Hause wird mit Wasser gekocht und sieben Leute schlafen im Zimmer und im Kabinett. Grete aber will hoch hinaus. Sie träumt vom Kino, von Weltberühmtheit, und ist so schön, daß so manches von den Träumen wahr werden kann. *

---

* aus: Erna Appelt, Von Ladenmädchen, Schreibfräulein und Gouvernanten, Wien 1985

„Der Bubikopf ist weit entfernt."

Die Realität der zwanziger Jahre sieht freilich anders aus, wieder trifft die Arbeitslosigkeit Frauen besonders. Viele sind gezwungen, schlecht bezahlte Heimarbeit oder Hilfsarbeit anzunehmen. Und es gilt: Je flexibler Frauen sind, desto ersetzbarer werden sie. Frauen leiden unter mangelhafter Ernährung, der Kürzung von Sozialleistungen und schlechten Arbeitsbedingungen. Die meisten würden es vorziehen, zu Hause zu bleiben.

Käthe Leichter, die Leiterin des Frauenreferats der Wiener Arbeiterkammer, untersucht in einer Studie, was Frauen denn überhaupt an ihrer Berufstätigkeit freue. Die Antwort fällt entmutigend aus:

nichts　　　　　　　67,7%
materielle Vorteile　　11,5%
der Arbeitsprozeß　　14,1%
soziale Vorteile　　　 2,5%
das Arbeitsprodukt　 0,9%
private Vorteile　　　 1,8%
körperliche Vorteile　 1,5% *

---

* aus: Käthe Leichter, So leben wir, 1.320 Industriearbeiterinnen berichten über ihr Leben, Verlag Arbeit und Wirtschaft, Wien 1932

Viele haben nicht einmal ein eigenes Bett, zwei Drittel wohnen in Kleinstwohnungen, die oft nur aus einem Zimmer bestehen.

Eine Frau, die sich für in Not geratene Frauen einsetzt, ist Hildegard Burjan. 1883 in Gablonz an der Neiße geboren, hat sie das Glück, sich eine universitäre Bildung erwerben zu können. Sie studiert Germanistik und Anglistik an der Universität Zürich. Sogar eine Assistentinnenstelle wird ihr angeboten, doch sie entschließt sich, mit ihrem Mann nach Berlin und dann nach Wien zu ziehen. Ein schweres Nierenleiden beeinträchtigt ihr Leben, doch engagiert schließt sie sich sozialen Zirkeln an. Nicht in der Wissenschaft, sondern im Kampf gegen Kinderarbeit und Armut von Frauen zur Jahrhundertwende findet sie ihre Lebensaufgabe. 1912 gründet sie den Verband „Christlicher Heimarbeiterinnen", mutig geht sie mit Helferinnen in Wien von Haus zu Haus und fragt an, ob hier Heimarbeiterinnen wohnen. Der Verein mit seinen über 1.000 Mitgliedern fordert gesetzliche Verbesserungen für diese Frauen. Minimallöhne werden festgesetzt, die Löhne angehoben. Die Auftraggeber für Heimarbeit erteilen Aufträge sogar direkt an den Verband, die Frauen sind so besser geschützt. Die „Heimarbeiterinnenmutter" von Wien übernimmt weitere Aufgaben: Sie gründet den Verein „Soziale Hilfe" mit Hilfe des „Verbands der christlichen Heimarbeiterinnen", des „Verbands der katholischen Arbeiterinnenvereine der Erzdiözese Wien" und des „Reichsverbands der katholischen Arbeiterfrauen". Verschiedene Aufgaben wie Frauenbildung, Haushaltshilfe für Wöchnerinnen oder die gesundheitliche Überbelastung von weiblichen Angestellten der städtischen Straßenbahnen werden in Sektionen behandelt. Der Lebensmittelverein „Hilfe" entsteht – so wird vielen Frauen das Schlangestehen erspart. Die „Soziale Hilfe" vertritt schließlich die Interessen von 12.000 Frauen.

Als bei Kriegsausbruch tausende Frauen durch die Einstellung von Betrieben arbeitslos werden, eröffnet Hildegard Burjan Nähstuben, die später zu Abgabestellen für Heimarbeit werden. 10 Millionen Wäschestücke, über eine Million Achselrollen für das Militär und 100.000 Wollsachen werden von Frauen angefertigt, deren Kinder in zwei Tagesheimstätten betreut werden. Tausende Klöpplerinnen in der Steiermark werden mit etwas besser bezahlter Arbeit versorgt. Burjan leitet persönlich Hilfszüge in die abgelegensten verschneiten Dörfer. Der Christlichsozialen Partei nahestehend, wird sie nach dem Krieg Gemeinderätin in Wien, 1919 betritt sie als erste weibliche bürgerliche Abgeordnete den Nationalrat. Ihr Ressort sind weiterhin soziale und „volkserzieherische" Aufgaben. Sie ist sogar als mögliche Ministerin für soziale Verwaltung im Gespräch. Doch sie selbst lehnt die Wiederkandidatur für den

Gedenktafel für Hildegard Burjan

Nationalrat ab. Im Alter werden ihre religiösen Ambitionen noch stärker, sie gründet, von Ignaz Seipel bestärkt, die soziale Schwesternschaft „Caritas Socialis", die der Katholischen Frauenorganisation zuzuordnen ist. Ihre Mitarbeiterinnen sollen nicht nur fachlich, sondern auch tief religiös geschult werden. Am Herzen liegt ihr auch die Betreuung „gefallener" Mädchen; Unterkunftsstellen für obdachlose Frauen und der bekannte St. Elisabeth-Tisch geben tausenden Bedürftigen ein warmes Mittagessen aus.

Hildegard Burjan, deren christliche Arbeit vielen Menschen zugute kommt, verkörpert die Tradition, durch karitative Arbeit die Mängel der Sozialpolitik auszugleichen.

Sabine Entner

„Gesucht: Blonder Bubikopf, wirklich vollschlank und von prima Qualität" *

Wer ist die „neue Frau"?

Beim Durchblättern von Frauenzeitschriften und Modejournalen, beim Betrachten von Werbeplakaten und Kinoreklame, beim Lesen von Romanen und Erzählungen der Nachkriegszeit und der zwanziger Jahre taucht immer wieder ein ganz bestimmtes Bild auf: die „neue Frau". Auf den ersten flüchtigen Blick zeigt sie sich uns mit Bubikopf und Schminke, kurze Kleidung und fleischfarbene Seidenstrümpfe betonen ihre schlanke Linie. Sie strahlt Jugendlichkeit und Sachlichkeit aus. Auch raucht sie in der Öffentlichkeit, ist berufstätig, und in ihrer Freizeit geht sie ins Kintopp, zum Tanz, oder sie betreibt Sport. Sie hat einen ungezwungenen Umgang mit dem anderen Geschlecht, und vor allem hat sie eine selbstbestimmte Sexualität. Sie ist unbeschwert, unabhängig und konsumorientiert.

Dieses Erscheinungsbild verleitete viele ihrer Zeitgenossen dazu, vom Zeitalter der befreiten Frau zu schwärmen. Als Prototypen der weiblichen Emanzipation wurden die jungen Angestellten, die Sekretärinnen, Stenotypistinnen und Verkäuferinnen gefeiert. Uns allerdings stellt sich bei genauerer Betrachtung eine Reihe von Fragen: Konnten sich die obengenannten Protagonistinnen überhaupt den Luxus, eine „neue Frau" zu sein, leisten? Erlaubten ihnen ihre finanziellen Mittel und vor allem die gesellschaftlichen Normen, die ihren Alltag prägten, diesem Leitbild nachzueifern? Und wer hatte Interesse an diesem neuen „Frauenleitbild" und seiner Verinnerlichung durch die Frauen?

Viele Frauen hatten während des Krieges eine sehr wichtige Erfahrung gemacht: sie hatten ihre eigene Kompetenz kennengelernt. Sie wußten nun, daß sie fähig waren, sich und ihre Kinder durchzubringen. Manche von ihnen war erstmals gezwungen gewesen, eigenes Geld zu verdienen, andere hatten während des Krieges erstmals nicht mehr nur für Kost, Logis und ein kleines Taschengeld gearbeitet, sondern gegen Lohn. Sie verfügten über eigenes Geld, und sie hatten gelernt, in der Öffentlichkeit zu agieren. Sie waren auch selbstbewußter geworden.

---

* Aus Partneranzeigen in „Helmut Bettauer's Wochenschrift", 1928

Viele Unternehmer waren aufgrund der positiven Erfahrungen, die sie mit Frauen gemacht hatten, nicht mehr bereit, gelernte, aber teure Männer aufzunehmen, wenn sie doch mit den „nur" angelernten, aber viel billiger arbeitenden Frauen zufrieden waren. Dazu kommt, daß Frauenarbeit nun sichtbar geworden war. Frauen arbeiteten in Büros, Geschäften und Fabriken, sie „versteckten" sich nicht mehr mit Heimarbeit zu Hause oder als Putzerin, Büglerin und Dienstmädchen in fremden Haushalten. Das traditionelle Frauenbild der Hausfrau und Mutter hatte, obwohl schon lange unrealistisch, endgültig seine Funktion als Orientierungsmuster für Frauen und Männer verloren. Wie Trotta in Joseph Roths Roman „Die Kapuzinergruft" reagierten männliche Zeitgenossen verunsichert. Es schien ihnen, als wären die Frauen in „Aufruhr geraten", als müßten sie wieder – durch ein neues Rollenleitbild – gezähmt werden.

Das Stereotyp der „neuen Frau" sollte nun bei der Lebensgestaltung helfen. Innerhalb der verschiedenen politischen Lager, der Frauenbewegung, der Kirche und der Wirtschaft entstanden Diskussionen zum Thema „neue Frau". Um diese neuen Leitbilder zu verbreiten, bedienten sich die diversen Gruppen der neuen Medien: Film, Werbung, Rundfunk. Aber auch über die Belletristik, populärwissenschaftliche oder wissenschaftliche Literatur und über Schlagertexte wurden die neuen weiblichen Rollenleitbilder vermittelt. Mit diesem Überangebot an Leitbildern mußten sich Frauen auseinandersetzen. Darüber hinaus schrieb aber auch die individuelle Umgebung jeder einzelnen Frau ihre persönliche Rolle innerhalb der Gesellschaft vor.

Die „Rolle der Frau" läßt sich grob in zwei konträre Konzepte von Weiblichkeit unterteilen: das traditionelle Konzept der Mütterlichkeit, die auch am Arbeitsplatz gelebt wurde, und jenes der „neuen Frau". Letzteres enthielt auch all die Kriterien, die die Modernität der zwanziger Jahre ausmachen sollten. Dazu gehörten: politische Beteiligung (durch das Wahlrecht den Frauen ermöglicht), Lockerung der sittlichen Vorstellungen (Aufhebung der Geschlechtertrennung in der Freizeit, Sexualität als öffentliches Gesprächsthema) sowie Teilnahme am Massenkonsum. Die Berufstätigkeit sollte den Frauen Selbständigkeit und finanzielle Unabhängigkeit gewährleisten. So widersprüchlich diese beiden Konzepte erscheinen, so sollte dennoch, der öffentlichen Moral entsprechend, die Frau beide Bilder der Weiblichkeit in sich vereinen. Ideal wäre gewesen, wenn sie zuerst durch die Übernahme der sogenannten „männlichen" Berufsrolle und eine vorläufige Ablösung von ihrer Familie Unabhängigkeit erlangt, diese aber nach einiger Zeit zur Erfüllung des konventionellen weiblichen Lebenszieles als Ehefrau und Mutter wieder aufgegeben hätte.

Nicht jede eignet sich zur Herrenfahrerin.

Der seit den letzten Jahren ungemein gesteigerte Großstadtverkehr stellt an die Lenker von Kraftfahrzeugen immer höhere Anforderungen. Damit die Zahl der Unfälle nicht in dem gleichen Maße ansteige wie der Verkehr, ist es von großer Wichtigkeit, zu verhindern, daß solche Personen zum Führen eines Kraftfahrzeuges zugelassen werden, die aus irgend einem Grunde dieser Aufgabe nicht gewachsen sind.

Geruchsprobe.

Wie in der Schule: Der Lehrer beim Unterricht.

Prüfung auf Reaktionsgeschwindigkeit am Fallapparat.

Institut, die Amtsärztliche Prüfungsstelle, geschaffen. In Verbindung mit der amtsärztlichen Untersuchung der Bewerber um einen Führerschein wird hier auch eine Leistungsprüfung nach psychotechnischen Methoden vorgenommen, da nur auf diese Weise die für den Kraftfahrer so wichtigen psychischen Eigenschaften erkannt werden können. Es wird das Auge auf Sehschärfe, Gesichtsfeld, Farbenempfindlichkeit, Nachtblindheit und Blendungssehen, das Ohr auf Hörschärfe und Lokalisation des Schalles untersucht, ja sogar der Geruchsinn spielt eine Rolle; da sein Fehlen zwar nicht ungeeignet macht, aber besondere Aufmerksamkeit erfordert, um eine Explosion von Benzindämpfen zu verhüten. Gleichgewicht, Muskel- und Gelenksinn und Muskelkraft wird geprüft. Großes Gewicht wird auf die Prüfung von Aufmerksamkeit und Geistesgegenwart gelegt, diese wird mit eigenen Apparaten vorgenommen.

Eine Gruppe Kandidatinnen zeigt am Kymographen ihre Aufmerksamkeit, Uebersichtsfähigkeit und Reaktionsgeschwindigkeit.

Von dem Lenker eines Kraftfahrzeuges muß man nicht nur verlangen, daß er intakte Sinnesorgane und kein Leiden oder Gebrechen habe, das ihn bei der Beherrschung des Fahrzeuges behindert, sondern vor allem, daß er die nötigen psychischen Eigenschaften, wie Aufmerksamkeit und Geistesgegenwart, besitze, um auch in schwierigen Situationen rasch und richtig handeln zu können. Die Wiener Polizeidirektion, der es obliegt, für die Sicherheit des Verkehrs zu wachen, ist bahnbrechend vorgegangen und hat mit Rücksicht auf die Wichtigkeit dieser Angelegenheit ein eigenes

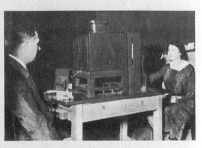

Die Untersuchung auf Nachtblindheit und Blendungssehen.

Photos Blumberger-Schulz.

Prüfung zur Herrenfahrerin, aus: Das interessante Blatt

Doch auch das Leitbild der „modernen Frau" läßt zwei unterschiedlich ausgebildete Formen erkennen: eine ist geprägt von Konsumkultur, politischem Desinteresse und sexueller Libertinage, die andere von politisch organisierten Frauen, die sich scharf von ersteren abgrenzten. Entscheidend ist, daß in dem modernisierten Frauenleitbild erstmals „Weiblichkeit" mit Berufstätigkeit im Sinne von „männlicher Unabhängigkeit" vereinbar war, wenn auch nur als Übergangsphase und auch nur für einen bestimmten Kreis, nämlich den der jungen städtischen Frauen. Das „Heimchen am Herd" machte der „reschen, feschen Wienerin" Platz, einer Frau, die später ihrem Mann ein „lieber Kamerad" war. *

Das Erscheinungsbild der „neuen Frau" war auf die großstädtische und berufstätige Frau zugeschnitten: Betont wurden Sportlichkeit und praktische Handhabbarkeit von Mode und Frisur, kurze Kleidung, Bubikopf, kurz der Garconne-Typ, die androgyne Frau. Anleihen wurden an Erfahrungen aus der Kriegszeit genommen: lange Kleidung ist unpraktisch bei der Arbeit und braucht viel mehr Stoff als z.B. ein gerader, kurzer Hänger, kurzes Haar ist einfacher zu pflegen. Die neue Mode war nicht mehr nur den Reichen vorbehalten – sie konnte dank ihrer Einfachheit nachgemacht werden, selbstgestrickte Jumpers, selbstgebastelter Modeschmuck, billige Straßimitationen waren en vogue. Aus der Botschaft: „Jede Frau kann schön sein!" wurde sehr schnell die Forderung: „Jede Frau soll schön sein!" **, denn „natürlich sorgt die Mode für alle Kassen", und eine „geschickte Frau" kann nach einem „käuflichen Schnitt" ihre Garderobe selbst schneidern. Das optische Frauenleitbild war körperbetont. Titelseiten der Magazine und Filmplakate zeigten sportliche, schlanke Frauen. Frauen wurde „Leiblichkeit" zugestanden. Dieses Erscheinungsbild war verbunden mit bestimmten Normen wie einer „schlanken, biegsamen Figur" *** und jugendlicher Ausstrahlung. Der Diätterror wurde zum ständigen Wegbegleiter. Ein Bauch hätte sich störend hinter den lose fallenden Kleidern abgezeichnet. Aber da gab es auch gleich eine Alternative: der immer noch nicht aus der Mode gekommene Leibgürtel. Das Gummimieder wurde von der Werbung als ideales Korsett angepriesen, das völlige Bewegungsfreiheit ermöglichen sollte. Die gewünschte Figur könne so auch jede ohne Abmagerungskur erreicht werden. Busen und Bauch wurden mit dem

---

* Käthe Leichter, Frauenarbeit und Arbeiterinnenschutz in Österreich, Wien 1927, S. 43
** Frauerl, Jg. 1925, Nr. 2, S. 7
*** z.B. „Die Frauenwelt" (Wien 1925-1927 und 1929)

Mieder wunschgemäß flachgedrückt. Nicht Busen und Hüften, sondern die Beine galten als erotischer Blickfang. Wozu gab es denn die neuen fleischfarbenen Seidenstrümpfe, doch nicht, um sie hinter langen Röcken zu verstecken! – so hieß es. *

Die zwanziger Jahre waren geprägt von aggressiv zur Schau gestellter Erotik; die Sexualität war, im Unterschied zur Zeit vor dem Krieg, zu einem öffentlichen Gesprächsthema geworden. Die Masse der Frauen scheiterte aber an dem Versuch, ihre sexuellen Bedürfnisse auch zu leben. Außer der Furcht vor ungewollter Schwangerschaft und Geschlechtskrankheit hatten sie auch mit der doch zwiespältigen öffentlichen Moral zu kämpfen. Die sexuelle Befreiung der Frau wurde gefeiert, doch Film, Roman und Kolportage suggerierten den jungen Frauen ganz andere Botschaften: Freude müsse verdient werden, auf Freude aber folge Leid, denn die sexuelle Lust müsse gesühnt werden. Voreheliche, ekstatische Leidenschaft endete ziemlich sicher mit dem Tode der Akteurin. ** Nur wer tugendhaft, sittlich einwandfrei lebe, werde auch das große Glück erfahren. Frauen wurden (und werden) vor allem nach ihrem sexuellen Verhalten beurteilt. Als Antwort darauf schrieb Olga Misar 1919 in ihrem Werk zur Sexualethik: ***

„Der Begriff des guten Rufes ist das Phantom, mittels dessen
man die Frauen sehr lange davon abgehalten hat, freie
Menschen zu sein."

Dem Zwiespalt zwischen eigenen Bedürfnissen und aufgesetzten Normen mußten sich die Frauen tagtäglich stellen. Dieser Zwiespalt verfolgte die Frauen auch in ihrer Eigenschaft als Konsumentinnen. Die Präsenz der Frauen in der Öffentlichkeit und das Wissen um ihre neue finanzielle Situation verleitete die Wirtschaft dazu, in ihnen eine neue Zielpartnerin zu sehen. Sie hatte es auch nötig. Denn die Umstellung der Produktionsweise auf die kriegsbedingten Erfordernisse brachte technische Veränderungen mit sich, die Massenanfertigungen ermöglichten. Und das Mehr an Produkten mußte abgesetzt werden. In diesen Kreislauf von Produktion und Absatz wurden verstärkt Frauen eingespannt: sowohl als Arbeitnehmerinnen als auch als Konsumentinnen. Entwicklungen der chemischen Industrie, die vor allem noch durch die Kriegsindustrie provoziert worden waren, wurden forciert und wirkten sich auf die

---

* Die moderne Frau, 1926, Nr. 5, S. 9
** vgl. Heide Soltau, Trennungs-Spuren. Frauenliteratur der zwanziger Jahre, Frankfurt/Main 1984
*** Olga Misar, Neuen Liebesidealen entgegen, Leipzig/Wien 1919, S. 27

Alltagswelt und die Mode der neuen Akteurin aus. Als Vermittler zwischen Produktion und Absatz wurde die Werbung eingesetzt, die nun als Konsumentin die „neue Frau" ansprach. Eine „richtige" Frau aber, so suggerierte die Werbebotschaft, könne sie nur durch den Kauf bestimmter Waren werden. Ihr Erscheinungsbild prägten synthetische Stoffe (Kunstseide – Viskose, Jersey), Gummi (als elastisches Mieder, Schuhabsatz oder -sohle), Kosmetika und, unvermeidlich, die Dauerwelle. Es kann hier von dem Beginn der Industrie für die Frau gesprochen werden, dies war – und ist – aber eine Industrie, die auf Kosten der Frauen funktioniert.

Auf die niederen Löhne der Frauen, auf ihre Situation als Alleinerhalterin nach dem Krieg wurde von der Werbemaschinerie keine Rücksicht genommen. Waren Frauen generell in Niedriglohnsparten angestellt, so verdienten sie auch bei gleicher Arbeit weniger als ihre männlichen Kollegen. Diese Lohnschere war Thema vieler zeitgenössischer tendenziöser Untersuchungen, die dazu dienten, den Unterschied einzuzementieren. So wurde damit argumentiert, daß alleinstehende Männer eine Reihe von Arbeiten, wie z.B. das Flicken, Wäschewaschen und -bügeln, gegen Entgelt verrichten lassen müßten, während Frauen diese Dienstleistungen selbst, also unentgeltlich, erledigen könnten. Andererseits wären Frauen gerade durch die in der Freizeit geleistete Hausarbeit ausgelaugt und erschöpft und könnten daher nicht die Männern vergleichbare Leistung erbringen. Außerdem wären Männer in ihrer Arbeit schlicht kreativer.* Gerade die „Protagonistinnen" der neuen Zeit, die Verkäuferinnen und Sekretärinnen, verdienten wenig. Der Lebensstandard einer Verkäuferin lag weit unter dem Sozialprestige dieses Berufes. Und doch mußten sie, im Interesse des Unternehmens, immer frisch und gepflegt aussehen, um das Unternehmen nach außen hin zu repräsentieren. Der materielle Aufwand, den die jungen Verkäuferinnen für ihr Äußeres einsetzen mußten, stand in keinem angebrachten Verhältnis zu ihren niedrigen Gehältern. Die Werbung sagt den Frauen, wie sie sein sollen, und den Männern, wie ihre Frauen sein könnten. Nur über den Konsum bestimmter Artikel können sie, laut Werbebotschaft, dem gewünschten Leitbild entsprechen – so hilft die Werbung, Abhängigkeiten zu schaffen. Ein wichtiges Transportmittel für Werbung und Werbebotschaften sind Frauenillustrierte. In ihnen wird den Leserinnen der jeweils gültige Begriff von Schönheit präsentiert.

Frauen erfuhren in Zeitschriften, wie z.B. der „Frauenwelt", dem „Frauerl", der „Modernen Frau" oder der „Mode und Kosmetik", wie sie, um dem zeitgemäßen Frauenideal entsprechen zu können, zu sein, wie sie sich zu

---

* Egon Reininger, Die Wirtschaftsleistung der Frau und ihre Entlohnung, Diss., Wien 1931

pflegen, zu kleiden und zu bilden, wie sie ihr Leben zu gestalten und sich selbst als Frauen zu verstehen hätten. Wie durch eine innere Regie wurden die Gefühle und Wahrnehmungen der Leserinnen in bestimmte, genormte Bahnen gelenkt. Diese Zeitschriften gaben aber nicht nur Anleitungen zur Lebensgestaltung, sie schafften auch einen Raum, in den sich die Leserinnen hineinträumen konnten. Abgelenkt von den Problemen des eigenen Alltags, konnten sie sich hier mit den Heldinnen von Romanen, Erzählungen und Starberichten identifizieren und von ihrem ganz persönlichen Aufstieg träumen. Der ganz persönliche Aufstieg ist schlicht ein Mann, der wie ein Prinz die Leserin aus dem langweiligen Berufsalltag erlöst und endlich heim an den langersehnten Herd führt.

Dieser Traum wurde von den Leserinnen auch gerne aufgenommen, denn der „Ausflug in die Welt" hatte nicht gehalten, was er versprochen hatte. Der „Kampf ums tägliche Überleben", der Kampf um eine neue Identität als Frau war schwer, und so war die Rückkehr zum alten Frauenleitbild aus dem vorigen Jahrhundert, nämlich dem der Hausfrau und Mutter, allzu verlockend. Doch das Erwachen folgte bald, denn die Heirat in die nächsthöhere soziale Schicht war selten. Und so blieben das tägliche Groschenzählen und die Berufstätigkeit in schlechtbezahlten, langweiligen Jobs.

Geschlechtsspezifisch viehisch

Das Leben auf dem Land

Ärmere Familien von Taglöhnern oder Handwerkern hatten im Durchschnitt mehr als vier Kinder, die so bald wie möglich die Familie entlasten und sich selbst erhalten sollten. Auf Bauernhöfen war es üblich, Mädchen in frühester Jugend zu bestimmten Arbeiten heranzuziehen. Die meisten wurden im Alter zwischen 12 und 14 Jahren zu einem Bauern in den Dienst geschickt. 1923 berichtet eine Leserin in der Frauenzeitschrift „Die Unzufriedene":

> „Liebe Unzufriedene! Sie haben unlängst über die Kindersklaverei in Amerika geschrieben. Ich kann Ihnen aus meiner Heimat dazu Ergänzendes erzählen. Auf den Gütern des Grafen Esterhazy im Burgenland müssen die Kinder heute noch roboten. Auch ich war so ein Unglückskind. Wir Proletarierkinder mußten vom siebenten Lebensjahr an von 5 Uhr früh bis 9 Uhr abends, eigentlich von Sonnenaufgang bis zum Sonnenuntergang bei trockenem Brot herumrutschen, daß uns alle Beiner krachten, und das für einen Taglohn von 35 Kreuzern. Das war in den Jahren 1897 und 1898. Heute dauert die Arbeit von 6 Uhr früh bis 8 Uhr abends. Die billigere Arbeitskraft von Kindern wird ausgebeutet. Die Landarbeiter nehmen das so geduldig hin, daß sie sogar böse sind, wenn die Kinder keine Verdienstmöglichkeit haben. Das Wichtigste ist am Sonntag die Kirche, in der sich alles verkörpert, was den Zusammenhang mit der Außenwelt herstellt. Was der Pfarrer von der Kanzel herunter erzählt, das ist ihre ganze Botschaft von der Außenwelt. Angela S., Wien 13."

Auch wenn eine Tochter aus klein- oder mittelbäuerlicher Familie stammte, hatte sie ebenso im elterlichen Betrieb mitzuarbeiten. Dienstboten wurden zusätzlich aufgenommen, wenn die Arbeitskraft der eigenen Kinder nicht ausreichte. Töchter fügten sich der Dienstbotenhierarchie ganz unten ein. Jahrelang leisteten sie im Unterschied zu „fremden Mägden" Gratisarbeit. Die Schule galt für ein Mädchen ohnehin als überflüssig und war meist aus finanziellen Gründen nicht möglich. Beim Dienst auf einem fremden Hof bestand wenigstens die Möglichkeit, etwas Geld für die Zukunft zu sparen. Andererseits erhielt eine Bauerstochter bei ihrer Hochzeit eine Aussteuer.

Burgenländische Magd beim Butterstoßen

Die Karriere als Magd auf einem Bauernhof begann als „Kucherl", „Mensch" und dann „Kindsdirn". Das waren die untersten Stufen der Gesindehierachie. Lohn bekamen die Frauen kaum, da Essen, Kleidungsstücke und Quartier vom Bauern aufgerechnet wurden. Eine feste und hierarchische Arbeitsteilung prägte das Leben auf dem Bauernhof: „Dirndl", „kleines Kucherl", „großes Kucherl", „kleine Dirn", „Stalldirn" und „Felddirn" teilten sich die Arbeit.

Zuerst verrichtete die Magd Hilfsdienste, später konnte sie auch Verantwortung für Ernte und Vieh übernehmen. Das Leben eines „Kucherls" war hart. Jahrelang fehlender Schlaf durch Frühaufstehen und Nachtarbeit erschöpfte die jungen Frauen. Wasserziehen aus dem Brunnen, täglich Holz für den Ofen richten und Klee einbringen mußte stets nach vier Uhr früh erledigt werden. Die Arbeit der Mägde unterschied sich deutlich gegenüber der von Knechten: Stallarbeit war Frauensache, Außenarbeiten und Hausarbeiten ebenfalls. Das bedeutete aber, keinen freien Tag zu haben. Das Vieh mußte täglich einige Stunden lang betreut werden. Füttern, Melken und Stallausmisten prägen jeden Sonntag und Feiertag. Das ungeschriebene Gesetz war, daß es für einen Knecht absolut unter seiner Würde wäre, zu melken. Interessant ist, daß, wenn auf größeren Höfen eigens ein Melker angestellt war, die Bedeutung dieser Arbeit stieg. Der Melker galt als Spezialist und nicht als „Mädchen für alles". Beim Getreidemähen und Stroheinbringen arbeiteten die Frauen an der Seite der Männer. Das schnellere Tempo der kräftigen Knechte setzte die ohnehin schon ausgelasteten Frauen unter Druck. Konnte eine Magd nicht das allgemeine Arbeitstempo erbringen, arbeitete sie die fehlende Strohzeile in der Jausenzeit nach.

Auch beim Essen war der Rang von Bedeutung:

„Sagt der große Knecht: ‚He, du bist's Mensch!' Und ich sag drauf: ‚Ja, des is ja mir ein Ding!' ‚Na, des is ned ein Ding!' hat er gsagt. Dann hat er's aufzählt, zuerst kommt der Großknecht, dann kommt der Kleinknecht, dann kommt die Großdirn, dann die Kleindirn und nachher du, du bist's Mensch!" *

Richtig frei oder Feierabend hatten die Frauen auf einem Bauernhof nie. Nach der Arbeit verrichteten sie abends Handarbeiten. Viele Frauen verbrachten ihre Sonntage bei ihren Eltern, wo sie in der elterlichen Wirtschaft gebraucht wurden. Lesen wurde als unnütze Beschäftigung angesehen, Handarbeiten zeigte den Fleiß und guten Willen einer Frau. Vergnügungen gab es kaum, da der gute Ruf eines Mädchens in einem Ort immer auf dem Spiel stand. Moralisches „Fehlverhalten" hätte die Bräutigamsuche sehr erschwert. So war männliche Begleitung Voraussetzung für den Besuch einer Veranstaltung. Alleine durften Mägde nirgendwo hingehen. Die Anständigkeit der Magd hatte auch Folgen für ihren Dienstherrn, war sie doch nicht eine Privatperson, sondern das „Kucherl vom Bauern ...".

Nur der Kirchgang war über jeden Verdacht der sittlichen Verfehlung erhaben. Religion hatte auf dem Bauernhof große Bedeutung. Dreimal täglich wurde bei Tisch gebetet, Samstag abend war der Rosenkranz kniend bei Tisch oder im Sommer auf den Feldern zu beten. In besonders klerikalen Häusern war die Verweigerung des Besuchs der Sonntagsmesse ein Kündigungsgrund, zur Sicherheit prüfte der Bauer bei jüngeren Dienstboten die Predigt ab.

---

* Hermine Aigner, Mägde. Lebensweise und Lebensverhältnisse der weiblichen bäuerlichen Dienstboten im oberösterreichischen Innviertel, Diplomarbeit, Wien 1988, S. 70

Das „gesunde Landleben" war eigentlich sehr ungesund. Kälte, Schwerarbeit, einseitige Ernährung und fehlende medizinische Betreuung lösten bei den Frauen im Alter chronische Krankheiten und schmerzhafte Abnützungserscheinungen aus. Die Küche auf einem Bauernhof war höchst ungesund: Die Folgen von Speckknödeln, Schmalzgebäck, fettem, leicht verdorbenem Fleisch, wenig Gemüse oder Vitaminen sind heute bekannt. Damals war der Fettgehalt des Essens ausschlaggebend für die Zufriedenheit. Da gesundes Obst, Geflügel und Gemüse verkauft wurden, fehlten sie auf dem Speiseplan. Sogar Äpfel bedeuteten Luxus für Mägde. Milch und Brot, oder der Ersatz Kukuruzbrot, waren die Hauptnahrungsmittel. Die Armut in den zwanziger Jahren traf Mägde besonders stark. Sie hatten oft keine eigene Kleidung, der Bauer stellte abgelegte Kleider zur Verfügung. Je nach Stellung der Magd bekam sie etwas zum Anziehen. Die schäbige Kleidung mußte ständig geflickt werden, was zur Freizeitbeschäftigung in der Nacht gezählt wurde. Zweckmäßig für die Arbeit war diese Frauenkleidung überhaupt nicht. Besonders die Wintermonate waren hart. Abgelegte Männerjacken dienten zum Schutz vor Schnee und Kälte. Praktische Hosen durften nicht angezogen werden, ältere Frauen kannten oft nicht einmal Unterhosen. Wurde eine Frau naß oder schmutzig, so hatte sie den ganzen Tag keine Kleider zum Wechseln. Über Nacht trockneten die

Morgenfütterung in Oberpullendorf

Kleider im Winter auch schlecht, so liefen die Frauen oft tagelang mit nasser Wäsche herum. Die Räume des Gesindes waren ungeheizt und nur zum Schlafen geeignet. Läuse und Wanzen kamen oft vor. Es gab die Bubenkammer und die Menscherkammer. Die Sonnbank vor dem Haus war der gemeinsame Kommunikationsort, Rückzugsmöglichkeiten gab es kaum, die Mägde mußten sich oft im Stall reinigen. Als Wärmeschutz dienten selbstgestrickte Strümpfe, die durch ein Band unter dem Knie zusammengeschnürt wurden. Holzpantoffeln reichten nur für den Sommer, im Winter stopften Frauen Stroh oder heiße Erdäpfel in die Lederstiefel mit Holzsohle.

Das Zusammenleben von Mägden und Knechten auf einem Bauernhof verlief nicht unproblematisch. Viele Mägde wurden vor Dienstantritt nicht aufgeklärt. Den Frauen wurde jedes Wissen untersagt, andererseits mußten sie die Konsequenzen der Sexualität alleine ertragen. Viele verbargen ihre erste Menstruation, versteckten schamhaft ihre angebluteten Kleider. Verhütungsmittel gab es keine, Abtreibung war zu teuer. Obwohl Verhältnisse unter Dienstboten streng verboten waren, kamen sie oft vor, und Mägde waren auch den Zudringlichkeiten des Bauern selbst oder seiner Söhne ausgesetzt. Hatte das Liebesabenteuer Folgen, starben Frauen nicht selten an den verzweifelten Versuchen, ihr Kind abzutreiben.

> „Da haben sie nur gesagt: ‚Du, paß auf – wennst recht schwer hebst, dann geht des eh weg!' und so. Da hab ich Mist aufgelegt, daß es mich gerade gebogen hat, und ich hab die schweren Krautsteine herausgehoben von den Bottichen. Wir sind da in den Wald hinaufgegangen ... und ich bin von den Birken heruntergefallen und bin auch mit dem Herbstklee einmal heruntergefallen über die Stiege. Das war aber nicht beabsichtigt. Bei mir, da war nichts. Ich war so entsetzt und enttäuscht. Ich hab die Kinder kriegt und hab selber nichts ghabt. Ich hab ja gar nichts ghabt von meinem Leben, weil wie der Krieg aus gewesen ist, hab ich mich in einen eingehängt und bin schwanger gewesen." *

Viele Mägde legten ständig Geld für eine spätere Heirat zurück. In dieser Wartezeit bedeutete ein uneheliches Kind Verzicht auf bessere Chancen. Schwangere Mägde mußten bis zur Entbindung arbeiten, oft bekamen sie das

---

* Hermine Aigner, Mägde. Lebensweise und Lebensverhältnisse der weiblichen bäuerlichen Dienstboten im oberösterreichischen Innviertel, Diplomarbeit, Wien 1988, S. 117

Kind auf dem Heimweg zum Bauernhof: Sie banden das Neugeborene in die Schürze und setzten den Weg fort. Nach zwei Wochen mußten sie wieder arbeiten. Am Hof des Dienstherrn konnten sie meist ein lediges Kind nicht aufziehen, oft halfen die Großeltern in dieser Notlage. Wenn nicht, so wurde das Kind zu einer Pflegemutter gebracht, die mit dem Geld für das Kostkind ihre eigenen Kinder aufziehen konnte. Die leibliche Mutter mußte das Schicksal ihres Kindes hinnehmen, da meistens an den Kostkindern gespart wurde. Die laufenden Kosten des Pflegeplatzes fehlten den Frauen bitter, dadurch wurden Rücklagen von dem schwer erarbeiteten Geld unmöglich. Der Vater des Kindes mußte, zumindest theoretisch, Alimente zahlen, doch meistens fehlte der Vaterschaftsnachweis, oder der Mann war selbst nicht in der Lage, Frau und Kind zu versorgen.

Der Gesindedienst nahm die Zeit einer Frau zwischen Schule und Heirat ein, über 90 Prozent der Mägde waren ledig, sie mußten zwischen den verschiedenen Dienstherren wechseln und sich nach dem Bedarf an Arbeitskräften richten. Ökonomische Besserstellung konnte nur durch eine Heirat erreicht werden. Die Arbeitsbelastung wurde nach der Hochzeit durchaus nicht geringer. Als Tagelöhnerinnen mußten Frauen oft die Schulden eines Hauskaufs abarbeiten, die Ehemänner waren auswärts beschäftigt, und die tägliche Arbeit wurde von den Frauen verrichtet. Fand eine Magd keinen Ehemann, so

Burgenländische Frauen ziehen zum Frauentag, 1930

rechnete sie im Alter mit einer sehr niedrigen Pension. Heiratete sie, so verlor sie den Pensionsanspruch. Auch Verzögerungen bei der Anmeldung der Arbeit sowie jahrelanges Unterversichern der Mägde schadeten den Frauen später. Das 1928 eingeführte „Landarbeiterversicherungsgesetz" verbesserte die Notlage der alten, oft kranken Frauen. Vor der Einführung dieses Gesetzes hatte die jeweilige Gemeinde die Fürsorgepflicht für „Pensionistinnen". Armut und Entbehrung fanden auch im Alter kein Ende. So arbeiteten unverheiratete Dienstbotinnen oft bis nach dem siebzigsten Lebensjahr. Dann wartete das Armenhaus auf sie. Landarbeiterinnen wurden erst 1957 in die Arbeitslosenversicherung miteinbezogen.

Erst in den sechziger Jahren gab es Alternativen zur Landarbeit. Eine qualitative Verbesserung der Überbelastung ergab sich dadurch nicht, da neben Fabriksarbeit auch wieder der heimische Wohnplatz Aufgabengebiet der Frau war. Urlaub und wirklich freie Tage gab es kaum.

„Sie war und blieb der berufliche Amateur" *

Über Fotographinnen in Wien

Frauen, die einen künstlerischen Beruf ergreifen wollten, stießen auf große Schwierigkeiten. Zur Zeit von Dora Kallmus, die, 1881 in Wien geboren, als elegante Bildchronistin der Prominenten von Bühne, Adel, Mode und Kunst berühmt wurde, war es einer Frau nicht möglich, eine Lehre bei einem Fotographen zu machen. Die aus reichem jüdischen Haus stammende Dora hatte jedoch die Möglichkeit, im Sommeratelier von Hans Makart, dem Sohn des Malers Makart, fotographische Erfahrungen sammeln zu können. Die weitere praktische Ausbildung an der Graphischen Lehranstalt konnte sie als Frau nicht absolvieren. Interessanterweise waren nur die „Theoriekurse" für Frauen zugänglich. Wieder durch besondere Beziehungen konnte sie ab 1905 in der Dunkelkammer der „Vereinigung österreichischer Fotographen" Praxis erwerben.

Dora Kallmus blieb hartnäckig. Ihr Vater, der Hofgerichtsadvokat Kallmus, erklärte sich bereit, die hohen Ausbildungskosten für seine Tochter zu bezahlen. Dora ging nach Berlin zu Nicola Perscheid, um dort die fehlende Kurzausbildung zu machen. Schließlich bekam sie den Gewerbeschein für Österreich. Gemeinsam mit dem jungen Fotographen Arthur Benda eröffnete sie in Wien in der Wipplingerstraße ein eigenes Atelier. Dora Kallmus war gerade 26, Arthur Benda 22 Jahre alt. In der ersten Zeit wurde der große Bekanntenkreis von Doras Familie fotographiert. Der elegante Salon von Madame d'Ora, so nannte sich Dora nun, konnte in den ersten Monaten seinen Kundenstock groß aufbauen. Die beiden jungen Unternehmer hatten jeweils ihren eigenen Arbeitsbereich. Dora Kallmus hatte die Geschäftsführung über, pflegte den Kontakt zu den Kunden und machte Werbung. Sie war die Seele des Betriebs. Während der Aufnahmen bestimmte sie die Atmosphäre der Arbeit. Sie verwickelte die Kunden nicht nur in amüsante Gespräche, sondern testete mit ihnen auch die vorteilhafteste Mimik aus. Die Leute fühlten sich wohl, entspannten sich. Dementsprechend gut wurden auch die Aufnahmen. Je nach Typ des Menschen wählte Dora die Dekoration aus, stellte Accessoires und Kosmetika bereit. Auch die Beleuchtung fiel in ihr Ressort. Obwohl sie technisch Bescheid wußte, talentiert war und gefühlvoll die Bildgestaltung bestimmte, hat sie selbst niemals fotographiert. Unsicher, da ihre Ausbildung

---
* Arthur Benda über Dora Kallmus

Dora Kallmus, 1916: Modell Fürstin Sulkowska

doch kurz war, überließ sie Arthur Benda diesen Teil der Arbeit. Im Lauf der Zeit entlasteten ihn zahlreiche Assistenten, er hätte die enorme Produktion des Ateliers nicht mehr allein geschafft. Auch später, als Madame d'Ora sich eine Weiterbildung leisten hätte können, blieb sie in ihrem Metier, das sie allerdings perfekt beherrschte.

Bereits 1909 stellte der renommierte Salon im Kunstsalon Heller Arbeiten aus. Aufträge aus dem Ausland festigten den guten Ruf der Firma. Sogar die kaiserliche Familie wurde Kunde. Die beiden arbeiteten wie am Fließband, zwischen 1907 und 1927 wurden im Atelier d'Ora über 90.000 Fotos gemacht. Zahlreiche Wiener Galerien stellten ihre Fotografien aus, auch die Zeitschrift „Erdgeist" widmete speziell eine Ausgabe. 1927 wurde ein Pariser Atelier eröffnet, moderne Modefotographie verschiedenster kunstvoller Stilrichtungen krönte den durchschlagenden Erfolg dieser Künstlerin. Die erfolgreiche Partnerschaft Dora-Benda endete schließlich, und jeder arbeitete für sich weiter.

Der Zweite Weltkrieg änderte den Lebensinhalt Doras nachhaltig. Ihre Schwester Anna war im KZ umgekommen, gesellschaftliche Glamourfotos hatten keinen Sinn mehr für sie. An Stelle kunstvoller Fotographie bildete sie nun die Realität ihrer Zeit ab. So fotographierte sie Barackenlager und Flüchtlingslager im Nachkriegsösterreich. Nicht mehr die oberflächliche Schönheit, sondern die Seele und „intimere Sicht" eines Menschen festzuhalten, wurde ihre Aufgabe. Sie lehnte jegliche Verstellung und Pose ab. Auch der Arbeitsplatz selbst änderte sich. Dora verließ ihr Plüschatelier und arbeitete auf der Straße oder im persönlichen Lebensraum der Auftraggeber. Die Siebzigjährige war von der modernen, lebendigen Life-Fotographie begeistert. Und so fotographierte die ehemalige Fotographin der guten Gesellschaft Serien von getöteten Tieren in Pariser Schlachthöfen. 1959 wurde sie in hohem Alter in Paris von einem Motorrad niedergestoßen und verlor bei diesem Unfall ihr Gedächtnis. Gebrechlich und krank kehrte sie nach Österreich zurück.

Die Fotographin Olga Wlassics

Der Stil dieser Fotographin entwickelte sich völlig anders. Schon im 19. Jahrhundert findet die Aktfotographie, mehr oder weniger künstlerisch und geschmackvoll gestaltet, begeisterte Abnehmer. Einfallsreiche, heute kitschig wirkende Accessoires, oft drapiert mit malerischen Elementen, zeichnen diese frühen erotischen Aufnahmen aus. Im Wien der Zwischenkriegszeit gibt es eine Unmenge verschiedenster Zeitschriften und Journale. Bunt und mit zahlreichen Fotographien wird die Welt von Schauspielerinnen oder Damen der Wiener Salons abgebildet. Dieses glamourhafte Frauenbild wird durch reizvolle Aktaufnahmen ergänzt. Besonders skurrile Aktmontagen in den beliebten kleinformatigen Illustrierten Ende der zwanziger Jahre stammen aus dem „Atelier Manassé".

Die Fotographin Olga Wlassics eröffnete 1924 am Kärntnerring mit ihrem Ehemann ein Atelier. Große Konkurrenz machte einen besonderen Stil notwendig, das Illustriertenpublikum sollte mit flotten Fotomontagen unterhalten werden. Olga und ihr Mann teilten sich die Arbeit, sie war die Fotographin, er malte und kolorierte die Aufnahmen.

Sie entwickelten einen typischen Stil für das Atelier Manassé und setzten klassische Männerphantasien und Witze in Bilder um. Der schöne Vogel im Käfig, die Frau als Zuckerstückerl oder als Hündchen unter Männerschuhen fanden begeisterte Aufnahme. Raffiniert sollte der nackte Frauenkörper zu einem Kunstobjekt gemacht wurden, das nicht gegen den guten Ton verstieß. Klischees wurden fotographisch umgesetzt, doch die übertriebene Darstellung der Unterwürfigkeit von Frauen hatte mit Kritik nichts zu tun. 1936 verkauften die beiden den Namen „Manassé" und bezogen in Berlin am Kurfürstendamm ein anderes Atelier. Nach dem Zweiten Weltkrieg ausgebombt, kehrten sie nach Wien zurück. Ihr Mann starb 1946, Olga produzierte bis zu ihrem Tod 1969 weiter Aktaufnahmen und Montagen.

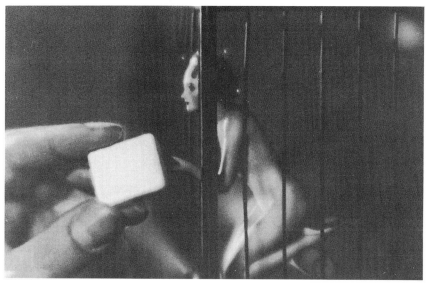

Olga Wlassics: „Mein Vogerl"

Freie Liebe oder Muttersein

Sexualität in der Zwischenkriegszeit

Nach dem Ersten Weltkrieg scheint die Gesellschaft über sexuelle Fragen freizügiger zu denken. Die Frauen fordern sexuelle Gleichberechtigung, die Jungfräulichkeit vor der Ehe wird altmodisch. Das Modell der Probeehe ist die Antwort auf die zunehmende Zahl an Scheidungen.

Eines der wichtigen Themen ist die Legalisierung der Abtreibung. Der § 144 soll geändert und eine Unterbrechung der Schwangerschaft ohne Bestrafung ermöglicht werden. Die Debatte um die Fristenlösung zieht sich emotionsgeladen durch alle Parteien, die Sozialdemokraten treten für eine Liberalisierung ein, aber von kirchlicher und konservativer Seite bricht ein Sturm der Entrüstung los. Besonders bedrohlich erscheint die in Berlin ausgelöste „Gebärstreikdebatte". In Österreich wehren sich Frauen gegen Familiengründungen um jeden Preis. Für sozial Schwächere bedeutet Nachwuchs die sichere finanzielle Katastrophe. 1927 werden im 10. Wiener Gemeindebezirk 2.112 Kinder geboren, davon sterben 37% im ersten Lebensmonat, 25% in der ersten Lebenswoche und 10% am ersten Lebenstag. 29,5% der Eltern sind arbeitslos.

Die Kirche schaltet sich mit Rundschreiben in die Bevölkerungspolitik ein, Kardinal Innitzer hat eine eigene Sicht der Problematik des Geburtenrückganges:

„Mit banger Sorge schauen die kirchlichen und weltlichen
Autoritäten sowie alle einsichtigen Frauen und Männer
Österreichs auf den jähen Sturz der Geburten, der in den
letzten Jahren unsere Heimat an ihren Lebenswurzeln bedroht.
... Nicht die wirtschaftliche Not ist die Hauptursache
des Geburtenrückganges, ... sondern das Bestreben, ‚ein
möglichst bequemes, breites Leben führen zu können', also
ein Wandel in der Lebensauffassung." *

Seit 1885 besteht eine gewisse Mutterschutzgesetzgebung zunächst durch eine Novelle zur Gewerbeordnung, für Wöchnerinnen wird ein vierwöchiges Arbeitsverbot in der Industrie erlassen. Auch Anspruch auf ein Wochengeld in

---

* Wilhelm Winkler, Der Geburtenrückgang in Österreich, Wien/Leipzig 1935

der Höhe von 60-70% des ortsüblichen Lohnes und freie ärztliche Behandlung stehen den Frauen zu. 1917 wird die Schutzfrist auf 6 Wochen nach der Geburt ausgedehnt, die Krankenkassen gewähren Wochengeld bis zu 4 Wochen vor der Entbindung. Ab 1920 erhalten weibliche Bundesangestellte 4 Wochen vor und 8 Wochen nach einer Entbindung Anspruch auf Dienstfreistellung und Wöchnerinnenunterstützung. Bei Arbeiterinnen beträgt diese Zeit 6 Wochen vor und bis zu 6 Wochen nach der Geburt. In der Wirtschaftskrise werden diese Schutzfristen durch das Überangebot von Arbeitskräften unterlaufen.

Nach einem Sonderbericht der Gewerbeinspektorinnen über den „Schutz der gewerblich tätigen Schwangeren und Wöchnerinnen" von 1928 gehen die meisten Frauen bis zum Entbindungstag arbeiten, beziehen jedoch die für Mutter und Kind lebenswichtige Mutterhilfe nicht, da ihnen die Voraussetzung dafür – eine sechswöchige Mitgliedschaft bei der Kasse – fehlt.

Als die Geburten nach dem Ersten Weltkrieg stark zurückgehen, wird 1918 die „Österreichische Gesellschaft für Bevölkerungspolitik" gegründet. Auch die Verschärfung des Abtreibungsverbots soll 1937 die Geburtenziffer heben, doch erwächst daraus nichts als erhöhte „Kriminalität". Dazu kommt, daß es kein sicher wirkendes Mittel zur Empfängnisverhütung gibt, auch Wissen darüber ist kaum vorhanden. Der Druck auf die Frauen, ihren Mutterpflichten nachzukommen, wird stärker, der Christlichsoziale Leopold Kunschak warnt besorgt:

> „Jede Frau, die sich absichtlich ohne sittlich gerechtfertigte
> Gründe der Erfüllung ihrer Sendung entzieht, sündigt nicht nur
> gegen Gottes Willen und die Gesetze der Natur, sie wird
> gegenüber der Menschheit und dem Volke, mit dem sie organisch
> verbunden ist, zum Deserteur." *

Der Werbung und Verbreitung von Verhütungsmitteln wird gesetzlich entgegengewirkt, die Sterilisation auf Wunsch der Frau ist sowieso verboten und wird als strafbare „leichte Körperverletzung" eingestuft. Welche Verhütungsmittel sind üblich? Eine vierköpfige Familie gibt im Monat für Lebensmittel durchschnittlich 1.268 Kronen aus, 1924 kostet ein Alu-Pessar 5.000 bis 10.000 Kronen, ein neusilbernes Pessar bis zu 20.000, ein Pessar aus echtem Silber bereits 30.000 bis 50.000 Kronen. Um Sicherheit bei der Empfängnisverhütung zu erreichen, wird in der Broschüre „Ist Abtreibung schädlich?" die gekoppelte Anwendung von Pessar und Kondom empfohlen. Das ist für die meisten

---

* Leopold Kunschak, Zur Frauenfrage, 1937

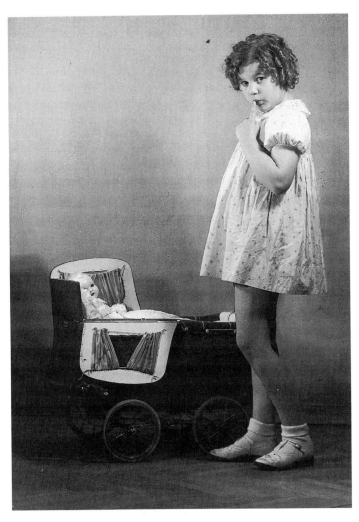

Die zukünftige Mutter

finanziell absolut unerschwinglich. Bei all den Veränderungen in der Gesellschaft führt das Schlagwort von der „freien Liebe" zu großen Mißverständnissen. In einem Leserbrief an „Die Unzufriedene" schreibt eine Frau:

> „Es war ein paar Tage vor dem 21. Oktober. Ich ging zu einem Kaufmann und da hörte ich ein paar Frauen, wie sie mitsammen redeten: ‚Wer wird die Roten wählen, die doch die freie Liebe wollen?' Da entnahm ich aus ihrem Gespräch, daß sie sich die freie Liebe gerade im Gegensatz zu dem, was die Sozialdemokraten wollen, vorstellen. Ich hörte zum Beispiel: ‚Ja, dann kann jeder Mann oder jede Frau davonlaufen und sich wieder eine andere nehmen.' Darum möchte ich diese Frauen, die noch nicht wissen, was freie Liebe ist, darüber aufklären, so gut ich es verstehe.

Die freie Liebe, wie sie die Sozialdemokraten wollen, ist eine
Liebe, die vom Herzen kommt, und keine gezwungene. Jedes
Mädchen oder Mann soll nur aus Liebe heiraten, daher frei,
ungezwungen. Die Sozialdemokraten wollen nicht, daß der Mann in
einer kurzen Zeit davonrennt, wie es heute der Fall ist in den
gezwungenen Ehen. Nein, sie wollen eine Liebe nach der Wahl
des Herzens! Und das, verehrte Frauen, nennen die
Sozialdemokraten: Freie Liebe.

Thea H., 17. Bezirk, Rosensteingasse."

Vielen erscheint die Forderung nach freier Liebe als Zeichen gänzlichen Zerfalls der Gesellschaft. Die offiziell praktizierte Monogamie und Keuschheit wird als Stärke und Persönlichkeitsbildung der Frauen erachtet. Eine gute Ehe verlange Selbstzucht, Selbstüberwindung und Selbstverantwortung. Doch mit freier Liebe ist eben nicht hemmungslose Partnerwahl gemeint, sondern freie und bewußte Partnerwahl. Nicht die Familie soll den Partner bestimmen, sondern die Frauen selbst sollen sich verlieben. Selbstbestimmung steht im Mittelpunkt. Die Sexualreformerinnen stellen sich dagegen, ihre Persönlichkeit zu verlieren, sobald sie sich einem Mann hingeben.

Gottesglaube und ein Führer

Bürgerkrieg und Ständestaat

Anfang der dreißiger Jahre ist die Rechtsdiktatur in Österreich nicht mehr aufzuhalten, es kommt zu keinen freien Wahlen mehr. 1933 wird das Parlament durch den unbedachten Rücktritt aller drei Parlamentspräsidenten nach einer umstrittenen Abstimmung ausgeschaltet. Keiner der zurückgetretenen Präsidenten kann das Parlament nun wieder einberufen. Diese Gelegenheit nützend, regieren die Christlichsozialen ohne parlamentarische Kontrolle weiter. Dollfuß ermöglicht diesen Alleingang auf der Basis eines alten kriegswirtschaftlichen Ermächtigungsgesetzes, das eigentlich den Bereich von Wirtschafts- und Versorgungsfragen betrifft. Trotz dieser „gesetzlichen" Grundlage verstößt das Regime damit gegen die Verfassung. Nachdem alle christlichsozialen Mitglieder des Verfassungsgerichtshofes zurücktreten, wird dieser als für nicht mehr beschlußfähig erklärt und einfach ausgeschaltet.

Im Februar 1934 kommt es zu der lange befürchteten blutigen Eskalation zwischen Republikanischem Schutzbund und Regierungstruppen. Die Februarereignisse fordern hunderte Todesopfer. Während des Bürgerkriegs nimmt man auf Menschenleben keinerlei Rücksicht. Die 13jährige Margarete Doleschel erlebt den Bürgerkrieg 1934 in Wien.

Armut in Wien

„In der Nacht schon hatten die Schutzbündler mit den Mistkübeln Barrikaden gebaut, jeder Eingang wurde verstellt, wir Kinder des Goethehofs konnten da nicht zur Schule gehen. So blieben wir in der Wohnung und warteten, was da kommen würde. Denn kein Mensch hätte je gedacht, daß man auf Frauen und Kinder mit Kanonen schießen wird! Sie taten es doch.

Hinter der Kirche am Mexikoplatz wurden Kanonen aufgestellt und um 12 Uhr mittags schlug die erste Granate davon ober dem Haupteingang des Goethehofs in eine Wohnung ein. Ein Treffer nach dem anderen schlug ober uns ein, wir drückten uns im Vorkeller zusammen. Als dann ein Wasserrohr brach und wir schon im Wasser standen, mußten wir diesen Schutzplatz verlassen. Wir liefen zur nächsten Stiege, aber die war versperrt, und so versuchten wir, in den nächsten Hof zu gelangen. Da erspähte uns die Heimwehr, die am Dach der Kirche war, und schoß auf uns. Als der Kampf vorbei war, gingen wir wieder nach Hause, aber unsere Stiege existierte nicht mehr. So mußten wir sechs Wochen im Kindergarten leben." *

Die Anhänger der Sozialdemokratie gehen nach der Niederlage gegen Dollfuß in den Untergrund. Die Staatsgeschäfte werden auf Grundlage „der päpstlichen Sozialenzykliken", die zunächst auf einem autoritären, später aber allmählich katholischen Ständestaat basieren sollen, geführt. Bereits 1930 greift der Papst mit seiner Enzyklika „Casti connubii" in die Diskussion ein und verurteilt sowohl die wirtschaftliche als auch die soziale Emanzipation der Frauen als Scheinfreiheit. Die Zerstörung der parlamentarischen Demokratie wirkt sich stark auf die Frauenbewegung aus. Der Fortschritt der zwanziger Jahre findet ein Ende, und da in der austrofaschistischen „Verfassung" die Ungleichheit der Geschlechter selbstverständlich ist, bleibt das alte, angepaßte Frauenbild übrig.

Der Bund Österreichischer Frauenvereine behält zwar organisatorisch seine Eigenständigkeit, zeigt jedoch seine Anpassungsfähigkeit von Anfang an. Die Sozialdemokratinnen leisten an der Seite ihrer Parteifreunde Widerstand im Untergrund. Die Frauenbewegung ist zersplittert, viele arbeiten einfach im Frauenreferat in der von Dollfuß als Sammelbecken aller konservativen Kräfte gebildeten Vaterländischen Front mit. Politisch wird ungeniert jede Beantwor-

---

* Interview aus: Maria Mauder, Frauen im Februar 1934, Diplomarbeit, 1989

tung von Frauenanliegen unterlassen, da die Rücksichtnahme auf Wählerinnenstimmen mangels freier Wahlen überflüssig wird. „Reformvorschläge" innerhalb des Konzepts der Volksmütterlichkeit werden immer harmloser und bedeutungsloser. Die Aktivitäten der katholischen Frauenorganisationen werden fester Bestandteil der Öffentlichkeitsarbeit der Christlichsozialen Partei, die sich gerne dieser Vorfeldorganisation bedient.

Nach der „unsittlichen Nachkriegszeit" wird die Volksverbundenheit der Frauen besonders stark betont. Immer stärker treten nun die streng hierarchischen Strukturen der katholischen Kirche hervor, das alte Dilemma der katholischen Frauenorganisationen, die traditionell eine beträchtliche Anzahl an Mitgliedern haben, verdeutlicht sich. Die Macht der Amtskirche und die Politik des Ständestaates unter Berufung auf die päpstliche Enzyklika „Quadragesimo anno" setzen Frauen gezielt das für Gläubige schwer zu hinterfragende Faktum des päpstlichen Segens und der Aura göttlicher Vorsehung entgegen. Bald haben Frauen nicht einmal mehr bei zentralen familienpolitischen Entscheidungen Mitspracherecht.

Trotz der folgenschweren Selbstaufgabe der österreichischen Demokratie läßt der Druck der Nationalsozialisten nicht mehr nach. Denn mit der Zerstörung des Parlamentarismus und dem Verbot der Sozialdemokratie und der Kommunisten wird eine starke Partnerschaft im Kampf gegen den in Deutschland sich bereits fest etablierenden Nationalsozialismus verspielt. Unklug und zur Verärgerung der sozialdemokratischen Führung trifft Dollfuß mit Benito Mussolini Abmachungen über eine berufsständische Ordnung Österreichs. Dafür soll in Österreich unerbittlich gegen die Linken vorgegangen werden. Inoffiziell kommt es zu militärischen Vereinbarungen, die eine italienische Intervention in österreichische Angelegenheiten möglich machen. Doch der Terror der Nationalsozialisten wird immer intensiver, Bundeskanzler Dollfuß wird bei einem versuchten Staatsstreich ermordet, verzeifelt versucht sein Nachfolger Kurt Schuschnigg Hitler durch diplomatische Zugeständnisse von seinem Vorhaben, Österreich zu besetzen, abzubringen. So definiert das deutsch-österreichische Abkommen von 1936 Österreich vorsichtig als zweiten deutschen Staat und verpflichtet sich, der deutschen Außenpolitik zuzustimmen und verurteilte Nationalsozialisten zu amnestieren. Als schließlich auch Nationalsozialisten in die Regierung aufgenommen werden, ist das Ende der Republik nicht mehr weit. Der Anschlußgedanke hat in Österreich seit dem Ersten Weltkrieg nichts an Attraktivität eingebüßt. Auch der Bund Österreichischer Frauenvereine, im Prinzip zur Demokratie stehend, wendet sich dem großdeutschen Lager zu. Über Antisemitismus, Faschismus und menschenverachtende Rassenpolitik – immerhin sind die Nürnberger Rassengesetze seit 1935 in Kraft – führen die Frauen keine Auseinandersetzung. Die Politik der Nationalsozialisten wird zwar richtigerweise als frauenfeindlich eingestuft, bei dieser Feststellung bleibt es jedoch.

Die von Schuschnigg in letzter Minute für März 1938 festgesetzte Volksabstimmung findet bekanntlich nicht mehr statt. Am 13. März, die deutschen Truppen stehen an der Grenze, beschließt das neue Kabinett unter dem Nachfolger Schuschniggs, Seiß-Inquart, das Gesetz über den Anschluß Österreichs an das Deutsche Reich. Die deutschen Truppen überschreiten die österreichische Grenze. Die Erste Republik ist zu Ende.

Plakat der NSDAP, 1932

Im Namen Gottes

„Zurück an den Herd!"

Obwohl die Rolle der Frau als Mutter unter dem Einfluß der katholischen Familienpolitik im Austrofaschismus in den Mittelpunkt rückt, wird für Mütter sozialpolitisch wenig getan. Von verbessertem Mutterschutz und arbeitsrechtlichen Erleichterungen wird angesichts der wirtschaftlichen Lage Abstand genommen. Auch die ständische Anerkennung eines eigenen Hausfrauen-Berufs wird nicht durchgeführt. Nur in einer Hinsicht ist man erfolgreich: in der gesetzlich verordneten Erschwerung und der Geringschätzung von Frauenarbeit. Zahlreiche Maßnahmen fallen den christlichsozialen Politikern dazu ein: Das Zölibat für Beamtinnen ist einer der ersten Schritte. Dann folgt die Rücknahme der „Gleichstellung der Geschlechter vor dem Gesetz" durch die „Mai-Verfassung" 1934. Konsequent sollen Frauen bei Berufungen in die öffentlichen Körperschaften übergangen werden, auch die hart erkämpfte Ausbildung an Mädchenmittelschulen soll durch Subventionskürzungen verhindert werden. Hingegen soll der Frauenoberschule mit hausfraulicher Ausbildung der Vorzug gegeben werden, nur individuell angesuchte ministerielle Erlässe sollen Mädchen einen Schulbesuch im Gymnasium erlauben. Auch als Studentinnen werden Frauen behindert, denn an den Universitäten wird nur mehr ein Frauenanteil von 10% zugelassen.

„Das Hochziel jeder Mädchenerziehung ist die Bildung und
Ausgestaltung der sich ihres Eigenwerts bewußten,
gottverbundenen, d.h. katholischen vaterländischen, d.h.
österreichischen mütterlichen Frau",

schwärmen Bildungspolitiker, die sicherheitshalber in einem Konkordat gleich der Kirche selbst die Kontrolle über das Schulsystem überlassen haben. Die von den Konservativen lang ersehnte „Doppelverdienerverordnung" wird eingeführt, im öffentlichen Dienst beschäftigte Frauen müssen, sobald sie verheiratet sind und ihr Mann ebenfalls im öffentlichen Dienst steht, ihre Stellung verlassen. In Anbetracht der schändlichen „Ehe auf Probe" baut man gleich vor: Auch die Begründung einer Ehegemeinschaft ohne Eheschließung gilt als Kündigungsgrund. Vordergründig geht es zwar um Einsparungen, doch das ist nicht der wahre Grund, da diese Regelung keineswegs männliche Doppel- oder Dreifachverdiener tangiert. Der Gleichheitsgrundsatz der österreichischen Bundesverfassung von 1920 – „Alle Bundesbürger sind vor dem

Gesetze gleich. Vorrechte der Geburt, des Geschlechts, des Standes, der Klasse und des Bekenntnisses sind ausgeschlossen" – wird durch dieses „Sonderrecht" empfindlich verletzt.

Obwohl es zu Petitionen und Unterschriftenaktionen gegen diese Zwangsmaßnahmen kommt, werden Schritt für Schritt Rechte der Frauen rückgängig gemacht. Die Lohndifferenz zwischen männlichen und weiblichen Lehrern ist wieder an der Tagesordnung. Der Hinweis auf die päpstliche Enzyklika, die vom Haushalt als hauptsächlichem Arbeitsgebiet der Frau spricht, ist das Alibi des Gesetzgebers. Wie immer können schlecht bezahlte Arbeiterinnen, wie etwa Tabakfabriksarbeiterinnen oder Postgehilfinnen, ihre Posten behalten. Im Grunde wirkt sich der Ausschluß der Frauen von außerhäuslicher Erwerbstätigkeit negativ auf die Volkswirtschaft aus. Auch das Argument, der Mann sei der „Hauptverdiener" und deshalb zu bevorzugen und seine Frau verdiene nur zusätzlichen „Luxus", erweist sich als falsch. 93% der berufstätigen Frauen stellen die unbedingte Notwendigkeit ihrer Berufsausübung fest, überhaupt nur 7% kommen mit dem Gehalt ihres Mannes über die Runden. Besonders Kinder und mitwohnende ältere Menschen leiden unter dem Verdienstentgang der Frauen, der ihren Lebenskomfort ein wenig steigern konnte. Trotz ständiger Beteuerungen, daß die „Frau als Mutter" ihre alleinige Aufgabe zu finden habe, bleibt der wirtschaftliche Faktor der billigen und anspruchslosen weiblichen Arbeitskraft ausschlaggebend, daran wird auch die Familienpolitik der Nationalsozialisten nichts ändern.

„Der Einbruch der Frauenbewegung in die zusammenbrechende Welt des 19. Jahrhunderts ist in breiter Front vor sich gegangen und hat sich naturnotwendig mit allen zersetzenden Kräften verstärkt: mit Welthandel, Demokratie, Marxismus und Parlamentarismus." *

Kirchenglocken von Schönbrunn bis zum Heldenplatz

Frauen und Nationalsozialismus

Das Gerücht, Frauen hätten Hitler an die Macht gewählt, hält sich hartnäckig. Für die 1933er Wahlen in Deutschland während der Weimarer Republik gilt jedoch, daß die Anzahl der Frauenstimmen deutlich hinter den Männerstimmen für Hitler zurückbleibt. Auch in Österreich kommt die Mehrheit der weiblichen Wähler den konservativ christlichen Parteien zugute. Wie kommt es nun zu dieser falschen Überlieferung? Bereits von seiten der NSDAP wollte die Propaganda den Anschein erwecken, Frauen hätten sich überragend für den Führer eingesetzt. Immer wieder wurde auf diesen Zusammenhang hingewiesen, selbst Hitler schreibt in einer seiner vielen Erklärungen über seine hartnäckige Junggesellenschaft:

„... Daß ich keine Frau genommen habe, hat meinen Einfluß auf
den weiblichen Bevölkerungsanteil ständig vermehrt. Ich hätte
mir einen Popularitätsverlust bei der deutschen Frau nicht
leisten können, denn sie ist doch bei den Wahlen von
ausschlaggebender Bedeutung." **

---

* Alfred Rosenberg, Eine Wertung der seelisch-geistigen Gestaltenkämpfe unserer Zeit. 1930, in: Gerd Stein, Femme fatale – Vamp – Blaustrumpf, Sexualität und Herrschaft. Kulturfiguren und Sozialcharaktere des 19. und 20. Jahrhunderts, Bd. 3, Frankfurt 1984
** Albert Zoller, Hitler privat, Düsseldorf 1949, S. 106

Volksabstimmung 1938

Die Betonung der ausschlaggebenden Bedeutung von Frauenstimmen ist polemisch, gibt es doch nach Hitlers Machtergreifung gar keine freien Wahlen mehr. Beharrlich werden Schilderungen von „Frauen, die sich nackt unter dem Mantel vor seinen Wagen warfen", zitiert, die sexistische Komponente wird nicht ausgespart. Hingegen wird das fanatische Bekenntnis von Männern zu ihrem Führer in der Geschichtsschreibung eher als „Täuschung" oder „ideologischer Fehltritt" interpretiert.

Das Frauenprogramm der NSDAP ist keineswegs originell oder neu. Ähnliche Auffassungen über die „Natur der Frau" finden sich in den meisten traditionellen konservativen Gruppierungen. Der Übergang zum Faschismus ist fließend. Man zeigt sich besorgt über die Entwicklung der Frauen im 20. Jahrhundert: Die Frauenbewegung dränge die Frauen aus vornehmer Zurückhaltung ins öffentliche Leben, der löbliche Instinkt gehe dabei unwiderruflich verloren. Das Wesen der Frau sei, „zu empfangen und zu behüten". Das deutsche Volksempfinden bevorzugt eine patriarchalische Familienordnung, die in der „Ostmark" ohnehin ganz gut durch den katholischen Ständestaat vorbereitet war. In der Zeit nach der Machtübernahme haben die Nationalsozialisten eigentlich keine detaillierten gesellschaftspolitischen Konzepte. Zunächst kommt es ihnen darauf an, die in Deutschland gewonnene Machtposition zu halten. Die enormen wirtschaftlichen Probleme und außenpolitische Kraftakte stehen im Vordergrund. Die Bevölkerung wird in möglichst vorteilhafter Weise für das System eingesetzt, Frauen sind ein wichtiger Wirtschaftsfaktor, sowohl als Arbeitskraft als auch als Trägerinnen der NS-Familienstruktur. Die weitere Linie gegenüber Frauen ist bald eindeutig: Als die Nationalsozialisten den Kanzler stellen, sind noch 30 Frauen im Reichstag, 1938 keine einzige mehr. Bereits 1921 wird die Mitgliedschaft von Frauen im Parteivorstand der NSDAP unmöglich gemacht. Nach dem Anschluß der „Ostmark" werden die österreichischen Frauen mit einem bereits einige Jahre lang bestehenden Terrorregime konfrontiert.

Die Diskussion über die politische Beteiligung der Frauen an der nationalsozialistischen Bewegung ist längst abgewürgt, und die Nürnberger Rassengesetze werden exekutiert. Der NS-Staat gibt sich als ehrenvoller Beschützer der Frau als Mutter und Gefährtin. Alte, angeblich biologische Eigenschaften, wie dienende Passivität, Aufopferung und weiblicher Instinkt, werden aus dem Repertoire des 19. Jahrhunderts wiederbelebt.

Im November 1938 verfügte die NS-Frauenschaft in der Ostmark angeblich über 60.000 Mitglieder, die bereits in der illegalen Zeit tätig waren. Die Tätigkeit von Frauen in dieser Zeit bestand in Hilfsdiensten und Arbeiten in Suppenküchen oder Hakenkreuzschleifennähen. Neben der NS-Frauenschaft gab es auch noch das Deutsche Frauenwerk, das im November 1938 in der Ost-

Frauen demonstrieren gegen den Anschluß

mark 415.340 Frauen zählte. Jede Frau konnte beitreten, während die NS-Frauenschaft nur „verdienstvolle" Frauen aufnahm. Alle Frauenorganisationen waren männlichen Parteigenossen unterstellt. Die Arbeitsbereiche: Kultur/Erziehung, Mütterdienst, Volkswirtschaft/Hauswirtschaft. Es gab zahlreiche Schulungen und Kurse. Auch intellektuelle Frauen mit nationalsozialistischer Gesinnung bemerkten sehr bald, daß sie eigentlich nur benutzt wurden: Anfangs aktiv an der „Erhebung" beteiligt, wurden sie aus dem politischen Alltag rasch herausgedrängt; als die Etablierung vollzogen war, verwies man sie auf ihre eigentliche Bestimmung. Die Emanzipation wurde als „jüdische Erfindung" beschimpft, die arische Mutterschaft als höchst gefährdet erklärt. Nachkommen von gebildeten und selbständigen Frauen hätten allesamt eine schwächliche Konstitution.

Die Geschichtsschreibung läßt Frauengeschichte verblassen. So behandelt ein Großteil der Literatur über den Widerstand gegen den Nationalsozialismus in Österreich die Beteiligung von Frauen nur am Rande. Auch in der sozialdemokratischen Geschichtstradition fehlen Berichte über Frauen. Erwähnt werden mehr der passive Widerstand oder Aktivitäten wie Verpflegung, Ernährung und Hilfsdienste für männliche Widerstandskämpfer. Es scheint, als hätten nur Männer dem Nationalsozialismus politisches Engagement entgegenzusetzen, Frauen hingegen bloß Menschlichkeit und kein eigenes Weltbild. Todesstrafe, hohe Zuchthausstrafen und Folter erwarteten indes auch Frauen, die im Widerstand kämpften. Viele sozialdemokratische Funktionärinnen sind bereits in der Zeit der Illegalität nach 1934 inhaftiert gewesen. Da sie bereits auf Verfolgungslisten des faschistischen Österreich standen, die sich die Gestapo aus dem ehemals christlichsozialen Innenministerium abholte, betraf die erste Verhaftungswelle zahlreiche Frauen der Revolutionären Sozialisten. Besonders die Kommunistinnen schwebten in Lebensgefahr. Der kommunistische Widerstand, der durch ständige Verhaftungen unzählige Opfer forderte, blieb bis zum Ende des Kriegs aktiv. Nach 1945 dankte diesen Österreichern kaum jemand für ihren Widerstand; als der Kommunismus zum Feindbild der Welt wurde, verschwieg man den mutigen Kampf dieser Menschen.

Resi Pesendorfer, eine zentrale Figur des kommunistischen Widerstands im Salzkammergut, arbeitet während des Krieges im Untergrund von Bad Ischl. Bereits 1935 tritt sie der illegalen KPÖ bei. Ihre Parteiarbeit besteht in der Beherbergung von Genossen, denen in Wien die Verhaftung droht. Resi Pesendorfers Mann Ferdinand kommt selbst nach einer Amnestie Kurt Schuschniggs wieder frei, nachdem er 1936 verhaftet und wegen Hochverrats ange-

Resi Pesendorfer

klagt war. Es gelingt Resi Pesendorfer, 15 Frauen parteimäßig zu organisieren, Kurierdienste für die Orte Goisern und Aussee durchzuführen und eine lose Organisation der Einzelgruppen von Bad Ischl, Bad Goisern, Lauffen bis nach Bad Aussee aufzubauen. Vorsichtig nimmt sie Kontakt zu ehemaligen Mitgliedern der KPÖ auf, aber auch Kontakte mit anderen Regimegegnern kommen zustande.

Flugzettelaktionen verursachen Verhaftungswellen unter den Genossen. Resi Pesendorfer stellt die für diese Region wichtigen Verbindungen zwischen Ischl, Goisern, Lauffen und Ebensee her. Ihre Verbindungen reichen bis nach Salzburg, in das Ennstal und nach Admont. Die Reihen der Genossen lichten sich, viele Männer sind an der Front oder werden verhaftet, Frauen übernehmen Teile des Widerstands. Als die Frau eines Genossen Resi Pesendorfer verrät, wird sie am 5. Mai 1942 von der Gestapo abgeholt. Sie hat großes

Glück: Kluges, beharrliches Leugnen bringt ihr die Freiheit wieder. Doch sie macht weiter: Als im Sommer 1942 Karl Gitzoller, der in Steyr verhaftet wird und bei der Überführung nach Linz gemeinsam mit zwei polnischen Fremdarbeitern flüchten kann, zu Resi kommt, versteckt sie die Männer drei Wochen lang. Anderen Verfolgten verhilft sie zur Flucht. Anfang August 1943 verständigt die junge Kommunistin Agnes eine Mutter, daß ihr Sohn in der Außenstelle Hallein des Konzentrationslagers Dachau inhaftiert sei. Die entsetzte Frau wendet sich an Resi Pesendorfer, die das scheinbar Unmögliche plant. Agnes und Resi gelingt es, die Bewacher des Gefangenen abzulenken. Sein Bruder nähert sich ihm und macht den Fluchtplan klar. Unglaublicherweise gelingt die Flucht. Von Bluthunden verfolgt, findet der Mann bei Bad Ischl erschöpft ein Versteck in einem Heuschober. Tagelang bittet Resi Pesendorfer um eine Bleibe bei Genossen, doch die Gefahr, verraten zu werden, ist zu groß. Der mutige Franz Stieger aus Steeg erklärt sich schließlich dazu bereit.

Trotz aller Lebensgefahr bleibt Resi Pesendorfer aktiv und organisiert Sprengstoff und Munition für Partisanen. Im Frühjahr 1944 bemüht sie sich, andere KZ-Häftlinge in Hallein mit Lebensmitteln zu versorgen. Auch die Bäuerin Theresia Weiß unterstützt die halb verhungerten Männer. Als Anfang April 1944 bekannt wird, daß sechzehn KZ-Häftlinge eine von der SS belegte Villa in Izlberg am Attersee renovieren sollen, werden Waffen, Kleider und Nahrungsmittel in einem Wald versteckt; leider kommt es nicht zur Befreiung der Männer. Resi Pesendorfer hält im August 1944 eine Besprechung der Ischler KP-Mitglieder ab. Es wird beschlossen, eine Gesamtorganisation aller Gegner des Nationalsozialismus zu gründen, die den Namen „Willy" tragen soll. Im letzten Kriegsjahr wächst „Willy" stark an, Ende 1944 sind 500 Mitglieder dabei. Es ist Resi Pesendorfers Stolz, daß sie in den letzten Kampftagen in dieser Organisation eine wichtige Rolle spielt. *

Die jahrzehntelange Attraktivität des Anschlusses geht verloren, die Wende im Zweiten Weltkrieg, die Bombardierung Österreichs und die hohen Verluste an Menschenleben bringen viele Österreicher zur Besinnung, besorgt vermerken die Nationalsozialisten eine „Österreich-Tendenz" in der Bevölkerung. Der Traum vom Tausendjährigen Reich ist zu Ende.

Das Dritte Reich kostet hunderttausenden rassisch und politisch verfolgten oder im Krieg umgekommenen Frauen das Leben. Käthe Leichter, als führen-

---

* Inge Brauneis, Widerstand von Frauen in Österreich gegen den Nationalsozialismus 1938-1945, Diss., 1974, S. 79 ff.

de Sozialdemokratin bis 1934 Leiterin des Frauenreferats der Arbeiterkammer Wien, wird im KZ Ravensbrück bei einer Versuchsvergasung ermordet. Sie stammt aus der jüdischen Familie eines Hof- und Gerichtsadvokaten, bereits vor dem Ersten Weltkrieg ist Käthe Leichter in der Wiener Jugendbewegung tätig. Als sie nach ihrer Matura 1914 plant, Staatswissenschaften zu studieren, ist sie gezwungen, ihre Abschlußprüfungen in Heidelberg zu absolvieren. Sie schließt sich den sozialistischen Studenten an und wird, da sie als Pazifistin die Oktoberrevolution in Rußland begrüßt, des Landes verwiesen. Zurück in Wien, besucht sie Vorlesungen über Nationalökonomie und schließt sich eng einem Kreis linker Studenten an, wo sie Otto Leichter kennenlernt. Als überzeugte Anhängerin des Rätesystems arbeitet sie 1919 für die Staatskommission für Sozialisierung als wissenschaftliche Mitarbeiterin Otto Bauers. Die politische Entwicklung in Österreich bringt die Auflösung dieser Kommission

Käthe Leichter

mit sich, Käthe Leichter verliert 1925 ihren Posten. Nun beauftragt sie die Arbeiterkammer mit der spannenden Aufgabe, ein Frauenreferat aufzubauen. Sie liebt diese Arbeit und setzt sie auch nach der Geburt ihres zweiten Kindes fort.

Ihre Anliegen sind der Ausbau des Arbeiterinnenschutzes, Untersuchungen der Arbeitsbedingungen, Schulung und Weiterbildung von Funktionärinnen. Sie veröffentlicht Studien, sammelt statistisches Material als Grundlage für den Kampf um einen besseren gesetzlichen Arbeiterinnenschutz. Die 1927 erschienene Studie „Frauenarbeit und Arbeiterinnenschutz" ist die erste zusammenhängende Studie dieser Art in Österreich und gibt die Entwicklung der Frauenarbeit ab 1907 wieder. Am 1. Jänner 1934 werden die Arbeiterkammern in Österreich unter die Verwaltung von Regierungskommissären gestellt. Die Sozialistin Käthe Leichter verliert ihre Position und geht nach dem Februar 1934 mit ihrem Mann Otto in den Untergrund, bald darauf begeben sich beide in die Schweiz, von wo sie einige Monate später zurückkehren und sich den Revolutionären Sozialisten anschließen.

Durch journalistische Arbeit können sie überleben, doch nach dem Einmarsch der deutschen Truppen in Österreich flüchtet Otto Leichter endgültig in die Schweiz. Käthe Leichters alte Mutter lebt in Wien, aber sie weiß, daß auch sie, wie ihr Mann, flüchten muß. So plant sie, mit einem gefälschten tschechischen Paß Österreich zu verlassen. Ein Spitzel unter den Revolutionären Sozialisten verrät sie. Exakt am Tag der Abreise kommt die Gestapo in die Wohnung ihrer Mutter. Käthe Leichter wird per Telefon gedroht, daß sie ihre Mutter nie mehr wieder sehen wird. Diese Drohung hat Erfolg, Käthe Leichter kann verhaftet werden. Die Zerstörung der Existenz dieser Frau hat System, die Universität Heidelberg erkennt ihr den Doktorgrad ab, Käthe Leichter wird nach Ravensbrück deportiert. 13 Monate später wird sie im KZ ermordet.

„Sie verzaubern alte Herrenhemden in Säuglingswäsche, sie bakken Kuchen ohne Ei und Fett, sie machen aus Zeitungspapier Kinderspielzeug, verwandeln Vorhangstoffe in schicke Blusen und waschen Wäsche ohne Seife."

Ehrendienst an der Nation

Frauen arbeiten für den Krieg

Zwischen Anfang September und Ende November 1939 konservieren die Frauen des Deutschen Frauenwerks in Wien 41.000 kg Obst. Lange Kriegsjahre werden vorbereitet, auf der Lokalseite des „Wiener Beobachter" wird unter dem Titel „Frau Sedlmayer" das gewünschte Bild der Hausfrau vorgestellt. Über Frau Sedlmayer steht da: „Nie, nie im Leben wird sie sich auf Kochsalat kaprizieren, wenn es nur Spinat auf dem Markte gibt!" Den Frauen werden Billigrezepte, Geheimtips und Sparmaßnahmen empfohlen. Typisch ist das praktische Beispiel einer Mutter, der, als sie Wäsche wäscht und daher auf den Familienausflug auf den Leopoldsberg verzichtet, geraten wird, auf die Wäsche vor dem Schwemmen einen Tropfen Terpentin zu geben:

„So erhält die Wäsche einen frischen Duft, wie am Waldrand getrocknet. Und dieser Duft muß dann als Ersatz für die Wanderung auf den Leopoldsberg gelten."

Da kriegswirtschaftlich und für den Kinderreichtum nötig, wird hausfrauliche Arbeit betont und in der Propaganda gepriesen. Ab 1941 wird die „Hauswirtschaftliche Lehre" als staatliche Berufslehre anerkannt, das Deutsche Frauenwerk führt regelrechte Prüfungen von „Lehrfrauen" durch und vergibt den Titel „Geprüfte Hausgehilfin". Der Stand der „Hauswirtschaftsmeisterin" soll nach fünfjähriger Haushaltsführung vergeben werden, ergänzend wird theoretische Weiterbildung angeboten. Diese Achtung häuslicher Arbeit hat einen politischen Hintergrund, denn die „Heimatfront", die Versorgung der Soldaten und der Nachschub, bleibt während des Weltkriegs eine wichtige Stütze des Dritten Reiches.

Schon 1933 wird die Anweisung gegeben, daß männliche Bewerber weiblichen bei gleicher Qualifikation vorzuziehen seien. Ab 1936 gelten in Deutschland Anwältinnen und Richterinnen als unerwünscht. Nur pflegende Berufe und Arbeit in der Landwirtschaft sollen für Frauen offen stehen. Diese Maßnahmen erfolgen aus familienpolitischen, aber auch aus handfesten wirtschaftlichen Gründen: Das „Gesetz zur Verminderung der Arbeitslosigkeit" ermöglicht Ehestandsdarlehen, wenn eine Frau ihren Beruf aufgibt und sich zur Hausarbeit bereiterklärt. Die Darlehen sind auch an die Geburt von Kindern gebunden, mit jedem Kind verringert sich der Rückzahlungsbetrag um 25%. Auch in Österreich werden Ehestandsdarlehen vergeben, neun Monate nach dem Anschluß schnellt die Geburtenrate auffallend in die Höhe. 1937 gibt es 86.242 Geburten, 1939 145.694. Der Anschluß der Ostmark fällt in eine wirtschaftliche Phase, in der außerhäusliche Frauenarbeit wieder mehr „geschätzt" wird. Angesichts des Kriegs ändern sich die Parolen der Parteiideologen, man lobt besondere Fähigkeiten wie Handgeschick, Fingerfertigkeit und Sorgfalt,

> „die der Frau Tätigkeitsgebiete erschlossen haben, die der
> manuellen Begabung, der körperlichen Leistungsfähigkeit und
> dem nicht selten in Erscheinung tretenden Bedürfnis nach
> Monotoniearbeit, das sich bei geistig und körperlich nicht
> besonders hoch entwickelten Frauen häufig aus der
> Doppelbelastung ergibt, entsprechen". *

Das klingt schon sehr nach Waffen- und Munitionsarbeit, und als der Zweite Weltkrieg beginnt, werden Frauen prompt für die Kriegswirtschaft eingespannt. Zum zweiten Mal im 20. Jahrhundert nehmen sie die Arbeitsplätze von Männern ein.

Das Regime schwenkt um. Die Mütterlichkeit wird zwar weiterhin in allen Reden erwähnt, doch kommt nun der „Ehrendienst an der Nation" dazu. Freiwillig, und doch durch die Einführung eines Arbeitsbuches kontrolliert, sollen Frauen für das Tausendjährige Reich arbeiten. Der freie Arbeitsplatzwechsel, die Wahl der Berufstätigkeit und Ausbildung weichen dem Kriegsgeschehen. Nach den ersten großen Verlusten des Kriegs wird die Aufrüstung enorm angekurbelt, immer mehr Arbeitskräfte werden benötigt. 1943 reglementiert die „Meldepflichtverordnung" die allgemeine Dienstverpflichtung. Allen Männern zwischen 16 und 65 Jahren und allen Frauen zwischen 17 und 45 Jahren

---

* Kameradschaft der Arbeit, 1. 7. 1940

Einsatz in der Soldaten-Kappen-Fabrik

wird ein Arbeitsplatz zugewiesen. Das Arbeitsamt erfaßt vor allem diejenigen, die bereits gearbeitet haben und noch unverheiratet sind. Frauen sollen im Akkord Handgranaten herstellen, Uniformen flicken, die innere Front mit billigen Eintöpfen beliefern und nebenbei „reinrassige Kinder" gebären.

Doch zum Ärgernis der Nationalsozialisten folgen die Frauen den Arbeitsaufrufen wenig begeistert, der Anteil der Frauenarbeit fällt sogar nach Kriegsbeginn. Da man auf die Stimmung in der Bevölkerung im Gegensatz zum Ersten Weltkrieg großen Wert legt, erhalten Soldatenfrauen eine Familienunterstützung. Daher sind sie weniger bereit, arbeiten zu gehen und auf diese Summe zu verzichten. Schließlich wird ihnen 1941 zugesagt, daß dieser Zuschuß auch bei Erwerbstätigkeit von „Kriegsstrohwitwen" gleich hoch bleibe. Die hohe Zahl von Kriegstrauungen steht in Zusammenhang mit diesen finanziellen Vorteilen. Bei weitem nicht alle Frauen melden sich freiwillig zum Arbeitsdienst. Dieselben Parteidemagogen, die einige Zeit vorher den Haushalt als den einzig richtigen Platz für Frauen beschworen haben, meinen nun abschwächend, daß sogar Frauen über 50 Jahre eigentlich arbeitsfähig und im Haushalt nicht voll ausgelastet seien. Die NS-Kreis- und Ortsfrauenschaftsleiterinnen versuchen, Frauen zu einem Beitrag für die Kriegswirtschaft zu animieren. Um dem Arbeitsdienst zu entgehen, entschließen sich viele Frauen, schwanger zu werden; der Volksmund nennt diese Kinder nach Fritz Sauckel, dem „Generalbevollmächtigten für den Arbeitsmarkt", ironisch „Sauckelkinder".

Hitler lehnt vorerst ein Gesetz zur Einführung der umfassenden, allgemeinen Frauendienstpflicht ab, er will schwere Arbeiten vorwiegend durch Kriegsgefangene und Zwangsarbeiter verrichten lassen. „Sauckel, bringen Sie uns Russinnen herein, die zehn Stunden arbeiten können, eine Million russische Frauen brauchen wir!" *

Frauen mit finanzieller Absicherung können sich dem Zwangseinsatz in der Rüstungsindustrie durch ein ärztliches Attest oder durch fingierte „Arbeitsbescheinigungen" etwas besser entziehen. Den Gattinnen führender Parteimitglieder wird in Rundschreiben nahegelegt, sie mögen sich doch nicht mit dem Dienstrang ihres Mannes ansprechen lassen. Sogar Dienstboten werden in solchen Häusern geduldet, die Parteiprivilegien bleiben auch in Kriegszeiten unerschüttert. Erst Ende 1944 müssen sich Hausgehilfinnen bei den Arbeitsämtern melden. Obwohl über die Gefahr der verringerten Gebärfähigkeit von Fabriksarbeiterinnen diskutiert wird, stehen auch hier rassistische Überlegungen im Vordergrund. Hermann Göring vergleicht die Frage der Frauenarbeit einfach mit der Pferdezucht: Rassepferde solle man auch nicht vor den Pflug spannen, Vermehrung wäre ihre vorrangige Aufgabe, Arbeitspferde seien an deren Stelle da, denn „hochwertige Frauen hätten in erster Linie Kinder zu bekommen!"

Jahrelange Schwerarbeit zusätzlich zur Hausarbeit wird in der Propaganda als lösbare Organisationsfrage und schwerste Fabriksarbeit als „Persönlichkeitsentwicklung" der Frauen dargestellt. Die Aktion „Frauen helfen siegen" verbreitet 1941 gezielt die frohe Botschaft, daß auch schwere Arbeit durch seelische Momente des Gefühls freudig erfüllter Pflicht aufgewogen werde. Selbst einfache Arbeiten verkomplizieren sich während des Kriegs. Wie bereits im Ersten Weltkrieg werden Frauen im Konservieren von Lebensmitteln, in Flickarbeiten und Reparaturen im Haushalt geschult. „Wie bekomme ich aus 150 Gramm Wolle einen Damenpullover?" oder „Wieviel Brotaufstrich aus einer Sonderzuteilung Erbsen" wird zur Überlebensfrage. Den Frauen wird eingetrichtert:

> „Ich soll mich beraten lassen, zugeben, daß ich etwas nicht
> weiß', so denkt wohl manche Hausfrau und vergißt dabei ganz,

---

* Hitler zu seinem Arbeitsminister Sauckel, 1943

daß heute Haushaltsführung nicht mehr vom Standpunkt der einzelnen Frau betrieben werden darf. Es ist nicht einerlei, was jede kocht, sondern sie muß immer bedenken, daß die rund 20 Millionen Haushalte im Großdeutschen Reich in der Volkswirtschaft eine gewaltige Rolle spielen. Deshalb ist Rat und Aufklärung unendlich wichtig."

Schaukochen, Plakate wie „Heize richtig", „Vielerlei Brotaufstriche" und Verbrauchslenkungskurse sollen die Frauen über richtige Haushaltsführung belehren. Der Gauleiter Josef Bürckel wendet sich an die Wiener Frauen und bittet sie, den Kampf an der Front mit ihren Mitteln zu unterstützen. Als die Versorgungslage immer schlechter wird, sind es oft Frauen, die als unmittelbar Betroffene ihren Unmut über die Sinnlosigkeit des Kriegs äußern. Nicht wenige büßen Bemerkungen beim Einkaufen mit monatelangen Haftstrafen.

Gegen Kriegsende müssen sich Frauen, deren Kinder nun über 2 Jahre alt werden und die mit Frauen über 18 Jahren in einem Haushalt leben, melden. Das Dienstpflichtalter wird auf 50 Jahre erhöht. Über die Zeit nach dem „Endsieg" schwärmend, plant Hitler, gewisse Berufe für Männer nicht mehr zugänglich zu machen. Dabei stören ihn Kellner und Friseure besonders, da es für einen Mann unwürdig sei, zu bedienen, Frauen zu frisieren oder gar Kinder zu erziehen. Trotz aller Schwerarbeit wird an einem besonders kitschigen Frauenbild festgehalten, denn nach dem Sieg sollen Frauen an den Herd zurückkehren können. Nationalsozialistische „Vordenker" beruhigen diesbezüglich: Das Wesen der Frauen werde auch nach jahrelangem harten Arbeitseinsatz im Grunde nicht verändert.

„Die Kunst wird stets Ausdruck und Spiegel der Sehnsucht und Wirklichkeit einer Zeit sein. Blut und Rasse werden wieder zur Quelle der künstlerischen Intuition werden." *

Prädikat: staatspolitisch wertvoll

Propaganda im Film

„In dem Moment, in dem eine Propaganda in Erscheinung tritt, ist sie unwirksam", verrät der deutsche Propagandaminister Goebbels, dessen Ziel es ist, die „richtigen" Meinungen, Sehnsüchte und Leitbilder unauffällig zu vermitteln. Das Ministerium für Volksaufklärung und Propaganda wird am 11. März 1933 gegründet. Die Kontrolle der Filmindustrie setzt sofort ein. Wirtschaftlich regelt die Filmkreditbank das künstlerische Schaffen. Zweck der Filmkreditbank ist die Vermittlung zwischen Kreditgebern und Produzenten, finanzielle Sicherheit und politische Kontrolle rücken in gefährliche Nähe zueinander. Ein eigenes dramaturgisches Büro behält von den ersten Drehbuchversuchen bis zum Ariernachweis der Mitwirkenden alles im Auge. Auch ausländische Filme werden geprüft, ob sie sich wirklich als „deutsches Kulturgut" eignen. Zu all diesen Hürden kommt nach dem Lichtspielgesetz ein „völkisches" Prädikatssystem, das Filmzensur und Filmbewertung vollzieht. Systemkonforme Filme werden als staatspolitisch wertvoll oder volksbildend belobigt, auch der finanzielle Anreiz für den Produzenten wird nicht vergessen, da die Prädikatisierung eine Ermäßigung oder Befreiung von der Vergnügungssteuer mit sich bringt.

Nach 1933 ziehen sich zahlreiche deutsche Künstler nach Österreich zurück. Doch überschwemmen immer mehr deutsche Filme den Markt, auch die Rentabilität des österreichischen Filmschaffens ist nicht mehr gesichert, da die Abhängigkeit von der Deutschen Mark zu stark wird. Aufgrund der Einfuhrkontrollen werden auch österreichische Filme den deutschen Rassegesetzen entsprechend produziert. Sogar jüdische Firmen gehen dazu über, Rollen und Regie mit nichtjüdischen Künstlern zu besetzen. Auch die deutsche Film-

---

* Rede Hitlers zum Ermächtigungsgesetz im April 1933

wirtschaft hat eine schwere Krise mit Besucherschwund, Kapitalmangel und der Umstellung auf Tonfilm zu überwinden. UFA, Tobis und die „Terra" können überleben, dem Zeitgeist angepaßt produzieren sie als Spezialität herrschaftsfreundliche und militaristische Filme. Etwa 1932 „Morgenrot", ein Epos über den U-Bootkrieg, von UFA produziert, oder „Der Choral von Leuthen" mit Friedrich dem Großen als Führergestalt, dessen bloßes Erscheinen und erst recht sein Blick die Menschen fesselt. Daß Hitler Filmpremieren besucht, zeigt, welche politischen Inhalte diese historischen Filme haben. Der „Anschluß" der österreichischen Filmindustrie vollzieht sich nach dem deutsch-österreichischen Verständigungsabkommen 1936 besonders rasch.

Ein besonders geschickt gemachter Film ist Gustav Ucickys erster Film bei der Wien-Film: „Mutterliebe". Das Buch stammt von Ulrich Menzel, dessen Drehbücher sich durch konstruierte Problemstellungen, Humorlosigkeit, übertriebenes Heldentum und große Leidensfähigkeit der Menschen auszeichnen. Sein Pathos macht ihn zum meistbeschäftigten Drehbuchautor der Wien-Film. „Mutterliebe" ist der erfolgreichste Film des UFA-Verleihprogramms 1939/40, der „Postmeister" folgt knapp dahinter. Bis heute werden dem Fernsehpublikum Filme dieser Art an Samstagnachmittagen vorgesetzt.

Andrea Huemer

Verläßlich und treu
schlagen die Herzen der Mütter

Über den Film „Mutterliebe" *

Am 22. Dezember 1939 lief in den Wiener Kinos „Mutterliebe" an, ein Film, der von der Zensur die Prädikate „staatspolitisch und künstlerisch besonders wertvoll" erhalten hatte. Der Titel „Mutterliebe" würde darauf schließen lassen, daß der vom System so hochgehaltenen „Frau als Mutter" ein Denkmal gesetzt werden sollte. Das hier vorgeführte Mutterbild entsprach jedoch in keiner Weise dem bis dato als „staatspolitisch wertvoll" vorgeführten Bild der Frau als Mutter:

SZENENFOLGE:

– 1912: Familienidylle bei den Pirlingers: die fesche junge Marthe mit ihren vier Kindern, das kokette Dienstmädchen Christl; Vater Pirlinger bringt seiner Frau einen Nerz, obwohl die finanziellen Verhältnisse nicht die besten sind; er klopft dem Dienstmädchen auf den Popo. Die Familie macht mit der Kutsche einen Ausflug ins Grüne, es wird gesungen und gelacht.

– Auf der Wiese toben die Kinder mit dem Vater, er spielt mit den Buben Fußball, die kleine Franzi dreht sich im Kreis, auch die Mutter bekommt den Ball und schießt ein Tor; plötzlich ziehen bedrohliche Gewitterwolken auf, alle laufen zur Kutsche, der Vater will noch die Pferde holen, da schlägt der Blitz ein und tötet ihn.

– Marthe mit ihrer Tante: diese will ihr nur Geld geben, wenn sie ihre Kinder nicht selber erzieht, Marthe wirft daraufhin die Tante und den „stummen" Onkel hinaus.

---

* aus: Andrea Huemer, Ein Erkundungsversuch. Von der „ewigen Hüterin" und einem Steuerungsinstrument des „Unbewußten". Frau und Film – Frau im Film als Objekte der nationalsozialistischen Propaganda, Diss., Wien 1985

– Die drei Buben können nicht schlafen; dann kommt noch Franzi, die sich alleine im Zimmer fürchtet; Marthe kommt zu den Kindern ins Schlafzimmer, schart alle um sich: „Jetzt müssen wir halt ohne den Papa weiterkommen." Franzi fragt, ob der Papa im Himmel sei; sie sagt auch, daß sie zum Ballett will; die Buben sollen weiter zur Schule gehen. Marthe beschließt, nach Wien zu ziehen, weil sie dort Arbeit finden kann.

– Marthe hat eine Wäscherei aufgemacht, in der sie von früh bis spät schuftet. Franzi soll etwas für die Mutter erledigen, hat Geld bei sich; plötzlich wird sie von einem großen Hund angefallen. Das Geld rollt in den Kanal, sie wird von Herrn Dr. Koblmüller gerettet, der sie nach Hause bringt und offensichtlich von Marthe sehr angetan ist.

– Felix und Paul sollen für die Mutter Wäsche austragen und werden deshalb von Schulkameraden ausgelacht, Felix beginnt zu raufen, die Wäsche fällt ins Wasser.

– Dr. Koblmüller erkundigt sich nach Franzis Befinden, ist sehr an Marthe interessiert.

– Auf der Straße marschiert eine Musikkapelle, von der sich Walter unwiderstehlich angezogen fühlt.

– Felix und Paul zu Hause. Paul, ein „Streber", weigert sich, weiter Wäsche auszutragen, Felix hingegen will sich weiter für die Mutter raufen.

– Walter ist einer Militärkapelle in die Kaserne gefolgt, er dirigiert dort die Männer, die sich um den kleinen Buben scharen und Richard Wagner spielen.

– Marthe plagt sich im Dampf mit der Wäsche, während Walter ihr begeistert erzählt, daß er die Deutschmeister dirigiert hätte; er wird von seinem Bruder Felix wegen Großredens attackiert.

– Die ganze Nacht hindurch, während die Kinder schlafen, säubert Marthe die ins Wasser gefallene Wäsche, sie wird gerade noch fertig, um die Kinder für die Schule zu wecken.

– Koblmüller wird von seiner Haushälterin neugierig zur Rede gestellt, weil er nasse Kleider und Whisky im Zimmer hat.

– Franzi besucht schwer erkältet die Ballettschule; weil sie immer niest, wird sie vom Lehrer als „enfant terrible" bezeichnet.

– Koblmüller besucht Marthe, sie hat jedoch keine Zeit, sich mit ihm zu unterhalten; schließlich bietet er seine Hilfe an und sitzt kurz darauf selbst vor der Wäscherumpel.

– Felix und Paul werden wegen der Schlägerei zum Direktor zitiert. Felix wehrt sich und wird frech.

– Felix wird wieder von Klassenkameraden verprügelt, diesmal schaut Paul zu; Felix wird von der Schule gewiesen.

– Er ist „ein richtig deutscher Junge", dem „Bewegung" wichtiger ist als Lernen; er freut sich, daß er nicht mehr zur Schule muß.

– Paul, der auch nicht als feige gelten will, riskiert eine Mutprobe und will durch den Kanal eines Bahndammes kriechen; als Felix die Mutter fragt, ob sie ihm wegen der Schule böse sei, antwortet die „alles Verzeihende" nur lächelnd: „Böse?" Alle Buben warten gespannt am anderen Ende des Kanals, aber Paul kommt nicht mehr heraus.

– Marthe, die Koblmüller nach langem Bitten versprochen hat, ihn in die Oper zu begleiten, kleidet sich an; sie ist sehr unruhig, da Paul abends noch immer nicht von der Schule zurück ist; sie macht sich Vorwürfe: „In die Oper wollte ich gehen, an mich habe ich gedacht!" Sie wird von Felix alarmiert und weggeholt, auch Koblmüller kommt zum Damm; Paul wird von der Feuerwehr gerettet. Paul: „Mama, ich bin kein Feigling!", darauf Koblmüller: „Bist schon ein ganzer Bursche."

– Als Paul wegen seines passiven Verhaltens während der Schlägerei seines Bruders kein Stipendium bekommt, sagt Marthe zu ihm: „Das macht nichts, daß du kein Stipendium bekommen hast, ich arbeite doch gerne für euch; ich bring euch hoch, ich bring euch durch, ich habe euch doch alle vier gleich lieb."

– Zwischentitel: „Dahin fliegen die Jahre … ruhig aber fleißig, verläßlich und treu schlagen die Herzen der Mütter."

10 Jahre später:

– Marthe hat eine riesige Wäscherei mit Angestellten aufgebaut; Felix ist Geschäftsführer und „betatscht" nun wie sein Vater die Angestellten; Walter ist ein Hallodri geworden; die Mutter arbeitet im Büro.

– Franzi ist Balletteuse am Theater und ruft ihre Mutter an; sie berichtet, daß sie eine tolle Kritik in der Zeitung hat; auf der Treppe lauert ihr der Kammersänger auf; er will sie umarmen, sie wehrt sich; er bittet um ein Rendezvous.

– Koblmüller besucht Marthe mit einem Blumenstrauß.

– Felix hat die Angestellte Rosl geschwängert, er erklärt ihr, daß er sie nicht heiraten werde.

– Marthe und Koblmüller unterhalten sich darüber, daß Marthe vor 10 Jahren seinen Heiratsantrag wegen der Kinder abgelehnt hat. Denn: „Kinder sind nie erwachsen."

– Paul hat Medizin studiert, ist aber, offensichtlich durch eine Spätfolge seiner Mutprobe am Bahndamm, erblindet.

– Marthe erwartet zum 10jährigen Geschäftsjubiläum ihre Kinder und bereitet für jedes ein extra Salatdressing; das Dienstmädchen findet es nicht notwendig, sich wegen der „undankbaren Kinder" so viel anzutun.

– Immer wieder versucht Marthe den zynisch gewordenen Paul zu trösten: „Man darf nie aufhören zu hoffen, es geht immer weiter."

– Die Kinder kommen zum Festessen, aber keiner hat noch Zeit für die mühsam vorbereitete Eisbombe. Marthe bleibt allein am Tisch sitzen, bis Koblmüller kommt.

– In einem Lokal wird Walter von einem „jüdischen Kellner" mit Wucherzinsen ausgenommen.

– Marthe und Koblmüller im Gespräch; er sinniert: „… eine Frau … ist schon als Kind hoffnungslos erwachsen, aber ein Mann muß töricht sein … ich brauche eine Mutter …"

– Franzi trifft sich doch mit dem Kammersänger.

– Marthe erfährt von Rosl, daß diese von Felix schwanger ist. Sie versteht auch das und meint nur: „Liebe ist keine Schlechtigkeit und Kinderkriegen schon gar nicht." Rosl nimmt die ganze Schuld auf sich: „Ich habe ihm schöne Augen gemacht." Marthe verspricht Rosl, mit Felix zu sprechen. Felix streitet mit Marthe und meint: „Ich will nicht jedes Mädel, mit dem ich ein Gspusi hab, heiraten." Rosl habe halt Pech, darauf Marthe: „ So, Pech nennst du das. Ich werde dir mal was sagen, mein Sohn. Aber hör mir gut zu. Wie du von den Frauen denkst, das ist einfach eine Gemeinheit. In jeder Frau ehrt oder beleidigt man seine Mutter. Da stellt man sich hin und plagt sich, seine Kinder zu anständigen Menschen zu erziehen, aber nie im Leben hätte ich gedacht, daß aus meinem Buben so ein Fallot werden könnte. Schäm dich." Felix verplaudert sich auch über Walters Lebenswandel.

– Marthe in Walters Schlafzimmer, der sich auch seiner Mutter gegenüber wie ein typischer Alt-Wiener Charmeur benimmt; er behauptet, nicht bei Frauen, sondern auf der Hochschule gewesen zu sein; sie aber: „Eine Mutter kann man nicht anlügen" und „Ich bin mitschuldig, daß du so ein Fallot geworden bist" (Walter hat ihr 2.000 Kronen gestohlen); er verläßt das Mutterhaus.

– Marthe bricht zusammen; sie hängt mit den Gedanken mehr bei der Familie als beim Geschäft; Felix verspricht ihr, Rosl doch zu heiraten.

– In den nächsten Wochen sieht man Marthe nur am Schreibtisch arbeiten; dazwischen wird immer wieder Paul eingeblendet.

– Es kommt der Tag von Pauls Augenoperation.

– Franzi ist verzweifelt zu Hause, der Kammersänger hat sie sitzen lassen; Marthe tröstet sie, denn „ein Mann, der ein Mädel sitzen läßt, ist nicht wert, daß man ihm nachweint", und „wir sind alle Frauen" und über Paul: „So löscht das größere Leid das kleinere."

– Pauls Operation ist vorüber, nun sollen ihm die Augenbinden abgenommen werden; er ist pessimistisch; er sieht wieder auf einem Auge und erfährt, daß Marthe ein Auge für ihn geopfert hat.

10 Jahre sind wieder vergangen:

– Marthe mit ihren Enkelkindern; sie solidarisiert sich mit Rosl, weil Felix immer wieder den weiblichen Angestellten nachschaut; aber sie ist immer noch tolerant („Er ist ja wie sein Vater").

– Marthe geht zu Pauls Frau Hannerl Kinder hüten, damit diese zur Schneiderin gehen kann; die Kinder sind sehr wild, aber wie Paul sagt: „Kaum ist die Mama da, schon sind sie ruhig."

– Marthe erfährt, daß Walter wieder in der Stadt ist; sie besucht ihn im Hotel und behandelt ihn liebevoll. Sie kämmt ihn.

– Marthes 80. Geburtstag: um den Tisch ist die ganze Familie und auch Koblmüller versammelt; nach Marthes Meinung sind statt 14 nur 13 Personen am Tisch, denn wie immer „hat sich die Mutter selbst vergessen".

Das Jahr des Entstehens und der Uraufführung dieses Films fiel mit dem Ausbruch des Zweiten Weltkrieges zusammen. Die Filmproduktion wandte sich einem Thema zu, welches – voraussehbar – in den kommenden Jahren die Realität für Millionen von Frauen darstellen sollte; sich als Witwen mit Kleinkindern gefühlsmäßig und ökonomisch zu behaupten. Die Ideologie hatte ihnen bisher – wenn auch zumeist nur theoretisch – einen ganz anderen Platz in der Gesellschaft zugewiesen. Die Tatsache, daß Marthe eine Karriere als Unternehmerin machte, wäre möglicherweise von den Nazis mit dem Schlagwort „Frauen an der Heimatfront" gerechtfertigt worden. In diesem Sinne wurde nämlich argumentiert, als es bedingt durch den Krieg notwendig wurde, die Frauen wieder in den öffentlichen Arbeitsbereich zu integrieren. Dieser Film war ein Mittel, um eben dieses zu erreichen. Natürlich läßt sich das Motiv –

Frau, die sich gezwungen sieht, ihre Kinder alleine durchzubringen – ebenso auf die heutige Zeit übertragen, und es erfolgte auch schon in den 50er Jahren ein Remake eben dieses Filmes.

Aber weder in den Nachkriegsjahren – in denen die Frauen sich ja schon bewiesen hatten, was sie zu leisten imstande sind – noch heute ist es notwendig, sich so zu bemühen, den Zuschauerinnen dieses neue Selbstwertgefühl zu vermitteln, wie „Frau" sich fühlt, wenn „man(n)" es ihr gestattet, ihren „Mann" zu stellen. Nur ein System, welches vorher so unbedingt das Gegenteil zu erreichen suchte, konnte bestrebt sein, nun bei Bedarf diesen „inneren Willen einer Frau, sich im Lebenskampf zu bewähren", so deutlich zu Tage treten zu lassen. Dazu kommt die Forderung nach Verzicht auf persönliches, nicht an die Existenz des Kindes gebundenes Glück. Dramaturgisch werden sofort Schuldgefühle produziert, wenn es die Mutter versucht, sich für kurze Zeit – in diesem Falle für einen Abend – von den Kindern zu „entfernen".

Diesem „Ausbruchsversuch" folgt in Anbetracht des in „Lebensgefahr" schwebenden Sohnes sofort die Reue: „In die Oper wollte ich gehen, an mich habe ich gedacht!" Und die „Lehre", die sie aus diesem Vorfall zieht, besteht in der endgültigen Entscheidung gegen sich als Frau und für die Mutterrolle. Eine Entscheidung, die sich schlußendlich sogar in Koblmüller verinnerlicht, wenn er der ewig Angebeteten nach zwanzigjähriger Bekanntschaft gesteht: „... eine Frau ... ist schon als Kind hoffnungslos erwachsen, aber ein Mann muß töricht sein ... ich brauche eine Mutter ...!" Und genau an solchen Stellen entlarvt sich auch die Frauenfeindlichkeit der faschistischen Ideologie. Durch diese Erwartungshaltung an die Frau, „sich selbst" zurückzustellen und eine Opferbereitschaft zu entwickeln, die beim „Verschenken des eigenen Augenlichts" an den Sohn schon fast an die Grenze der Perversität gelangt, wird Marthe als Mutter auf eine Ebene gehoben, in der sie aufhört, als Mensch mit eigenen körperlichen und seelischen Bedürfnissen zu existieren. Und eben das vermittelt sie auch ihrer Tochter. Wenn dieser, von ihrem Liebhaber sitzengelassen, zwar ein „kleines Leid" zugestanden wird, kann das konsequenterweise in keiner Relation zu dem stehen, was der erblindete Bruder zu ertragen hat. Wie beschämend sind die eigenen selbstsüchtigen, kleinen Alltagssorgen im Vergleich mit „Männern, die fürs Vaterland ihr Leben lassen" oder „das gequälte deutsche Volk im Kampf gegen den Bolschewismus".

Auch die Charakterzeichnung der Söhne entbehrt nicht eines konkreten Zeitbezugs. Gerade die Figur des Felix entspricht eigentlich in jeder Hinsicht dem nationalsozialistischen Ideal eines „deutschen Jungen": Als Kind schon

aus: „Mutterliebe" mit Susi Nicoletti und Käthe Dorsch

bereit, sich für „die Ehre seiner Mutter" zu schlagen, ist er mehr der körperlichen Ertüchtigung als dem Aneignen von Wissen zugeneigt. Sein „Schulabgang" wird in solch einer positiven Weise gezeigt, wie sie Adolf Hitlers Vorstellungen von „Erziehungsgrundsätzen des völkischen Staates" entsprach. Natürlich wird aus ihm ein ehrenwerter Bürger und achtbarer Geschäftsmann, dessen Neigung – bei jeder sich anbietenden Möglichkeit Frauen nachzustellen – im Prinzip selbst von der Mutter akzeptiert wird (So sind halt die Männer!), nachdem er sich doch aufgrund einer mütterlichen Moralpredigt dazu durchgerungen hat, die von ihm geschwängerte Rosl zu heiraten (und damit natürlich auch seinem Kind seinen Namen zu geben).

Das genaue Gegenteil verkörpert der „intellektuelle" Paul, wobei aber auch diese aufgrund ihrer „Kopflastigkeit" ursprünglich als schwach eingeführte Person eine Aufwertung erfährt. Wenn aus ihm zwar auch nicht unbedingt der „ganze Bursche" wird, den er bei der Mutprobe einmal ansatzweise hervorkehrt, so entwickelt sich doch aus dem verbitterten Blinden ein Arzt, der seine „mannhaften Tugenden" im Dienst für das Volk beweisen kann. Die am schwächsten konturierten Charaktere bilden die beiden „künstlerisch angehauchten" Kinder Franzi und Walter. Das einst ballettbegeisterte „enfant terrible" darf zur Elevin heranwachsen und, blauäugig und „niederen" Instinkten folgend, auf die penetranten Annäherungsversuche eines „sexbesessenen" Kammersängers hereinfallen. Nachdem sie dann, den „Künstlersitten" entsprechend, sitzengelassen wird, erfährt sie durch die Mutter die Aufnahme in den „Kreis der Frauen, der Leidenden, Entsagenden". So wie Franzi wird auch Walter im Prinzip als Opfer des „jüdischen Teufels" dargestellt. Denn erst die Wucherzinsen des Kellners eines „Decadence Lokals" führen den Bruch des wahrscheinlich durch „leichte Mädchen" in Geldschwierigkeiten geratenen Dandys mit seiner Mutter herbei. Die „Mutterliebe" muß aber schlußendlich doch Früchte tragen, da sonst das kunstvoll aufgebaute Gedankengebäude männlicher „Theoretiker" zusammenbrechen müßte. Und so ist es „naturgegeben", daß – wenn auch spät – das Happy End eingeläutet wird: Die ganze „liebe Familie" findet sich wieder. Die Charakterisierung des Walter erinnert im übrigen an die Personendramaturgie in anderen Filmen. Nonchalance, lässige Eleganz, die Allüren des leichtlebigen, zuvorkommenden Wiener Kavaliers sind auch Thema des Musikfilms „Wiener Blut",* einem Willi Forst-Film, dem beim ersten Anblick jegliche Art von propagandistischer Wirkung abgesprochen werden müßte. Doch auch in diesem Streifen, der das „österreichische" mit dem „preußischen" Wesen zur Zeit des Wiener Kongresses konfrontiert, kann man sich des Eindrucks nicht erwehren – auch wenn es sozusagen zu einer Symbiose beider Welten kommt –, als wären die Wiener Menschen, die fern jeder Ernsthaftigkeit sich nur dem Wein, der Musik und dem Tanz hingeben, selbst wenn politische Ereignisse größter Bedeutung sich neben ihnen und sie betreffend ereignen. Dieses Klischee des „Wienerischen" verursacht einiges Unbehagen, da den Franzosen die gleichen Eigenschaften „auszeichnen": Der „Liebe Augustin" ** beweist auf überzeugende Weise, wie der „französische Einfluß" auf den österreichischen Kaiser letztlich als Ursache für die Pest im Jahre 1680 angesehen werden kann. Steht im letztgenannten Film eine französische Marquise als Beispiel für „Weiningers Hure", so wird das „deutsche Frauenideal" auch in Titeln wie „Das Herz muß schweigen" *** propagiert. Auch hier verzichtet eine Frau auf ihr Liebesglück, um ihr Leben der medizinischen Forschung zur Verfügung zu stellen und sich somit für den „Dienst am deutschen Volk" aufzuopfern. Und diese Auflistung von Filmen ließe sich noch beliebig fortführen.

---

* „Wiener Blut". Wien-Film 1942. Regie: Willi Forst. Prädikat: künstlerisch besonders wertvoll, kulturell wertvoll, volksbildend. Anerkennungspreis Venedig 1942
** „Der liebe Augustin". Wien-Film 1940. Regie: W. E. Emo. Prädikat: volkstümlich wertvoll
*** „Das Herz muß schweigen". Wien-Film 1944. Regie: Gustav Ucicky. Prädikat: künstlerisch besonders wertvoll

„Die neue Familie ist noch nicht da, sie ist erst im Werden. Schule, Bund deutscher Mädchen, Arbeitsdienst und Frauenschaft müssen Brücken schlagen helfen von der Familie von gestern zu der Familie von morgen." *

Volle Wiegen für die Zukunft der Rasse

Bevölkerungspolitik im Dritten Reich

Das konservative Frauenbild der dreißiger Jahre in Österreich unterscheidet sich nicht gravierend von dem, was nach 1938 erwünscht war. Durch noch perfektere Propaganda unterstützt, orientiert sich das NS-Idealbild der Frau nach strengen völkischen Richtlinien. So ist zum Beispiel der beliebte Bubikopf der zwanziger Jahre als Provokation selbständiger und emanzipatorischer Frauen verpönt. Stattdessen soll die deutsche Frau blonde Zöpfe tragen, hinter Bubiköpfen wird ein „jüdischer Geist, der an die Verwirklichung der Weltherrschaft denkt", vermutet. Diskriminierend wird verlautbart,

„... daß die Emanzipierte für sich das Recht auf Verkehr mit Niggern, Juden, Chinesen in Anspruch nehmen darf und aus der Frau als der berufenen Erhalterin der Rasse dank der Emanzipation die Vernichterin aller Grundlagen des Volkstums geworden ist".

Die Auseinandersetzung um die Frisur eskaliert zu „einer Kraftprobe des Fremdtums in unserem kränkelnden Volkskörper", es formieren sich „Turner gegen den Bubikopf", und man prophezeit: „Die alte Ehrentracht wird siegen, und die Geschorenen kommen auch wieder zu Zöpfen, aber innerlich bleiben sie geschoren!"

Das erinnert an die verbreitete „Imprägnationslehre" der Nationalsozialisten, die allen Ernstes davor warnten, daß während des Geschlechtsverkehrs „artfremdes" Eiweiß von nichtarischen Partnern in den Körper der Frau ein-

---

* Franz Kade, Die Wende in der Mädchenerziehung. Ein Beitrag aus der Praxis der dorfeigenen Schule, Dortmund/Breslau, 1937, S. 12

dringen und diesen für immer verunreinigen könnte. Auch der Ehebruch der Frau sei folgenschwerer, da sich der Erbgang verändere. Julius Streicher, Herausgeber der Zeitung „Stürmer", warnt:

> „... artfremdes Eiweiß ist der Same eines Mannes anderer Rasse. Der männliche Samen wird bei der Begattung ganz oder teilweise von dem weiblichen Mutterboden aufgesaugt und geht so ins Blut über. Ein einziger Beischlaf eines Juden mit einer arischen Frau genügt, um Blut für immer zu vergiften ... Sie kann nie mehr, auch wenn sie einen arischen Mann heiratet, rein arische Kinder bekommen, sondern nur Bastarde ... Man nennt diesen Vorgang Imprägnation."

In Bräuteschulungen, auch „erotische Bastelstunde" genannt, und im „Bund deutscher Mädchen", dessen Abkürzung BdM in „Bedarfsartikel deutscher Männer" oder „Bald deutsche Mutter" umbenannt wird, ist einschlägige Sexualerziehung an der Tagesordnung. Zehn Gebote für die Gattenwahl werden den Frauen nahegelegt:

1. Gedenke, daß Du ein Deutscher bist
2. Du sollst, wenn du erbgesund bist, nicht ehelos bleiben
3. Halte Deinen Körper rein
4. Du sollst Geist und Seele rein halten
5. Wähle als Deutschen nur einen Gatten gleichen oder nordischen Blutes
6. Bei der Wahl Deines Gatten frage nach seinen Vorfahren
7. Gesundheit ist Voraussetzung auch für äußere Schönheit
8. Heirate nur aus Liebe
9. Suche Dir keinen Gespielen, sondern einen Gefährten für die Ehe
10. Du sollst möglichst viele Kinder wünschen*

Die Fächer Sport, Gesundheitsdienst, Gymnastik und Körperpflege werden beim BdM, der sich im BdM-Werk „Glaube und Schönheit" für ältere Mädchen fortsetzt, unterrichtet.

Nichts soll unversucht bleiben, um gesunden Nachwuchs zu erzielen. Heinrich Himmler gilt als Nachwuchsspezialist und wird in zahlreichen Korrespon-

---

* Nationalsozialistische Frauenwarte 3, 1934/35, Heft 10, S. 295

denzen um seinen Rat gefragt. Dem Hauptgeschäftsführer von „Lebensborn", Max Sollmann, empfiehlt er:

„Der Mann geht, nachdem er die Woche vorher ebenso wie die Frau keinen Alkohol zu sich genommen hat, mittags 12 Uhr von zu Hause fort und marschiert zu Fuß nach dem 20 km entfernten Ulm und wieder zurück. Er darf auf diesem Weg nicht in einem Wirtshaus haltmachen. Die Frau arbeitet eine ganze Woche vor diesem Tag nichts, ernährt sich sehr gut, schläft viel und strengt sich in keiner Weise an.
Nach der Rückkehr von seinem Marsch erfolgt die Zeugung. Der Erfolg soll immer die Geburt von Knaben sein.
H. Himmler."

Das „Schwarze Korps", die Zeitung der SS, fügt hinzu, daß Intelligenzgrad und Zeugungskraft in umgekehrtem Verhältnis zueinander stünden. Die Ablehnung von Bildung und Intellekt trifft Frauen besonders stark, sie werden als von Natur aus „gefühlsbetonte Wesen" ohne jegliches abstrakte Denken behandelt. So wird auch der „Dienst an den anderen ihr Glück"! Stets sollte eine pflichtbewußte Frau für die Bequemlichkeit der Männer sorgen, Selbstbeherrschung, Geschmack, Anmut, Arbeit und Verständnis würzen ein Frauenle-

ben wie von selbst. „Wir Männer sind unser Leben lang große Kinder", verlautbaren Frauenzeitschriften. Dem edlen Frauenbild wird eine harte Bevölkerungspolitik entgegengesetzt.

Eine Ehe ohne zahlreiche Nachkommenschaft bedeutet nichts anderes als ein Verhältnis. Das neue Scheidungsgesetz 1938 bezieht sich speziell auf die Auflösung kinderloser Ehen. Als Scheidungsgrund gilt, wenn Frauen absichtlich keine Kinder bekommen oder eben steril sind. Das wird ausgenützt. 1940 erklären 80% der scheidungswilligen Männer, ihre Frauen könnten keine Kinder bekommen. Dabei sind drei von fünf betroffenen Frauen bereits 45 Jahre alt und seit mehr als 20 Jahren verheiratet. Der Vorwurf der Sterilität wird auch vorgebracht, wenn eine Frau Jahre zuvor Kinder geboren hat, aber die Erklärung des Mannes genügt. Für den Staat ist der Vorteil klar, der freie Mann könnte mit einer anderen Frau noch weitere Kinder zeugen, die Ehefrau wird als unfruchtbar abgeschoben. Um keine Zeit zu verlieren, werden jüngere Paare besonders schnell geschieden.

Diese Bevölkerungspolitik hat handfeste Gründe, ein Tätigkeitsbericht des Vereins „Lebensborn" errechnet 1939, „daß jedes geborene Kind durch seine spätere Arbeitskraft der deutschen Volkswirtschaft einen Betrag von 100.000 Reichsmark zuführt". Das Gesetz „Zum Schutz des deutschen Blutes und der deutschen Ehre", das „Ehegesundheitsgesetz" oder das „Rassenhygienische Gesetz", Ehestandsdarlehen, Mutterkreuz und Muttertag sprechen eine deutliche Sprache. Der Zugang zu Verhütungsmitteln wird noch schwieriger gemacht, werdenden Müttern verbesserte medizinische Vorsorge geboten. Frauen, die abtreiben, werden wie Homosexuelle von der „Reichszentrale zur Bekämpfung der Homosexualität und Abtreibungen" bekämpft. Jüdischen Frauen wird bekanntgegeben, daß ein Schwangerschaftsabbruch im Interesse des deutschen Volkes sei. Ab 1943 wird Abtreibung mit der Todesstrafe bedroht.

Die Zahl der Kinder in den Familien steigt nicht wesentlich, es bringen jedoch mehr Frauen Kinder zur Welt. Beamte im Staatsdienst werden gezwungen, schriftliche Erklärungen abzugeben, warum sie nicht verheiratet seien und wann sie zu heiraten beabsichtigen. Heiratspläne mit Kinderwunsch lohnen sich finanziell. Besonders Halbwüchsige werden mit Sexualerziehung konfrontiert, in Ferienlagern kommt es auch prompt zu zahlreichen „Sommerschwangerschaften" sehr junger Mädchen. Als 1936 100.000 Hitlerjungen und BdM-Mädel am Reichsparteitag in Nürnberg teilnehmen, kehren 900 Mädchen schwanger nach Hause zurück. Trotz des genauen organisatorischen Rahmens ist es den Behörden in 400 Fällen nicht möglich, den Vater festzustellen.

Kriegsbedingt schwenkt man von der Traumehe des tadellosen Jungen und fabelhaften Mädchens ab, Frauen werden vorbereitet:

„Ihr könnt nicht alle einen Mann kriegen, aber ihr könnt alle Mütter werden!" Der hohe Frauenüberschuß läßt Himmler für die Zeit nach dem Krieg laut über eine Gesetzesinitiative der Zwei-Frauen-Ehe nachdenken. In einem Memorandum vom 29. Jänner 1944 schätzt Martin Bormann, daß Deutschland nach dem Krieg einen Überschuß von 3-4 Millionen Frauen haben werde, er rufe daher die Männer auf, „mit einer oder mehreren Frauen regelmäßigen ehelichen Verkehr zu unterhalten".

Wünschenswerte Bereicherung

Die Organisation „Lebensborn"

Eine der bevölkerungspolitischen Aktivitäten der SS ist die Gründung des Vereins „Lebensborn". In bezug auf den Verlobungs- und Heiratsbefehl innerhalb der SS gründet Heinrich Himmler im September 1936 „Lebensborn" als Teil des Reichs- und Siedlungshauptamtes und übernimmt die Leitung. Er erwartet von seinen ausgewählten SS-Führern die Zeugung von mindestens vier Kindern, den Frauen dieser Männer stünde der Verein „Lebensborn" zur Verfügung. Diese Wohlfahrtseinrichtung soll auch ledigen Müttern zu Hilfe kommen. Man schirmt werdende Mütter vorerst ab, besorgt Geburtsurkunden, regelt den Unterhalt und wirbt passende Adoptiveltern an. Ein hauseigenes Meldeamt sorgt für Anonymität. Zwischen 1936 und 1940 wächst die Zahl der Lebensbornheime auf dreizehn. Jeder SS-Mann muß Beiträge einzahlen und soll innerhalb oder außerhalb einer Ehe möglichst viele Kinder zeugen.

Hauptsache ist die rassische Qualifikation, medizinische Gutachten entscheiden über die Verlobungs- und Heiratserlaubnis. Es gibt immer wieder Spannungen zwischen verheirateten Frauen und Ledigen. Offiziell erfüllt der Verein folgende Aufgaben:
1) Die Unterstützung rassisch und erbbiologisch wertvoller Familien
2) Unterbringung und Betreuung rassisch und erbbiologisch wertvoller Mütter, bei denen nach sorgfältiger Prüfung ihrer eigenen Familie und der des Kindererzeugers anzunehmen ist, daß sie gleich wertvolle Kinder zur Welt bringen
3) Die Sorge für diese Kinder

Heinrich Himmler hält seinen SS-Männern zahlreiche Vorträge über die Gesichtspunkte, nach denen passende Mütter ausgewählt werden sollen. Die Beiträge, die von den SS-Männern gezahlt werden müssen, erhöhen sich mit dem Alter und werden nach jedem weiteren Kind gesenkt. In einem SS-Leitheft werden 1937 die Gründe für die sorgfältige Auswahl der Ehefrau angegeben: Bei der Heirat mit einer kleinen, rundlichen Frau sind
1) unharmonische Kinder zu erwarten,
2) kann es zu Geburtsschwierigkeiten kommen (Mißverhältnis zwischen Größe des Kindes und dem Geburtsweg),
3) seien bei kleinen, übergewichtigen Frauen Hormonstörungen vorhanden,
4) entsprechen sie nicht dem nordischen Schönheitsideal.

Aus diesen und ähnlichen Gründen werden mehr als 50% der schwangeren Frauen von „Lebensborn" abgewiesen. Die administrative und medizinische Zuständigkeit liegt beim SS-Führungsamt. Jedes Lebensbornheim beschäftigt einen Heimarzt, der gleichzeitig der Heimleiter ist, eine Oberschwester, einen Heimverwalter und eine Heimsekretärin. Alle sind Parteimitglieder oder bei der SS und unterstehen dem Leiter, der als Haus-Standesbeamter tätig ist. Finanziell unterstützt wird der „Lebensborn" durch Spenden der IG-Farben, Siemens, der Dresdner Bank, der Reichsbank und der pharmazeutischen Industrie.

Es gibt drei Möglichkeiten, um in ein Heim aufgenommen zu werden:

1. Die schwangere Frau wendet sich an den Lebensbornverein, sie kann ihr Kind, wenn sie rassenbiologisch einwandfrei ist, in einem Heim zur Welt bringen.

2. Mädchen, die noch ledig sind, werden angeworben, um ein Kind zu empfangen. Die Propaganda tritt für die Erfüllung der Fortpflanzungspflicht der deutschen Frau ein, Mädchen können von ihrem einjährigen Arbeitsdienst befreit werden, wenn sie sich bereit erklären, in diesem Jahr in einem Lebensbornheim ein Kind zu gebären. SS-Männer auf Fronturlaub werden mit ihnen in Heimen zusammengebracht, Tanzveranstaltungen tun das übrige. Weiters gibt es die Möglichkeit, als angestellte Schwester in Offiziersclubs der SS oder in den Heimen selbst mit den passenden Vätern in Kontakt zu kommen. Fronturlaubern wird so „Erholung" geboten, der „Lebensborn" stellt Adoptiveltern bereit.

3. Reichsgesundheitsführer Leonardo Conti empfiehlt die zusätzliche Schaffung von Heiratsinstituten unter staatlicher Kontrolle, damit nur ideale Partner eine Familie gründen können. Den ledig verbliebenen Frauen soll man durch künstliche Befruchtung den psychologischen Komplex des sexuellen Erlebnisses ersparen.

Conti interessieren auch Experimente wie Gruppenkreuzungen, die seiner Meinung nach den rein germanischen Typus hervorbringen. In der künstlichen Befruchtung sieht er den Weg, um von jeder Frau einen Kinderbeitrag zur Gemeinschaft zu erzwingen. Heinrich Himmler verschiebt jedoch diese Pläne und beschäftigt Conti mit dem Problem der Sterilität. Für die unehelichen Kinder von SS-Männern werden auch in besetzten Gebieten Heime errichtet. In rassisch wertvollen Gebieten wie Holland, Skandinavien oder Belgien werden die Mütter gezwungen, diese Kinder zu melden, nach der Geburt adoptiert man sie nach Deutschland. Mit Norwegen gibt es ein Abkommen, das diese Kollaboration mit Kinderhandel erleichtert. Viele Norwegerinnen werden nach Deutschland gelockt und zwecks „Aufnordung" dortbehalten. Die Kinder werden im Deutschen Reich eingegliedert, oft sogar in die Familie des Vaters, dessen Ehefrau das Kind dann aufziehen soll.

Zum großen Erstaunen der Planer von „Lebensborn" werden auch von rassereinen, ausgewählten Frauen behinderte Kinder zur Welt gebracht. Lange Briefwechsel über einzelne Fälle zeigen die Betroffenheit über auftretende Anomalien, Untersuchungen entscheiden, ob die Eltern dieser Kinder noch weitere Kinder zeugen dürfen. Behinderte Kinder werden in speziellen Kinderheimen untergebracht, dort sterben sie plötzlich an Mittelohrentzündung oder an Schnupfen. Diese Kinder leben meist zwei Wochen lang in diesen Heimen, die Sterbeurkunde wird bereits am Tag ihrer Ankunft exakt für den Todestag ausgestellt.

In den eroberten Gebieten beginnt man mit Hilfe von Rassekennern germanisch aussehende Kinder aufzuspüren, von der SS entführen zu lassen und sie dann dem „Lebensborn" zu übergeben. Heinrich Himmler erklärt diesen Menschenraub folgendermaßen:

> „Offenkundig wird es in einer Völkervermischung immer einige
> gute Typen geben. In diesen Fällen halte ich es für unsere
> Pflicht, die Kinder an uns zu nehmen, sie aus ihrer Umgebung zu
> entfernen, wenn notwendig durch Raub. Entweder wir gewinnen
> jedes gute Blut, das wir brauchen können, für uns und geben ihm
> einen guten Platz, oder wir vernichten dieses Blut."

Es ist geplant, 30 Millionen Kinder auf diese Art zu entführen, doch nur die wertvollsten unter ihnen sollen tatsächlich adoptiert werden. Wieviele Kinder aus ihrer Heimat gerissen werden, ist unbekannt, ihre Spuren werden verwischt und die Namen umgeändert. Die Organisation „Lebensborn" arbeitet seit 1940 an dem Programm der Eindeutschung aus dem Osten entführter Kinder. In Polen teilen Sortierstellen die aufgelesenen Kinder in drei Gruppen ein:

1. Wünschenswerte Bereicherung
2. Annehmbare Bereicherung
3. Unerwünscht

So werden mehr als 200.000 polnische Kinder als „rassisch nützlich" erklärt, mehr als 2 Millionen gelten als „rassisch nutzlos". Man fängt die Kinder in Suchaktionen zusammen, sortiert sie und bringt die rassisch nicht Einwandfreien in Lager. Die wenigsten kehren in ihre Familien zurück, oft verschwinden auch ihre Eltern in Arbeitslagern oder werden ermordet. Die wenigen Kinder, die nicht an der Behandlung oder den kalten Transporten zugrunde gehen, kommen vorerst in Umerziehungslager, um dann, nachdem man ihre Herkunft verschleiert hat, zur Adoption freigegeben zu werden. Kleine Mädchen bekommen in vielen Fällen Hormonspritzen, damit sie möglichst schnell geschlechtsreif sind: Oft werden sie zur Adoption nicht freigegeben, da es sich die SS vorbehält, die Mädchen, sobald sie das 16. Lebensjahr erreicht haben, zur Zeugung von Nachwuchs zu verpflichten. Die Jungen unterwirft man hartem militärischem Drill, um sie möglichst bald als Soldaten einsetzen zu können. Zeugen berichten über die Qualen der Kinder in den Lagern, ein damals Zwölfjähriger berichtet:

„Wenn dann nachts die Temperaturen auf minus 20 Grad sanken, erfroren sie. Wir mußten die auf ihren Pritschen festgefrorenen Kinder heraushacken und zum Friedhof bringen. Dort warfen wir sie in ein Massengrab, übergossen sie mit Kalk und deckten sie mit Erde zu. Manche waren noch nicht ganz tot. Wenn sie ohne Luftzufuhr zu ersticken begannen, dann bewegte sich die Erde

„... oder wir vernichten dieses Blut."

über dem Grab wie ein Kornfeld im Wind. ... Täglich starben von den drei- oder viertausend Inhaftierten durchschnittlich 120 Kinder ..."

Das geschah im Lager Lódz im Namen der deutschen Rasse. Die meisten Kinder sind verschwunden geblieben. Der Krieg und der Rückzug der Deutschen aus den besetzten Gebieten machen diese Kinder zur Last. Viele erfrieren irgendwo auf der Strecke in den Waggons. Andere werden sterilisiert und in Arbeitslager gebracht. Bis heute suchen Frauen ihre Kinder; den entwurzelten Kindern gelingt es kaum, ihre Heimat wiederzufinden.

Am Anfang war die Trümmerfrau

Der Krieg ist zu Ende

Die Zeit unmittelbar nach dem Zweiten Weltkrieg ist mit der Frage verbunden, weshalb Frauen ihre Verantwortung, die sie in Abwesenheit der Männer übernahmen, nicht erhalten und politisch umsetzen können. Obwohl sie sich für den Wiederaufbau und das Überleben ihrer Familien unentbehrlich machen, werden Frauen Schritt für Schritt in das Abseits der Öffentlichkeit gedrängt.

Was steckt eigentlich hinter dem Nachkriegsbild der Frau, die tapfer „die Hosen anhat"? Die Selbständigkeit der schweren Zeit des Alleinseins und der Überlebenskampf in den Bombenkellern haben wenig mit konkreten politischen Inhalten zu tun, dann räumen die „Heldinnen des Wiederaufbaus", die Trümmerfrauen, den Schutt, der aus der Zeit des Dritten Reichs übriggeblieben ist, beiseite. Die meisten Frauen erleben das Kriegsende zwar als beglückend, die Niederlage des Dritten Reichs macht aber vielen „Ehemaligen" zu schaffen. So manche Frau bereut ihre Begeisterung für Hitler und fürchtet die

SPÖ-Bundesfrauenkonferenz 1949

Entnazifizierung, andere Frauen wollen von „Politik" nichts mehr wissen. Sie schalten sich so selbst von jeglicher neuen politischen Mitarbeit aus. Die Frauen, die im Widerstand aktiv waren, erleiden ein ähnliches Schicksal wie ihre männlichen Mitkämpfer. Sie werden zwar als Beweis, daß „Österreich ein Opfer des Nationalsozialismus" gewesen wäre, angeführt, doch politisch erlangen sie nicht die Bedeutung, die ihnen zustünde. Die alten Kräfte der Zwischenkriegszeit haben sich hingegen gut erhalten, flugs benennt sich so manche autoritäre Partei um. Der Staat, der sich 1945 etabliert, stellt männliche Repräsentanten auf. Frauen leisten zwar unbezahlte, schwerste Aufbauarbeit, werden jedoch von den entscheidenden Ämtern des neuen Österreich von Anfang an ausgeschlossen.

In Aktionsgruppen beschränkt sich ihr politisches Engagement auf wichtige Ressorts dieser Zeit: Ernährung und Versorgungsfragen. Ein politisches Mitspracherecht wird davon nicht weiter abgeleitet. Frauenselbsthilfegruppen machen es sich zur unparteipolitischen Aufgabe, die Heimkehr von Kriegsgefangenen zu beschleunigen. Es werden Demonstrationen, Kundgebungen und Paketverschickungen, „Liebesgabenpakete", organisiert. Die Arbeitsteilung von Mann und Frau in bezahlte und unbezahlte, öffentliche und private Arbeit ändert sich nicht.

Viele Frauen empfinden die Pflichten, die in der Zeit der Entbehrung erfüllt werden mußten, als zu schwer und sind froh, ihre Aufgaben den heimkehrenden Männern überlassen zu können. Eine Chance für eine eigene Frauenpolitik, die von den Frauen selbst ausgeht, ist vertan. Nun kümmern sich die Parteien darum, denen die politische Gleichberechtigung der Frauen nicht vorrangig ist. Ein starker Machtapparat der Parteien und die Anbindung vieler Österreicher an politische Macht entwickeln sich, Posten werden prinzipiell nach Parteibuch vergeben. Öffentlich Bedienstete, Lehrer und Angestellte fügen sich diesem österreichischen Schicksal der fünfziger Jahre. Ehemalige Nationalsozialisten haben nun gute Chancen, in dem neuen politischen System problemlos eingegliedert zu werden, wenn sie sich einer Partei anschließen.

Frauen spielen in der Politik dann eine Rolle, wenn sie vor der Wahlurne stehen. Bei den Wahlen 1949 sind 57% der Wähler Frauen, neun Österreicherinnen kommen in das Parlament. Im Bundesrat sitzt zwischen 1945 und 1949 keine einzige Frau. Viele Frauen, die politisch tätig sind, agieren im Dienst von Parteien, zu deren entscheidenden Führungsgremien sie keinen Zutritt erlangen. Eine ÖVP-Abgeordnete meint:

„Die Berufung der Frau ist, das Hausmuttertum zum Volksmuttertum zu erweitern und hinauszutreten aus den engen Wänden des knappen Heimes und mit der schöpferischen Güte und hingebender mütterlicher Liebe die ganze Welt zu erfassen."

(Die Österreicherin, Heft 4, 1948, S. 4)

Da solche Äußerungen möglich sind, hat sich seit den dreißiger Jahren nicht viel geändert. Daher vollzieht sich auch eine Änderung des Familienrechts schleppend. Lange nachdem die sozialdemokratischen Abgeordneten Adelheid Popp und Gabriele Proft 1925 einen Initiativantrag über die Gleichstellung der Geschlechter im Familienrecht stellten, der gleiche Rechte und Pflichten der Ehepartner, den frei wählbaren Familiennamen und Wahl des Wohnorts für die Frau beinhaltete, wird auch in der Zweiten Republik keine moderne Regelung gefunden. Prompt wird den Frauen weiterhin grundsätzlich die Besorgung des Haushalts zugewiesen. Die Familienreform stößt immer wieder auf den Widerstand katholischer Familienorganisationen, die eine Gesetzesänderung, mit einer völligen Aufhebung der „väterlichen Autorität" als Resultat, traditionell ablehnen. Daher nimmt die ÖVP erst 1972 den Abschnitt „Mann und Frau" in ihr Parteiprogramm auf, endlich wird die partnerschaftliche Beziehung der Geschlechter und die schriftliche Verankerung der Gleichwertigkeit in der Rechtsordnung akzeptiert. Das Wort Emanzipation

Demonstration für sozialen Fortschritt, 1947

wird jedoch tunlichst nicht verwendet. Die FPÖ befaßt sich 1957 mit der Frage der Gleichberechtigung der Frau, wobei auch hier nicht eine „rein formelle Gleichmacherei" angestrebt wird, sondern stets „... unter Berücksichtigung des Unterschiedes des Geschlechts" entschieden werden soll. In der österreichischen Politik werden männlich dominierte Bereiche durch eine „Frauenabteilung" ergänzt, ein effektives Mitspracherecht bleibt unterentwickelt, da „Frauenpolitik" nicht als umfassend angesehen, sondern als Randbereich eingestuft wird. Dazu kommen permanente finanzielle Engpässe dieser Frauen-Abteilungen.

„Stille Reserve" mit Schlüsselkind

Frauenarbeit bei Bedarf

Die Nachkriegszeit, der Schock über die ausgebombten Städte, oft der Verlust des Partners bedeuten für viele Frauen schwerste Belastungen, um ihre zerstörte Existenz wieder aufzubauen. Hunger, Wohnungsnot und Sorge um den noch an der Front verschollenen Mann sind alltäglich. Für die Beschaffung von Nahrungsmitteln für sich und ihre Kinder stehen Frauen stundenlang Schlange, dazu kommt das Sammeln von Brennholz, Heizen ist besonders mühselig, da in vielen Wohnungen Fensterscheiben fehlen. Die Lebensmittelknappheit beschäftigt die Frauen den ganzen Tag, ihnen selbst wird auf den Lebensmittelkarten unter den Erwachsenen die kleinste Ration zugeteilt. Auf dem Schwarzmarkt kostet ein Kilogramm Fleisch 600 Schilling, ein Kilogramm Brot 40 Schilling. Die in den Weltkriegen geübten Sparkochrezepte geben Anleitungen, „aus dem Nichts" eine Mahlzeit zuzubereiten.

Kochrezept

Reisauflauf: 50 dkg Erbsen, 10 dkg Kartoffelmehl oder 1 Paket Puddingpulver, etwas Fett, 4 dkg Zucker, 2 Saccharintabletten

Die Erbsen werden eine halbe Stunde gekocht, das Wasser abgeschüttet, die Erbsen fasciert und gesüßt. Mit Mehl oder Puddingpulver vermengen, in eine gefettete Form geben und langsam durchbacken lassen.

Frauen waschen mit einer Brühe aus Efeublättern, Kastanien oder Kartoffelschalen ihre Wäsche, mit Holzasche reinigen sie Aluminiumgeschirr. Aus Kohlenstaub werden „Ersatzbriketts" gemacht; indem Lehm und Wasser beigemengt wird, entsteht daraus ein steifer Brei, der dann getrocknet – Brennstoff ergibt.

Dazu kommen die schweren Aufräumarbeiten, das Weiterreichen der Kübel, das Schleppen von Granitbrocken und Stahlträgern. Nicht wenige Frauen erleiden Unfälle durch herabstürzende Steine. Sie besitzen keine Arbeitshandschuhe, verletzen sich die Hände. Geldbringende Erwerbstätigkeit wird dennoch als „vorübergehend" beurteilt, bis „die Wirtschaft wieder in Ordnung sei".

„Auch wenn die Zeit uns so erschreckend ‚unweiblich' macht, möchten wir im Grunde ‚nur Frau' sein ... Wie gerne würden wir wieder zurückfinden zu jener weiblichen Zartheit, zu jener Weichheit ... Gebt uns den Partner, der für uns sorgt, und wir werden von Herzen gerne wieder das werden, was wir einmal waren: ‚Nur eine Frau!'" *

Bis Anfang der fünfziger Jahre leben viele Familien in Österreich sehr ärmlich. Eine hohe Inflationsrate bringt soziale Spannungen mit sich, in den zerstörten Industriegebieten herrscht Arbeitslosigkeit vor. Langsam modernisiert sich das Land, Fremdenverkehr und Dienstleistungssektor entwickeln sich. Frauen finden im Hotel- und Gastgewerbe, in Handel und Verkehr, im

---

* Österreichisches Hausfrauenjournal Nr. 4, 1956, S. 8

Kredit- und Versicherungswesen neue Berufe, doch immer noch behält Frauenarbeit den Charakter einer „Übergangslösung".

> „Wenn auch der ‚Beruf' einer Gattin und Mutter der von Gott
> gewollte Frauenberuf schlechthin ist, so bringt es eben unsere
> Notzeit – vor allem der durch jeden Krieg bedingte
> Frauenüberschuß – mit sich, daß sich ein großer Prozentsatz der
> Frauen augenblicklich und auf Jahrzehnte hinaus vor die
> praktische Unmöglichkeit gestellt sehen wird, diesen
> gemäßigten Beruf zu ergreifen." *

Der wachsende Dienstleistungssektor ist besonders an weiblicher Arbeitskraft interessiert. Als billig und jederzeit wieder abbaubar wird die „stille

---

* Rosemarie Janko, Die Frau im Beruf, Wien 1947, S. 6

Reserve" der verheirateten Frauen bei Bedarf in den Arbeitsprozeß eingegliedert. Weibliche Lehrlinge beschränken sich auf wenige Berufe: kaufmännische und Büroberufe, Schneiderei, Kosmetik, Verkauf und Friseurin. Bildungsmäßig konzentrieren sich Frauen auf gewerbliche Haushaltsberufe und Handelsschulen. Natürlich sind auch die „Frauenberufe" nach wie vor beliebt: Krankenschwester, Fürsorgerin, Pflegerin, Kindergärtnerin oder Volksschullehrerin machen den Männern wenig Konkurrenz.

Dazu kommen die „Frauen befriedigenden" Aufgaben in den Familien, Kindererziehung und Altersversorgung der Eltern, dazu. Das „Schlüsselkind" wird zum Schreckgespenst der bürgerlichen Familienpolitik. Die Doppelbelastung der Frauen, da Berufstätigkeit nur als vorübergehend angesehen wird, wird nicht erleichtert. „Die Presse" zeigt sich besorgt:

„Kaum jemals hat der Mann so sehr der Zone weiblicher
Fürsorge, jener Atmosphäre seelischer Wärme bedurft, die
immer mehr zu entschwinden droht, seit die Frau als
Mitstreiterin im Existenzkampf steht." *

Obwohl der Hausarbeit Bedeutung zugemessen wird, ändert sich an der Tatsache der Überbelastung wenig. Wirtschaftlich gesehen ist eine gute Haushaltsführung die Basis des allgemeinen Wohlstands. Besonders die katholische Kirche beklagt die mangelnde Bereitschaft, Mutter zu sein, außerdem verderbe Berufsausübung den Charakter einer Frau. Sogar von päpstlicher Seite werden die Frauen alarmiert, Papst Pius XII. verkündet,

„... daß das Schicksal der Familie, das Schicksal des
menschlichen Gemeinschaftslebens auf dem Spiel steht. Ziel
der Frauenarbeit im öffentlichen Leben ist, die Würde des
Mädchens, der Gattin, der Mutter zu schützen, Haus und Heim
und Kind gemäß der ursprünglichen Rangordnung innerhalb der
Gesamtaufgaben der Frau zu erhalten". **

Die österreichischen Schulgesetze, die 1962 noch großteils auf NS-Gesetzgebung beruhen, sehen keine gemeinsame Erziehung von Frau und Mann vor. Die heftige Diskussion um die „wahre Aufgabe" der Frau lenken von der einzig

---

* Die Presse, 31. 8. 1950, S. 10
** Papst Pius XII. zu den Aufgaben der Frau 1958, aus: Klaus Jürge Rühl, Frauen in der Nachkriegszeit, München 1988, S. 143

hilfreichen Lösung ab: nämlich der Mitarbeit und Verantwortung des Mannes bei Haushalt und Kindererziehung. Die konservative Gesellschaft der 50er Jahre wünscht zwar Frauen fürsorgend zurück an den Herd, die österreichische Wirtschaft jedoch kann sie auch als billige Arbeitskraft sehr gut brauchen. Man entdeckt die Bedeutung der Hausfrau als Konsumentin und wirksame Werbeträgerin. Die Haushaltstechnikproduktion erlebt einen ungeheuren Aufschwung. Zwischen 1953 und 1962 erhöht sich der Stand der Elektrogeräte bei E-Herden von 115.000 auf 514.000, bei Kühlschränken von 30.000 auf 591.000, bei Waschmaschinen von 8.000 auf 280.000. Die Werbung richtet sich gezielt an Frauen. Die „rationelle Haushaltsführung" ist das Zauberwort, das den Frauen scheinbar jede Mühsal des Alltags abnehmen soll.

„Halten wir uns vor Augen, daß der Mann in der ersten Stunde der Entspannung nach angestrengter Berufsarbeit zur Kritik neigt. Geh, ehe dein Mann heimkommt, prüfend durch die Wohnung. Entferne dabei alle etwaigen ‚Steine des Anstoßes,' selbst auf die Gefahr hin, daß du mit weiblicher Schlauheit ein wenig ‚Augenauswischerei' betreibst. Da sind gleich neben der Tür Fußtritte, die der Freund deines Buben soeben auf dem blanken Linoleum hinterlassen hat. Putz sie weg, sonst wird dein Mann beim Eintreten darauf zeigen, statt dich zu umarmen." *

Sabine Lasar

„Zauberhafter Beruf mit unendlichen Möglichkeiten"

Frauen im „Wirtschaftswunder" der fünfziger Jahre

Sie wird wieder geliebt, gelobt und in die Küche geschickt – die Mutter, Ehe- und Putzfrau. Eine moderne, eben erst frisch importierte Wohnkultur richtet sich mit ihren pflegeleichten und platzsparenden Einrichtungsgegenständen aus Acryl und PVC gezielt an die weibliche, auch sozial schwächere Käuferschicht. Die Wohnung hübsch einzurichten, sauber zu halten und nebenbei noch auf das Haushaltsbudget zu achten, ist (meist auch heute noch) Aufgabe der Hausfrau.

Die Architektur eines sogenannten „Sozialen Wohnbaus" der Gemeinde Wien unterstützt diese Zuordnung noch zusätzlich durch spezielle Funktiona-

---

* Das Blatt der Hausfrau, Heft 12, September 1950

lisierung der Wohnräume. Der Arbeitsplatz der Hausfrau innerhalb der Wohnung ist die Küche. Für die anderen Räume übernimmt sie die Pflege. Stadtrandsiedlungen verbannen Frauen in die Isolation. Die Hausarbeit um 1950 ist mit heute üblichen Formen häuslicher Arbeit kaum zu vergleichen. Der Großteil bestand aus mehr oder weniger körperlich schweren und zeitaufwendigen Aufgaben. Das Frauenreferat des Österreichischen Gewerkschaftsbundes stellte fest, daß die wöchentliche Arbeitszeit für Hausarbeiten bei Frauen mit einem Kind 44, mit zwei Kindern 46 und mit drei Kindern 48 Wochenstunden betrug.

Allein das Kochen nahm wesentlich mehr Zeit in Anspruch als heute. Es gab noch wenig gute Lager- und Kühlmöglichkeiten, keine Supermärkte, keine Fertiggerichte oder haltbare Frischwaren. Das Einkaufen mußte also täglich erledigt werden. Fester Bestandteil der Hausarbeit war, neben dem täglichen „Gründlichmachen", ein wöchentlicher, ausgiebiger Wohnungsputz. Die Idealvorstellung einer sauberen Wohnung erforderte permanentes Möbelabstauben, Teppichklopfen, Fensterputzen, Bodenbohnern sowie das Aus- und Einräumen der Schränke. Zur Darstellung hier eine kurze Arbeitsbeschreibung eines solchen Wohnungsputzes, empfohlen vom schlauen Ratgeber für die gewissenhafte Haus(putz)frau:

> „Die im Wege stehenden Gegenstände wie Sessel, Tischerl, Lampe
> usw. werden zusammengerückt. Die Vorhänge ausbeuteln und
> zusammenschieben. Wo ein Staubsauger vorhanden ist, werden die
> Teppiche abgesaugt und eingerollt, im anderen Fall rollt man
> sie ein und reinigt sie auf der Klopfstange auf beiden Seiten.
> Dann wird der Boden eingelassen. Das Wachs soll ganz flüssig
> aufgetragen werden: In 1 Liter Benzin löst man 12 dkg
> Flockwachs auf und läßt es einige Tage stehen. Bodenbürsten:
> ein Fuß auf der Bodenbürste, ein Fuß auf einem Lappen oder je
> ein weiches Tuch unter jeden Fuß. Zum Schluß
> nachwischen ... Teppich auflegen, alle Gegenstände an ihren
> Platz stellen, Vorhänge zuziehen – und der Raum duftet nach
> Sauberkeit."

Das liest sich so, als wäre für diese ganze Arbeit kaum Zeit aufzuwenden. Tatsächlich würde eine erfahrene Putzfrau wahrscheinlich ein bis zwei Tage brauchen, um mit diesem Arbeitsaufwand fertig zu werden. Die „geplagte Hausfrau" ist ein typisches Bild dieser Zeit, die Zeitschrift mit dem Titel „Gut Haushalten" zieht bewundernd Bilanz:

„Eine Normalhausfrau mit einem oder zwei Kindern hat während eines Jahres über 2.000 Kilometer Marschleistung geleistet, über 6.000 Tassen, 18.000 Gabeln, Messer und Löffel abgewaschen. Unberücksichtigt bleiben die Arbeit und der Zeitaufwand für Vorratswirtschaft, Großreinemachen, Waschen, Bügeln, die Erziehung der Kinder, ihre Beaufsichtigung bei den Schulaufgaben und tausenderlei Dinge mehr, die in der Familie zu erledigen sind."

Mit dem immer vielfältiger werdenden Warenangebot an Haushaltstechnik, Putzmitteln und Kosmetika nimmt die Werbung immer mehr zu. Hier bietet sich ein gutes Terrain für allerlei Klischeebilder an – etwa die Darstellung der ihren Ehemann glücklich machenden Ehefrau. Das Verhalten, das die Werbung den Frauen zuschreibt, soll zurückhaltend, aufmerksam, spröde, aber dennoch charmant und modern, wachsam für die Bedürfnisse anderer sein. Das Frage-Antwort-Spiel: „Haben Sie noch nicht? Dann brauchen Sie ..." richtet sich an den Ehrgeiz der Frauen. Allgemeinplätze wie „Man tut ...", „Die Frau hat ...", „Alle brauchen heute ..." sind die Begleittexte eines Werbebildes. Oft stellen die Bilder im Hintergrund einen bedrohlich oder bestimmend aus-

Kochwettbewerb: „Die Hausfrau des Jahres 1966."

sehenden Mann dar, der wohl das schlechte Gewissen der Frauen sein soll. Sprüche wie: „Diese Hausfrau wäscht noch nicht mit ..." verstärken diese Wirkung noch zusätzlich.

Die österreichische Bevölkerung der fünfziger Jahre wußte kaum Bescheid über die Vereinigten Staaten. Amerika stand für Reichtum, Massenwohlstand, Freiheit, Modernität, Konsumkultur und friedliches Leben. Und so war die fortschrittliche und selbstbewußte Amerikanerin das größte Vorbild aller österreichischen Hausfrauen. Was sich eine österreichische Frau wünschte, war im „Hausfrauenparadies" Amerika längst Wirklichkeit. Sogar die kommunistisch orientierte „Stimme der Frau" fand Gefallen an der amerikanischen Küche, die bei uns als das Nonplusultra galt. Der Grund für dieses Vorbild war die Vorstellung, daß die Amerikanerinnen „die Technik" für sich arbeiten ließen:

> „... in Amerika wäre die volle Ausnützung der weiblichen Arbeitskräfte im Berufsleben kaum möglich ohne Automatisierung des Haushalts. Die aufgewärmte Konserve, das Huhn im „Nylonsäckchen", die elektrischen Spülmaschinen und tausend andere Erleichterungen gestatten der Frau auch, ein Privatleben zu führen."

Und so zeigt sich der Durchschnittsalltag samt Küchenwunder in Amerika:

> „Ein großer, freundlicher Raum mit Fluoreszenzlicht erhellt, Ausguß, Waschmaschine, elektrischer Herd. Der Mann, der soeben nach Hause kommt, freut sich über die hübsche Küche mit den bunten Vorhängen und der kleinen Speiseecke mit den lederbezogenen Chromstühlen. Nun bereitet seine Frau in der Dampfdruck-Kasserole das Abendessen vor ... nachher rollt sie ihre kleine elektrische Waschmaschine hervor ... vor dem Schlafengehen schwemmt sie die Wäsche durch ..."

Wie man liest, hatte die Amerikanerin wesentlich weniger Arbeit als die Österreicherin. Im Zuge all der Überlegungen, wie auch die berufstätige Frau Hausarbeit, Kindererziehung und gemütliche Wohnraumgestaltung bewältigen kann, wird die „rationelle Haushaltsführung" zum neuen Schlagwort. Durch eine bessere Organisation ihrer Arbeitsvorgänge soll die Hausfrau Zeit und Kräfte sparen, wie es die Nationalrätin Marianne Pollak vorschlägt:

„Würde die Hausfrau systematisch arbeiten, hätte man sie
gelehrt, ihre Zeit einzuteilen, stünde auch ihr mehr Muße zur
Verfügung!"

So schreibt das „Hausbuch für alle":

„Wenn wir täglich nur eine halbe Stunde Zeit gewinnen, sind das
im Jahr immerhin 182 Stunden! 182 volle köstliche Stunden, die
man am Radio, mit einem Buch oder mit einem lieben Menschen
verbringen kann."

Darum wird in diesem Haushaltsbuch ein Punkteprogramm für den modernen Haushalt angeraten, das helfen soll, „das Leben zu verschönern". Eine Unzahl von Plänen, Wochenputzpläne, Kochpläne, Einkaufspläne, und eine gut angelegte Haushaltskartei werden empfohlen. Das „Österreichische Hausfrauenjournal" rät der modernen Hausfrau, sich eine Schreibecke zu schaffen, von der aus sie wie ein Feldherr die Wochenschlacht vorausplant:

„… also hier wird der Wochenplan entworfen: was ist zu
arbeiten, was soll gekocht werden ... das ehemalige Gestrüpp von
Waschen, Flicken, Kochen, Putzen, das selbst ruhige Ehemänner (!)
manchmal zur Verzweiflung brachte, lichtet sich und
gleitet in variable Bahnen."

Sparsamkeit erhöhe den Lebensstandard. Man spart auf Motorroller, ein Auto, einen Urlaub, auf eine Wohnung mit Einrichtung oder auf technische Haushaltsgeräte. In der Zentralsparkasse der Gemeinde Wien sind in allen Zweigstellen vorgedruckte Haushaltsbücher erhältlich. Nach Ablauf des Jahres setzt die Sparkasse für die bestgeführten Haushaltsbücher Prämien aus.

Hausfrauen rücken in den Mittelpunkt wirtschaftlichen Interesses. Da zu Beginn der fünfziger Jahre nur sehr wenige österreichische Familien das Geld für eine Waschmaschine aufbringen können, werden günstige Kredite angeboten. Der Verband der E-Werke organisiert 1954 mit der Elektroindustrie eine „Elektrogeräte-Aktion". Der Absatz von Kühlschränken und Waschmaschinen vervierfacht sich zwischen 1954 und 1957. Durch Teilzahlung werden immerhin gut 95% der Kühlschränke und Waschmaschinen, etwa 80% der TV-Geräte und 60% der Radios und Mixer erstanden.
Doch das Frauenbild in den Illustrierten wird durch Kochrezepte, Modetips, Kosmetikberatung, Kindererziehung, Krankenpflege, Schnittanleitungen, Blu-

men- und Tierecken erweitert. Dazu kommen noch Haushaltslexika und Fachbroschüren. Besonders gewissenhafte Frauen besuchen Haushaltskurse.

Über all der Mühe steht das Ideal der „modernen Frau", deren Kaufverhalten, das von der Nachkriegszeit geprägt ist, für die österreichische Wirtschaft optimal ausgenützt werden soll. Der Ton, in dem man sich an die Frauen wendet, ist sehr eindringlich. Zurechtweisen und Besserwissen, Beratung in allen Lebensfragen und schlaue Hilfsmittel machen aus den Frauen scheinbar hilflose und unerfahrene Wesen. Es kommt zu Anmaßungen wie „Die Hausfrau ist im Jahr 50 volle Stunden nutzlos unterwegs" oder dem Ratschlag „... deshalb organisiert die moderne Hausfrau, und deshalb faßt sie ihren Haushalt anders auf: als einen zauberhaften Beruf mit unendlichen Möglichkeiten". Mit Hilfe von Psychotests können besonders „Wißbegierige" auch noch einiges über sich selbst erfahren.

„Perfekte Ehefrauen fallen nicht vom Himmel", weiß „Die blaue Stunde", ein vielgelesenes Frauenblatt. „... um nicht von Scheidung zu sprechen, wollen wir Ihnen, liebe Ehefrau, einen kleinen Test vorlegen, aus dem Sie ersehen können, ob Sie als Ehefrau das ‚Ziel der Klasse' auch noch in der Oberschule der Ehe erreichen." Einige Punkte aus diesem Fragenkatalog:

„– Geben Sie sich beim Kochen Mühe, um Ihrem Mann etwas wirklich Schmackhaftes zu servieren?
– Versuchen Sie, mit der groben Hausarbeit fertig zu sein, ehe Ihr Mann nach Hause kommt?
– Sehen Sie auch unaufgefordert nach seinen Sachen und halten Sie seine Hemden und Anzüge in bester Ordnung?
– Empfangen Sie Ihren Mann, wenn er nach Haus kommt, in Ihrem ‚Putzstaat', den er nicht ausstehen kann?
– Lassen Sie ihn spüren, wenn Sie müde und gereizt sind?"

Die Pflichten einer Hausfrau reichen bis zur Gestaltung des Privatlebens: „Die Frau hat immer die Pflicht, zur harmonischen Gestaltung der Abendstunden beizutragen." Ein Mann, der abwäscht oder gar staubsaugt, wird geringschätzig als Pantoffelheld oder aber als unfähig beschrieben. Der „Kurier" schreibt 1950 auf seiner Mittwoch-Frauenseite:

„Ein Mann sollte niemals allzusehr versuchen, der Frau die Arbeit in der Küche abzunehmen. Meistens hat dann die Hausfrau nachher noch mehr Arbeit als sonst."

Besonders verdeutlichend ist auch die Empfehlung:

„... sie muß einsehen, daß viele Leute einen Mann, der eine Einkaufstasche trägt, dummerweise einen Pantoffelhelden nennen. Darum ist es gut, wenn die Frau selbst darauf sieht, daß er sich eventuell eine Aktentasche nimmt, damit die Leute nichts zu reden haben."

Soll nun ein Mann verwöhnt werden oder nicht? Diese Frage wird als leichte Drohung beantwortet: „... kein Mann wird beflügelten Schrittes nach Hause eilen, wenn er weiß, daß dort ein Berg Hausarbeit auf ihn wartet." Im Notfall könnte er sich ja mit Haushaltsgeräten eindecken, dann wäre die Arbeit fast von alleine getan. Oder nicht?

Isabella Suppanz

Liebe mit Ehe und Ehe ohne Liebe

Das Frauenbild in der Boulevardkomödie

Unterhaltungstheater, das sich im Privatbesitz befindet, unterliegt keinem Bildungsauftrag. Seine Produktion ist den Regeln der Verkäuflichkeit und daher dem Geschmack des Publikums angepaßt. Auch die Auswahl der Stücke und die Form der Inszenierung richten sich nach diesen Kriterien. Die in den „Wiener Kammerspielen" nach dem Zweiten Weltkrieg aufgeführten Stücke tragen folgende Merkmale der Boulevardkomödie:

Boulevardkomödien sind Gebrauchsdramatik, werden oft für ein bestimmtes Theater hergestellt und gehen in der Stückvorlage auf eine Person, die als „Star" den Abend tragen wird, ein. Die Handlungsabläufe sind leicht vorherzusehen. Die Überraschungen und Konflikte bewegen sich innerhalb überschaubarer Spannweiten. Die handelnden Personen können durchwegs als Typen bezeichnet werden, Durchformung von Charakteren und Aufdecken von Widersprüchlichkeiten ist nicht gefragt. Der Ausgangspunkt der Konflikte in den Boulevardkomödien beruht meistens auf der Gegenüberstellung von „männlichen" und „weiblichen" Verhaltensweisen. Liebesgeschichten haben die Ehe als Ziel, die Ehegeschichten das Ziel außerehelicher Liebe, Geschichten vom Kennenlernen eines Paares und sein Weg in die Ehe enthalten meist die gleichnishafte Schilderung weiblicher Annäherung an das erwartete Frauenbild. Hier endet die Handlung mit dem Eheversprechen – die Ehe selbst wird nicht mehr geschildert.

Steht ein Ehepaar im Mittelpunkt des Stückes, so wird der unvermeidliche Seitensprung des Mannes (in seltenen Fällen auch der Frau) thematisiert. Die gute Ehe in Boulevardkomödien besteht aus beiderseitigem Einhalten des Kontraktes als Lebens- und Versorgungsgemeinschaft, Seitensprünge können solange akzeptiert werden, als sie keine ernsthafte Bedrohung dieses Abkommens nach sich ziehen. Die Komödienformel von „Kollektiv und Störenfried" ist durch die auftretende Rivalin oder den „fleischgewordenen" verjährten Seitensprung nur kurzfristig gültig: Das eheliche „Kollektiv" ist durch Fremdgehen nicht wirklich zu erschüttern.

Boulevardkomödien dienen nicht als Transportmittel gesellschaftlicher Kritik. Sie umreißen bestehende Zustände, erlauben sich maßvolle Kritik an ihnen und bestärken sie, indem sie Ausbrüche und Veränderungen nicht zulassen. Durch die Wiederherstellung der Konstellation des Beginns am Ende des Stückes entsteht ein serieller Charakter, die stückauslösende Irritation wird relativiert.

Schauplatz der Komödie ist die Großstadt und zumeist ihr zwischen Öffentlichkeit und privater Sphäre liegender Salon. In diesem werden Ehen versprochen, gebrochen, verräterische Briefe versteckt, heimliche Telefonate geführt, Paare verkuppelt oder getrennt, Jugendsünden bereut oder freudig ans Herz gedrückt, hier wird gelogen, intrigiert und parliert, aber niemals – gearbeitet. Die Berufe der Handlungspersonen werden immer beiläufig erwähnt, außer aber, wenn das Image eines Berufs mehr Sex-Appeal hat als das eines gewöhnlichen Fabrikanten oder Ministers, wenn die Stücke also zum Beispiel im Dirigenten-, Startenor- oder Modeschöpfermilieu spielen. Künstlernaturen werden vorzugsweise auch nicht im bürgerlichen Salon, sondern im berufsgemäßen X-Stern-Hotel vorgeführt. Da die auf der Bühne dargestellten Personen in erster Linie Muße haben, sich weder mit Existenzproblemen noch mit Broterwerb herumschlagen müssen, bleibt ihnen eine Menge Zeit zum Reden. So nehmen ihre Sätze eine verfeinerte Form an, einer versucht den anderen an Witz und Schlagfertigkeit zu übertreffen. Wer das Wort beherrscht, beherrscht den Salon. Sätze aus „eigener Produktion" werden gerne mit Zitaten aus bekannten Werken, meist philosophischen Inhaltes oder solchen, die der Weltliteratur zugeordnet werden, aufgeputzt und veredelt. Die Verfertigung von Bonmots (elegant und knapp formulierten Kurz-Schlüssen) zeichnet die Handlungsträger besonders aus.

Boulevardkomödien sind detailliert ausgestattet, die Kostüme sind bis zum letzten Accessoire komplett, daher werden die Figuren als Vertreter einer realen Welt verstanden. Sie spiegeln die Werte und Moral der bürgerlichen, industrialisierten Gesellschaft wider. Der Großteil der Stücke ist von Männern geschrieben, die das Prinzip der Arbeitsteilung zwischen Frau und Mann aus ihrer Sicht darstellen. Der Gegensatz von Ruhe und Stille als Eigenschaften des häuslichen Raumes, dem die Dynamik und die Aggression der Außenwelt gegenüberstehen, führt zu einer Zuordnung von männlichen und weiblichen Wesensbesonderheiten. Die Frau wird überhöht, zur unerreichbar edlen Frau stilisiert oder zum Sexualobjekt degradiert, wenn sie dem positiven Frauen-Bild nicht zu entsprechen vermag. Die verheiratete Frau wird uns als Vertreterin eines stets positiven Frauenbilds präsentiert und ist in mehreren Varianten dargestellt: Gattin – Dame – Ehefrau – Patentmädel – Luxusgeschöpf. Die unverheiratete Frau auf ihrem Weg in die Liebe, der meist mit der Ehe endet,

Kammerspiele 1990: Gideon Singer und Gudrun Velisek

wird in variierten Bildern vorgestellt: Hexe – Fee – Kameradin – Edelprostituierte – die Besondere – die Alljährliche – die Außenseiterin.

Frauen, die sich über oder unter dem heiratsfähigen Alter befinden, stellen in diesem Genre, das zum Großteil die Ehe zum Thema hat, Randgruppen der Dramatik dar: die jüngere Frau (Tochter – Schwester – Angestellte) oder die ältere Frau (die Edle – Schwiegermutter – Kupplerin – Freundin der Dame – Hausfaktotum).

Begeht der Ehemann einen Seitensprung und kehrt zurück, so tritt folgendes Handlungsschema in Kraft: Er wird durch List, durch passives Ausharren oder mit Hilfe einer dritten Person zurückgewonnen. Während „seine" Seitensprünge keiner Begründung bedürfen, werden den Betrügereien der Ehefrauen konkrete Motive unterlegt. Zur Auswahl stehen da:

– das erzieherische Motiv, um eine Verhaltensänderung des Mannes zu bewirken
– der Wunsch nach einem Neubeginn mit einem anderen Mann
– Nostalgie, der Seitensprung wird zum Ausflug in die bessere (voreheliche) Vergangenheit

In Molnars Komödie „Delila" wird die Widersacherin mit einer Geldspende aus dem Weg geräumt, die Großzügigkeit der Ehefrau stellt sich so unter Beweis. Die Ehefrau, die „hohe Frau", setzt ihre Energie ausschließlich für die Aufrechterhaltung der Ehe ein, die trotz des konventionellen Älterseins des Mannes im Grunde Strukturen einer Mutter-Sohn-Beziehung aufweist. Die Gattin hält sich selbst mit vierzig Jahren für eine ältere Frau und nimmt selbstverständlich hin, daß ihr Mann sexuellen Reizen anderer, jüngerer Frauen nicht widerstehen kann. Sie bemüht sich jedoch nicht um die Zurückgewinnung der Zuneigung ihres Mannes, sondern ihr Bestreben ist danach ausgerichtet, den Weiterbestand der Ehe zu sichern. Die Rivalin kann als unverheiratete Frau im heiratsfähigen Alter nur unanständig sein und fällt unter das Klischee der „niederen Frau", das durch die Wahl ihres Berufes – sie ist Serviererin – unterstrichen wird. In Jacques Devals Stück „Geliebter Schatten" negiert eine Ehefrau ihre Körperlichkeit sogar so weit, daß sie als „Geist" in Erscheinung tritt, um den Mann zurückzugewinnen. Auch hier hilft eine handfeste Geldspende. Die Fiktion der „hohen Frau" geht hier bis zur „Entmaterialisierung", der jedes Fleisch negierenden Darstellung des unfleischlichen, positiven Frauenbildes. Der Autor schreibt:

> „...sie ist trotz ihres Alters, 35, jung, edel und unberührt.
> Ihr steht die Widersacherin gegenüber: ... ein schönes
> 25jähriges Mädchen, selbstsicher bis zur Unverschämtheit, keine
> Dame, aber auch nicht vulgär ..."

Der Plan der Rivalin – sie ist die Privatsekretärin des Mannes – den erarbeiteten Aufstieg in die feine Welt durch Heirat gesellschaftlich zu festigen, scheitert ...

Das Lustpiel „Das Reibeisen", in der Spielzeit 1976/77 118mal gespielt, variiert das Bild der Gattin: Sie ist „sexuell schlecht bedient" (Äußerung eines Freundes des Ehemannes und der Gattin selbst), daher leitet das Erfolgsautorenteam Barillet/Grédy ihre grobe, launische Art ab. Als Gattin eines Künstlers dient sie dazu, ihm „Mädchen vom Hals zu schaffen". Die Rivalin erfährt ein Boulevardschicksal. Sie verwandelt sich dank der freundlichen Ratschläge der Ehefrau in eine annehmbare Frau und verzichtet auf Attribute einer erfolgreichen Journalistin: Sie legt die Nickelbrille ab! Auch ihr Intellekt bleibt nicht unangetastet: Ein Artikel für eine emanzipierte Frauenzeitung strotzt von orthographischen Fehlern.

Eine Ehefrau ist immer gepflegt, hübsch, damenhaft, elegant, und ihr Alter schwankt zwischen 35 und 45. Sie fühlt sich durchwegs alt und sexuell unattraktiv. Der Seitensprung des Mannes ist für sie ein erklärbares Phänomen. Ihre „Rivalinnen" haben alle einen Beruf, da sie aus einem niedrigeren sozialen Niveau als die Ehefrau stammen; als Eigenschaften werden ihnen Härte, aggressive Geschlechtlichkeit und der Wunsch nach Aufstieg zugeschrieben. Diese Ambitionen, die bei Männern positiv bewertet werden, lassen diese Rivalinnen den Kampf um den Mann letzten Endes verlieren.

Der Handlungsablauf selbst ist sehr vom sozialen Umfeld der Frau abhängig. Ein ebenbürtiges Milieu erlaubt die Heirat, ein Milieu am Rande der Prostitution oder ein „besonderes" Milieu machen Liebe mit Trauschein unmöglich. Junge Frauen aus dem Milieu der Halbwelt eignen sich ebenfalls zur Ehefrau: Ihre Herkunft wird verklärt, es „menschelt", und der Erkorenen wird durch ihren kindlich-naiven Charakter und vor allem ihren Anpassungswillen der Aufstieg ermöglicht. „Innere Sauberkeit" und „vornehme Zurückhaltung" helfen da mit, Mißverständnisse zwischen den Liebenden und die mangelnde Lernfähigkeit der Frauen können die Hochzeit noch verzögern. Bis dahin gilt der Beruf der Frau als Übergangsbeschäftigung.

Die ältere Frau ist gerade so alt, daß sich die Generation ihrer Kinder im heiratsfähigen Alter befindet. Sie ist unverheiratet, hat sie einen Liebhaber, so überläßt sie ihn im Laufe des Stückes ihrer jüngeren Gegenspielerin. Ihre Hauptaufgabe ist es, verzwickte Angelegenheiten zu regeln, ihre Funktion ist unterstützend und im Dienst der Gesellschaftsordnung der Boulevardkomödie. Die weiblichen Figuren haben untereinander eine klare Hierarchie: an der Spitze die verheiratete Frau, dann die unverheiratete Frau, die unverheiratete jüngere Frau und schließlich die ältere Frau, die als nicht mehr gebärfähig die Handlung abrundet.

An Form und Inhalt der Boulevardkomödie hat sich bis heute wenig geändert. Serienerfolge aus den fünfziger Jahren werden wiederholt, neue, nach altem Strickmuster angefertigte Komödien hinzufabriziert. Die Kassen des Lachtheaters klingeln weiter auf Kosten eines verbogenen Menschenbildes. Die Unterhaltungsindustrie hat große Teile dieses Genres kopiert, über Frauenklischees wird nicht nur im Theater gelacht, Fernsehanstalten haben diese Zerrbilder noch simpler und einprägsamer geschäftstüchig in ihre Unterhaltungsprogramme integriert.

Wenn immer möglich, halten wir die Augen niedergeschlagen

Das Leben hinter Klostermauern

In der Öffentlichkeit wird die Frage nach dem Sinn des Zölibats für Priester als Dauerbrenner gestellt. Dabei steht sexuelle Freiheit der Männer, die sich der Kirche versprochen haben, im Mittelpunkt der allgemeinen Besorgnis. Was in den meisten Diskussionsrunden unerwähnt bleibt, sind die Entbehrungen von Frauen, die hinter den Mauern eines Klosters leben. Die Psychologin Friederike Lenzeder hat in einer psychologischen Untersuchung über Ordensfrauen die Umstände des Ordenslebens beschrieben.

„Die Orden in der Katholischen Kirche sind Institutionen, deren Mitglieder sich durch Gelübde verpflichten, außer den alle Katholiken verpflichtenden Gesetzen auch die sogenannten Evangelischen Räte zu befolgen. Diese Evangelischen Räte sind Gehorsam, Armut und Ehelosigkeit.

Seit dem 13. Jahrhundert (Thomas v. Aquin) war die Bezeichnung ‚Stand der Vollkommenheit' (status perfectionis) für den Ordensstand gebräuchlich, ein Terminus, der in offiziellen Dokumenten der Kirche bis heute Verwendung findet. Der Großteil der heutigen katholischen Frauenorden ist im 18. und 19. Jahrhundert als sogenannte religiöse Kongregation entstanden. Diese religiösen Kongregationen sind Genossenschaften ähnlich den alten Orden, die aber neben dem allgemeinen Ziel des Ordenslebens, nämlich der Nachfolge Christi und dem Streben nach Vollkommenheit, sehr stark einen spezifischen Sonderzweck, etwa Erziehung oder Krankenpflege, betonen. Ein relativ kleiner Prozentsatz der über zehntausend Ordensfrauen lebt in den sogenannten Beschaulichen Orden, die kein äußeres Postulat bzw. keine karitative Tätigkeit ausüben, sondern ausschließlich ein intensives Gebetsleben im Kloster führen. Der eigentlichen und endgültigen Aufnahme in einen Orden geht nach dem kirchlichen Recht eine mehrjährige Prüfungs- und Vorbereitungszeit voraus: das Postulat, das Noviziat und die dreijährige Zugehörigkeit zum Orden mit nur zeitlicher Profeß. Erst nach dieser Vorbereitungszeit darf die sogenannte Ewige Profeß abgelegt werden. Das Postulat stellt die erste vorgeschriebene Probezeit dar und soll mehrere Monate dauern. In dieser Zeit sind Austritte ohne Formalitäten möglich.

Dem Postulat folgt das Noviziat. Es beginnt mit der Einkleidung, einem Aufnahmeritus mit einer Einkleidungszeremonie. Das Noviziat dauert mindestens ein Jahr. In dieser Zeit werden die Novizinnen von der Novizenmeisterin in das klösterliche Leben eingeführt. Das Noviziat wird mit der Ablegung der Gelübde auf drei Jahre beendet. Nach Ablauf dieser Zeit wird die Ewige Profeß abgelegt, wodurch die volle und dauernde Zugehörigkeit zur Ordensgemeinschaft konstituiert wird."

Wie sehen die Nachfolge Christi, die Vollkommenheit für die Frauen aus? Konstitutionen und Direktorien tätiger Frauenorden legen fest:

„Zuweilen wird den Schwestern nützlich sein zu bedenken, daß sie die eigentlichen Gründe eines Befehles nie erfahren, weil es den Oberen nie erlaubt ist, sie mitzuteilen, und daß es ihnen niemals notwendig ist, sie zu wissen. Privatfreundschaften mit Mitschwestern, Zöglingen und allen weltlichen Personen sind, weil der Tugend der Keuschheit gefährlich, verboten, im Umgang untereinander sollen sich die Schwestern großer Ehrerbietung und Sittsamkeit befleißigen, sich keine ungeziemenden Ausdrücke, mutwilligen Scherze, Liebkosungen und unnötigen Berührungen erlauben. Da vieles Sprechen selten ohne Sünde abgeht, das Stillschweigen aber zur Bewahrung der Sammlung und der Liebe sehr viel beiträgt und zudem ein ausgezeichnetes Mittel ist, sich in der Selbstüberwindung zu üben, sollen es die Schwestern zu der festgesetzten Zeit pünktlich einhalten. Wenn immer möglich, halten wir die Augen niedergeschlagen, bescheiden sei die Körperhaltung, bescheiden der Gang, weder zu hastig noch zu schleppend, sondern gemäßigt. Die Schwestern dürfen für gewöhnlich ihren Eltern oder in Ermangelung derselben ihren Verwandten zu ihrem Namenstag und zu Neujahr schreiben. Außerdem noch, wenn nach der Ansicht der Oberin eine wichtige Pflicht der Nächstenliebe zu erfüllen ist. Wenn eine Schwester eine Erlaubnis zu einem Brief erhalten hat, so darf sie nicht mehrere schreiben. Sie bringt den Brief offen der Oberin. Ohne neue Erlaubnis darf sie in den bereits gelesenen Brief keinen Zettel mehr hineinlegen. Zeitungen zu lesen ist ausdrücklich verboten. Es wäre auch sehr nachträglich für den Geist der Sammlung und des Gebetes, sich mit Dingen zu beschäftigen, welche in der Welt vorgehen. Müssen sie bei Reisen oder Ausflügen mit Zöglingen im Gasthaus etwas essen, so setzen sie sich etwas abseits von anderen Gästen und vermeiden dabei lautes Sprechen, Lachen und dergleichen."

Ein in vielen Klöstern verwendetes Erbauungsbuch ist „Die wahre Braut Christi". Darin heißt es: „Die Luft in der Welt ist verpestet und seelengefährlich. Wer sie einatmet, fällt leicht in geistliche Krankheit." Wie erleben Frauen diese Zeit? Eine Ordensfrau berichtet nach acht Jahren über ihr Leben:

„Im Noviziat galt es, klösterliches Benehmen in all seinen Formen zu lernen. Ich konnte nicht richtig gehen, sitzen, sprechen. Weltliche Manieren mußten abgelegt werden. Bei diesem Prozeß entstand in mir eine große Unsicherheit. Ich wollte alles recht machen, aber das Einfachste war falsch. Großer Wert wurde auf äußere Haltung gelegt. Die Hände durfte man nicht lässig herunterhängen lassen. Den Kopf mußte man etwas geneigt halten, um nicht stolz zu erscheinen. Jede Stufe der Stiege mußte benutzt werden, ich aber wollte über zwei und drei Stufen springen. Mit gekreuzten Beinen durfte man nicht sitzen. Sessellehnen wurden nicht benützt. Die Hände durfte man nicht in die Kleiderärmel verschränken. In die Kapelle gingen wir gemeinsam. Selbstverständliche Dinge wurden auf einmal sehr kompliziert. Die Benutzung des Bades war alle 14 Tage erlaubt. Man mußte bitten, sich den Kopf waschen zu dürfen. In der Kapelle und im Noviziat wurde der Boden geküßt (Ehrfurcht). Ich tat es, weil es alle taten. Alle Weisungen und Informationen wurden kniend entgegengenommen. Sehr viel hat es mir ausgemacht, der Novizenmeisterin die Hand küssen zu müssen.

Samstag war Aufräumtag. Sehr oft mußte der Boden zwei- bis dreimal gekehrt werden, es wurde immer wieder Staub gefunden. Für eine zerbrochene Kaffeetasse mußte ich mich dreimal entschuldigen. Erst beim dritten Mal wurde ich angehört. Sinnlos fand ich es, mich entschuldigen zu müssen, wenn der Wind eine Tür zuschlug, die aus Versehen offengeblieben war.

Für die Freizeit herrschte der Grundsatz: Wir schenken uns dem Herrn mit allen unseren Fähigkeiten, Kräften und auch mit der Zeit. Der Tagesablauf war strikte geregelt. Es gab wenig Muße. Ich empfand es oft bitter, mich nicht zurückziehen zu können. Denn das gab es nicht. Ich sprach einmal in der Woche bei der Novizenmeisterin vor, ob wir nicht einen halben Tag in der Woche zur Erledigung privater Sachen benutzen dürften. Daraus wurde nichts, wir hatten eben nichts Privates zu erledigen. Anhänglichkeit an einen Menschen war nicht erwünscht. Wenn man öfter mit einer bestimmten Mitschwester redete oder bei ihr saß, wurde das

Veranstaltung im erzbischöflichen Palais

unterbunden. Gleich war man im Verdacht einer persönlichen Bindung. Man wird durch alles so unsicher, daß man alles verkehrt macht. Man fühlt sich beobachtet, weiß aber nicht, wie man es richtig machen muß.

Unsere Lektüre beschränkte sich auf den Katechismus, die Bibel und ein paar Heiligenbücher im Schrank. Kirchenblatt und Tageszeitung bekamen wir nie zu lesen. Ich war nicht unglücklich in diesem Zustand der Abhängigkeit. Ich glaubte, im Kloster ist das eben so. Erst in den letzten Jahren ist mir klar geworden, daß diese Erziehungsmethode doch nicht ganz richtig war. Die Betonung auf Opfer, Verzicht und Entsagung war groß. Es gab wenig Konfrontation mit der Wirklichkeit. Es wurde alles von uns ferngehalten, was uns hätte stören können. Für das spätere Ordensleben war das schlecht. Wir wurden zum Schweigen erzogen, es gab keine Aufforderung zu Dialog und Gespräch. Auch wenn uns manches unverständlich war, gab es keine Kritik.

Ich nahm diese Vorgeformtheiten und Verhaltensmuster an, weil ich Schwester werden wollte. Es ist mir nicht alles leichtgefallen. Eigentlich berichte ich das alles nicht so gerne, sehe ich doch einen großen Mangel in diesem Erziehungssystem, das autoritär und diktatorisch ist. Heute weiß ich, daß uns unbewußt vieles menschlich Wichtige vorenthalten wurde. Damit man in diese Rolle hineinpaßte, wurde eben ge- und beschnitten, manchmal auch menschlich Gesundes. Die Individualität der einzelnen Schwester wurde zu wenig berücksichtigt. Vielleicht ist es von daher verständlich, warum ich manchmal einen komischen Eindruck mache und mich nicht zu geben weiß." *

Wo immer Frauen verantwortungsvolle, auch kirchliche, Aufgaben übernehmen wollen, wird dieses Anliegen aus Besorgnis um die Würde der Frau unterbunden. Obwohl die Jungfrau Maria im Neuen Testament eine untergeordnete Bedeutung hat, findet im Lauf der Jahrhunderte die „Dämonisierung" des weiblichen Körpers in der Verherrlichung Mariens und der Ausbreitung des Marienkultes ihr Gegenstück, der vielzitierte Paulus erwähnt sie nicht einmal. Da spielt Maria Magdalena eine bedeutendere Rolle. Auch die wesentliche Jungfrauengeburt bezieht sich in erster Linie auf ihren Sohn Jesus und soll eigentlich betonen, daß diese Geburt nicht Werk der Menschen, sondern Werk Gottes ist. Auch wird prinzipiell nach der Geburt von Jesus ein normales sexuelles Leben von Maria und Joseph angenommen, es ist sogar von Brüdern und Schwestern Jesu die Rede. Erst langsam entwickelt sich eine „Marialogie". Im 4. Jahrhundert, als sich eine steigende Sexualfeindlichkeit verbreitet, wird Maria zunehmend wichtiger und ihre Jungfräulichkeit als biologisch interpretiert. Marias Leib wird unberührt, die Brüder Jesu werden zu seinen Vettern. Spekulationen über die Empfängnis selbst, ob sie durch Mund, Ohr oder Nase geschehen sei oder ob Gott die wichtige Unversehrtheit nach der Geburt durch sein Eingreifen wiederhergestellt habe, werden angestellt.

1854, nach jahrhundertelanger Umdeutung, wird schließlich das Dogma von der unbefleckten Empfängnis verkündet. Ein weiteres Attribut Mariens ist der Titel „Gottesgebärerin", der ihr bereits 431 auf dem Konzil von Ephesus verliehen wurde. Hier nimmt die Marienverehrung, die Maria ähnlich einer Göttin anbetet, ihren Anfang. Sie ist Sinnbild für Mütterlichkeit und Gnade. Sie breitet schützend ihre Arme über die Menschen, während Gott und Jesus eher als strenge Richter erlebt werden. Der Marienkult dient vor allem zur Verdrängung heidnischer Göttinnenkulte, viele Marienheiligtümer sind umgewidmete Göttinnentempel, der 15. August war früher der Feiertag der Artemis.

---

* Friederike Lenzeder, Personale Reife und Klosterleben

Kann denn Liebe Sünde sein?

Die Nachkriegszeit ist eine prüde Ära. Katholische Aufklärungsschriften warnen noch immer vor den Verlockungen des Fleisches, die Jugendlichen werden auf Gefahren und Versuchungen hingewiesen. Schuldgefühle und ein falsches Bild von Partnerschaft werden gepflegt: Sexualität ist Sünde. Wenn es schon sein muß, könne man sich in der Ehe nackt sehen, dort sei dann der Mann der aktive Teil, die Frau passiv, wartend und empfangend. Die Frau als fühlender und begehrender Sexualpartner ist kein Thema. Viele Frauen, die in den fünfziger Jahren erste Erfahrungen machen, halten Sexualität für eine Männersache, das „verbotene" Gefühl zu ihrem Körper kennen sie kaum.

Erst die Aufklärungswelle und die Verbreitung der Pille ändern alte Tabus. In den Zeitschriften taucht das „Recht der Frau auf den Orgasmus" auf, aus Petting wird Geschlechtsverkehr, die Pille ermöglicht dies. Diese „sexuelle Revolution" findet jedoch keine der weiblichen Sexualität tatsächlich entsprechende Darstellung. Artikel über dieses Thema sind im Grunde trivial, geil und nicht gerade frauenfreundlich. Wie gehen Paare mit dieser „modernen Sexualität" um?

Die meisten Frauen schätzen sich körperlich als nicht schön ein, schon als kleine Mädchen finden sie, daß ihr Haar nicht die richtige Farbe hätte, sie zu dick oder zu dünn sind. Oft bedarf es eines lebenslangen Lernprozesses, den eigenen Körper anzunehmen und zu mögen. Doch während der jahrhundertelangen Verdrängung der Geschlechtlichkeit haben auch Männer den Zugang zu ihren Gefühlen verloren. Im alten Rollenbild waren sie der „Geist" und eigentlich nur von den Frauen daran gehindert, ihre Geschlechtlichkeit hinter sich zu lassen. So wie die Frauen ihr Begehren verdrängten, vergaßen die Männer ihre Liebesfähigkeit. Sie verwechseln Liebe mit Sexualität und legen größten Wert auf ihre Potenz, man redete ihnen ein, daß es „funktioniere", auch ohne innere, emotionelle Beteiligung. Wie wenig Platz Liebe innerhalb der Ehe hatte, zeigt die Tatsache, daß erst 1930 Liebe zu den Ehezwecken gezählt wird und seit dem Zweiten Vatikanum der erste Ehezweck ist.

Frauen haben für sich eigene Möglichkeiten des Auswegs aus der ehelichen Pflicht gefunden. Viele wurden kränklich, litten an Migräne, an nicht genau definierten Unpäßlichkeiten und jahrhundertelang unheilbaren Frauenleiden. Männer fanden sich schließlich ab, vor allem nach der Geburt von Kindern wichen sie auf Dienstbotinnen, Prostituierte oder Mätressen aus. Auch Sigmund Freud legte sich auf den Mythos der natürlichen Leidenssucht und der wesensbedingten Hingabe der Frauen fest. Das Lustorgan der Frauen, die Klitoris, wertete er als Übergangsorgan, von dem die Frau ihre Lust auf die Vagina übertragen müsse, ab. Denn nur dort sei der Platz der reifen, hingebungsvollen Sexualität. Auch wenn Freud zugeben mußte, daß „Frauen ein dunkler Kontinent" sind, untermauerte er mit seiner Psychoanalyse, daß Frauen sexuell weniger interessiert als Männer seien und ihr Ziel in der Mutterschaft, nicht in der sexuellen Erfüllung liege.

Frauen starben an einem Zuviel an Schwangerschaften, das Begehren des Mannes war mehr Last als Lust. Bis heute wirkt diese Frauengeschichte noch weiter. Dieses weibliche Erbe lastet auf der Sexualität; viele wagen es nicht, sich ihren Männern zu verweigern, finden nie zu ihren geschlechtlichen Bedürfnissen. Lustlosigkeit ist die Folge.

Im August 1987 wird der damalige Wiener Weihbischof Krenn gefragt, wie er zu einer Abtreibung stehe, wenn eine Frau bei einer Vergewaltigung geschwängert wird. Er spricht den Frauen das Recht zur Abtreibung ab.

Überglücklich und geschieden

Von Heimkehrern und Strohwitwen

Die Gesamtzahl der Kriegsgefangenen betrug 1,200.000. Viele Männer waren unterernährt und nach ihrer Heimkehr arbeitsunfähig. Noch ein Jahr nach Kriegsende warteten 700.000 Frauen auf ihre Männer. Die jahrelange Entfremdung löste zahllose Scheidungen aus. Bei vielen Männern, die lange im Krieg waren, wurde ihre Frau zur Idealgestalt, sie rechneten nicht damit, daß sie diese Frau verändert, oft durch die Strapazen des Kriegs gealtert vorfinden würden: Selbständiger geworden, hatten sich Ehefrauen oft eine neue Beziehung mit einem anderen Mann aufgebaut.

„Die Frauen sind überglücklich, wenn ihre Männer plötzlich vor der Türe stehen – jedoch sie erkennen ihre Männer kaum mehr wieder. Sie sind abgemagert, weiß und nicht gesund. Wie werde ich ihn wieder zu Kräften bringen, wie helfe ich ihm, über das Gewesene hinwegzukommen?"

Liebesglück?

In den zu allen Zeiten „hilfreichen" Frauenzeitschriften wird den Frauen nahegelegt, ihre eigenen Wünsche zurückzustellen und mehr auf die Männer einzugehen. Und die Männer?

> „Sie denken nicht daran, was die Frau in der Zeit des
> Alleinseins zu ertragen hatte, was sie geleistet hat. Sie
> sehen nur, daß sie älter geworden ist. Und in der Angst, die
> letzten Jahre des eigenen Jungseins zu versäumen, suchen und
> finden sie eine andere – offen manchmal, meistens heimlich."

(Die Frau, Nr.40/2 Jg, 5. 10. 1946, S 1f.)

Die Rückkehr der Männer betrifft Frauen sehr unterschiedlich: Viele sind von „Ehelosigkeit" betroffen. Alleinstehende Frauen werden zur Bedrohung für untreue Familienväter. Auch sind Kriegerwitwen finanziell sehr schlecht gestellt. Nach dem Krieg können Frauen bei der Gebietskrankenkasse eine Witwenrente beantragen, sie verlieren dieses Geld aber, wenn sie wieder heiraten oder arbeiten. Viele Frauen arbeiten daher schwarz oder gehen eine „Onkelehe" ein. Zehn Jahre nach dem Krieg leben 92.000 Kriegswitwen in Österreich. Doch anstatt die sozialen Schwierigkeiten von „Singles" in den Fünfzigern zu beheben, gibt es jede Menge guter Ratschläge, einen Mann zu finden. Die vollständige Familie wird eben als Idealfall gesehen. Die Alleinstehenden sind bald diskriminiert, von der Norm abweichend. Von 1.000 Frauen bleiben 300 ledig, Fürsorgeberufe zur Überbrückung werden angeraten, mütterliche Fürsorge scheint jede Frau parat zu haben. Auch Beziehungen zu Besatzungssoldaten machen die Heimkehr des Ehemanns problematisch, das Leben der Frauen ist nicht mehr auf ein Schicksal an der Seite eines Mannes fixiert.

„Die mütterliche NORMALITÄT besteht darin, NICHT zu sein."

(Christina von Braun, Nicht ich, ich nicht. Logik, Lüge, Libido, Verlag Neue Kritik, Frankfurt/M., 1985)

„Wenn Teenager träumen ..."

Der Baby-Boom

In den sechziger und siebziger Jahren erreicht der Anteil der verheirateten Mütter an der weiblichen Gesamtbevölkerung seinen historischen Höhepunkt. Es kommt zum Baby-Boom, 1963 ist das Spitzenjahr mit neugeborenen Österreichern. Als Ideal gelten zwei Kinder pro Familie. Die Volkszählung von 1981 ergibt, daß 97% der Geburtenjahrgänge von 1940 geheiratet haben. Das ist der höchste Wert, den eine Generation jemals erreicht hat.

„Warme Temperaturen, lachender Sonnenschein, als Vorboten des Frühlings, locken auch im Jänner groß und klein hinaus ins Freie."

Besonders ausgeprägt ist der Wunsch nach einer frühen Familienplanung, wenn sich die Berufswünsche der Frauen nicht erfüllen.

> „Ja, ich hab eine Zeitlang sehr geschwärmt von einem Kind,
> aber ich glaub, das hat mit meiner Arbeitslosigkeit zu tun
> gehabt. Ich wollt einfach nicht so viel allein sein, ich
> wollt eine Beschäftigung. Ich mein, da bin ich erst in
> letzer Zeit draufgekommen, daß das für mich eine Lösung
> gewesen wär, eine unbewußte Lösung: Daß ich für wen da bin!
> Daß ich nicht völlig unnötig bin!"

Als optimal wird eine gute Partie angesehen. Es wird chic, sich eventuell einen „Millionär zu angeln", durch Schönheitstips wie Mirodent-Gum (Kaue deine Zähne gesund) oder Plasto-Stein (Deine Brust wird verschönert) hoffen Frauen, ihre körperlichen Mängel zu beheben. Die Karriere-Girls werden mit Lippenstiften von Margaret Astor und Nylonkleidern (in Tupf und Blumenmustern) ausgestattet. Oberflächlich betrachtet wird alles frecher, amerikanischer, jugendlicher, sexy, reicher und erfolgversprechender. Dieser Trend, erfolgreich und flott zu sein, steht nicht im Widerspruch zur konservativen Erziehung und Haltung der Gesellschaft. Die Rollenbilder werden nicht angetastet. So hat das Wort Anstand, in zahlreichen Büchern gepflegt, große Bedeutung. Genau festgelegte Manieren erhalten die soziale Ordnung, eine makellose, beherrschte Gesellschaft übertüncht beiläufig die Zeit des Nationalsozialismus, die Kriegsverwüstungen und die Ausrottung eines Teils der österreichischen Bevölkerung.

> „Der Herr rückt der Dame den Stuhl zurecht, nimmt selbst Platz,
> liest ihr die Speisekarte vor und fragt sie nach ihren
> Wünschen. Täte der Herr dies nicht und überließe er die Speisekarte der
> Dame, so wäre diese genötigt, bei der Auswahl den Preis zu
> beachten, was ihrem Begleiter peinlich sein müßte. Eine Dame,
> die in Herrengesellschaft die Speisekarte studiert, wirkt
> unelegant, der Herr aber, der das zuläßt, als ‚Waschlappen' ... sie darf
> mit dem Bedienungspersonal nur über den Herrn verkehren",

empfiehlt Willy Elmayer 1957 in seinem Klassiker „Gutes Benehmen wieder gefragt". Gutes Benehmen wird zum Ausdruck der Aufstrebenden, der Umgang mit „Vornehmen" wird aus dem 19. Jahrhundert konserviert. Frauen werden farbloser und unselbständiger, der Begleiter dirigiert sie, ist in der Öffentlichkeit präsent und gestaltet den Abend. „Wenn Teenager träumen, eine

„Wahl der typischen Wienerin", 1955

große Dame zu werden", singt Peter Kraus. In den Fünfzigern wird um Positionen in der Gesellschaft gerungen. Andererseits erfaßt viele Jugendliche ein Unbehagen über die geforderte Anpassung.

Der Druck auf Frauen ist stark. Moralvorstellungen wie „Nichts ziert Frauen mehr als Zurückhaltung", gleichzeitig die Behandlung als sexuelles „Objekt", die ständige Angst vor unerwünschten Schwangerschaften lassen viele in die Ehe flüchten. Die katholische Kirche und zahlreiche „Sachbücher" mischen hier mit:

> „Es geht ... beim vorehelichen Geschlechtsverkehr in der
> Seele des Mannes etwas vor sich, das für seine spätere Ehe
> verhängnisvoll ist: Seine Ehrfurcht vor dem Mädchen und der
> Frau wird zerstört",

schreibt Hans Wirtz in seinem Bändchen „Liebe lernen für die Ehe" 1956. Die fünfziger Jahre sind eine Zeit des altmodischen Festhaltens an Vorstellungen wie Religion, Sauberkeit, Familie und Heimat. Der Krieg und die ungewisse Zukunft lassen die Menschen an diesen Werten festhalten. Der wichtigste

Ort der Geborgenheit bleibt die Familie, auch nach deren Mißbrauch durch die nationalsozialistische Familienpolitik. Luise Rinser schreibt in ihren Erinnerungen:

> „Die alte muffige Welt, die Vorkriegsbürgerwelt, die wurde still und unaufhaltsam wieder aufgebaut, als sei nichts gewesen ..." *

Obwohl es in der Realität eine hohe Scheidungsrate gibt, bleiben die alten Rollenklischees hartnäckig, alte „angeborene Wesensmerkmale" von Frauen werden in Lesebüchern, Romanen und Filmen konserviert. Der Lebensweg der meisten Frauen, Kinder zu gebären, ist in den fünfziger Jahren die Norm. Eine kinderlos gebliebene fünfzigjährige Frau beschreibt diese Zeit:

> „Ich mußte immer wieder erklären, warum ich kein Kind will. Ich hatte Schuldgefühle der Gesellschaft gegenüber, weil ich keine Kinder habe. Weil ich bin ein Monster: eine Frau, die kein Kind will und keine Begründung dafür hat, außer daß sie sagt, sie hat diesen Wunsch nicht. ‚Haben Sie denn Kinder nicht gern?' Dann sag' ich: Das hat damit nichts zu tun, ich hab Kinder wahnsinnig gern." **

Als die österreichische Wirtschaft in den späteren sechziger Jahren konjunkturbedingt gerne auf die Frauenarbeit zurückgreift, wird ein neues Rollenideal geschaffen: die autonome, effiziente, rationale Karrierefrau, der es gelingt, Beruf, Haushalt, Ehe und Kinderbetreuung klaglos zu organisieren. Wissenschaftliche Untersuchungen beweisen es: Berufstätige Mütter sind bessere Mütter, selbstbewußter, weitaus flexibler als Nur-Hausfrauen. Hauptsache ist, eine gute Mutter zu sein, denn die Dreifachbelastung ist nur eine Frage der Einteilung!

---

* L. Rinser, Den Wolf umarmen, 1981
** aus: Monika Pelz, Kinderlosigkeit – eine lebenslange Entscheidung. In: Frauen, die sich keine Kinder wünschen, Reihe Frauenforschung Band 8, Wiener Frauenverlag, 1988

„Österreich stirbt aus, wenn das
so weitergeht und wir dieses
Grundrecht nicht in die Verfassung aufnehmen." *

Aufbruch und Wende

Über österreichische Frauenpolitik

Nach den Wahlsiegen der Sozialisten kommt Anfang der siebziger Jahre neuer Schwung in die Frauenpolitik. Der Erfolg Bruno Kreiskys, seine Wahlversprechen und Aufgeschlossenheit beeindrucken. Er nimmt sich längst notwendiger Reformen an und signalisiert die Bereitschaft, Frauen einen gleichwertigen Platz in der Gesellschaft zu ermöglichen. Soziale Maßnahmen wie Karenzgeld oder Sondernotstandshilfe für alleinstehende arbeitslose Mütter zeigen neben dem sozialen Aspekt auch gezielte gesellschaftspolitische Hintergründe. Frauen, die ohne Trauschein leben, sollen von den Zwängen einer konservativen Gesellschaft befreit werden. Vor allem in der Familienrechtsreform werden fortschrittliche Signale verdeutlicht, auf dem Papier wird das „Oberhaupt der Familie" gestürzt, und der Begriff der partnerschaftlichen Ehe beteiligt den Mann nun offiziell und prinzipiell an der Arbeit im Haushalt und der Erziehung der Kinder. Beide Lebensgefährten sind verpflichtet, für den Unterhalt zu sorgen. Auch muß eine Frau ihrem Mann nicht mehr „Wohnsitzfolge" leisten, wenn „er" einen neuen Job an einem anderem Ort annimmt. In Österreich bahnt sich eine Revolution an: Ab 1977 können sich auch Väter Urlaub nehmen, um ihre kranken Kinder zu pflegen! Diese ersten Schritte zur Entlastung der Frau mögen noch zaghaft erscheinen, doch bewirken sie eine Debatte, die längst fällig ist: Es ist keine Selbstverständlichkeit mehr, daß Frauen Hausarbeit und Kindererziehung auf Jahrzehnte zu ihrem Lebensinhalt machen. Zwar gehen die meisten Mütter von Kleinkindern ohnehin einer bezahlten Tätigkeit nach, doch nehmen sie aufgrund ihrer Mutterrolle Jobs an, die ihren „Hauptberuf" möglichst wenig beeinträchtigen. Männer widmen sich ihrem Beruf, von häuslicher Arbeit fühlen sie sich nicht weiters gefordert. Die Doppelbelastung von Müttern ist toleriert, doch wenn es nun um eine der Berufstätigkeit der Frau angepaßtere „Reform der Familie" geht, wird der Verlust der Mütterlichkeit von konservativen Kräften beklagt.

---

* ÖVP-Politiker Andreas Khol über die Verankerung der Familie in der Verfassung, Falter Nr. 6/1988

Als Kreiskys Justizminister Christian Broda, dessen provozierende Formel „Gleichheit durch das Gesetz" für Aufregung sorgt, die Fristenlösung durchsetzen will, kommen Sozialistische Partei und Frauenbewegung einander nahe. Unterschriften-Aktionen und Demonstrationen zeigen der Öffentlichkeit die Entschlossenheit einer starken Frauenbewegung, die nicht mehr toleriert, daß Frauen für ihre Entscheidung, eine Schwangerschaft abzubrechen, kriminalisiert werden. Immerhin werden in den sechziger Jahren bis zu 300 Frauen jährlich wegen Abtreibung gerichtlich verurteilt. Besonders sozial schwache Frauen sind gezwungen, durch illegale, teure Eingriffe gesundheitliche Risken einzugehen.

Auch der in Männer- und Frauenberufe geteilte Arbeitsmarkt und die daraus resultierenden Lohnungleichheiten sind veränderungsbedürftig. Kontaktfrauen in den Arbeitsämtern sollen den Einstieg in neue Berufssparten erleichtern. 1979 wird das Gesetz über die Gleichbehandlung von Mann und Frau bei der Entlohnung beschlossen. Im Bundesministerium für Soziale Verwaltung sorgt eine „Gleichbehandlungskommission" für die Vermeidung dieses nun seit über hundert Jahren kritisierten Mißstands. Die bessere Entlohnung der „Kollegen" ist jedoch in vielen Berufsgruppen bis heute Tatsache geblieben, da die Arbeitgeber ein breites Spektrum an Vorwänden entwickeln, um Frauen schlechter zu bezahlen.

Als 1979 Johanna Dohnal, Anneliese Albrecht, Elfriede Karl, Franziska Fast und Beatrix Eypeltauer Posten als Staatssekretärinnen annehmen, überschlägt sich die Presse mit hämischen Bemerkungen über die politische Entscheidung, Frauen in das Kabinett aufzunehmen. „Wählerinnen-Stimmenfang", „linke Gesellschaftsveränderung" und „Zerstörung der Familie" werden dem Kanzler vorgehalten. Besonders schmerzhaft bleiben verächtliche Bemerkungen über das Aussehen der Politikerinnen im Gedächtnis. Journalisten lassen durchblicken, daß die Staatssekretärinnen „keine richtigen Frauen" oder lächerliche Emanzen unter Kreiskys Aufsicht seien. Das politische Signal, Frauen in der Innenpolitik selbstverständlich zu machen, verliert an Glanz und findet kaum Fortsetzung. 1983 wird Staatssekretärin Franziska Fast, die im Sozialministerium tätig ist, durch ein Referat zur „Wahrung der Fraueninteressen" ersetzt, dessen Durchsetzungsmöglichkeiten geringer sind. Auch Anneliese Albrecht verläßt die politische Bühne.

Doch so verdienstvoll die SPÖ in Frauenfragen ist, so wenig aufgeschlossen stehen Funktionäre praktischen Konsequenzen im eigenen Parteiapparat gegenüber. Zwar faßt der SPÖ-Bundesparteitag 1979 den Beschluß, die „Quoten-

Dohnal, Albrecht, Fast, Eypeltauer und Karl

regelung" innerhalb von zwei Jahren zu erfüllen, doch ein konkretes Ergebnis bleibt aus. 1985 versucht man einen neuen Anlauf: Frauen sollen solange in der Besetzung von Funktionen bevorzugt werden, bis ihr Bevölkerungsanteil von 50% berücksichtigt ist. Der Kompromiß: eine Quote von 25%. Doch nicht einmal die Mitgliederquote, die ein Drittel beträgt, wird erreicht. Das Ziel von einem kläglichen Viertel soll in acht bis zehn Jahren erfüllt werden ... In anderen Parteien werden Ziele dieser Art erst gar nicht gesetzt. Denn schließlich, so lautet das Argument, käme es nicht auf die Anzahl der politisch mitbestimmenden Frauen an, sondern auf ihre Leistungen für die Partei. Den vereinzelten Frauen in den Parlamentsfraktionen und Parteiapparaten stehen noch weniger Politikerinnen in den Ländern gegenüber. Nach den Innsbrucker Gemeinderatswahlen im September 1989 werden von den 3.312 Gemeinderatssitzen nur 100 an Frauen vergeben, das sind zirka 3%. In den 278 Gemeinden Tirols sind überhaupt nur in 69 Gemeinden Frauen vertreten. Davon sind aber in nur fünf Gemeinden drei Frauen, in 13 Gemeinden zwei Frauen in der Gemeindepolitik tätig. Auch in der alternativen, außerparlamentarischen politischen Szene sind Frauen unterrepräsentiert oder nur in der Anfangszeit an der Spitze zu finden. Einzig die „Grüne Alternative"-Bewegung hält sich ziemlich an die Quoten, wobei das Medienecho männlicher Wortmeldungen äußerst dominant ist.

Was bringt die „europäische Zukunft"? Auch in den EG-Ländern ist eine traditionelle Arbeitsteilung zu vermerken, Frauen sind in Bereichen des politischen Lebens kaum vertreten. Wenige „Stars" gelangen in Institutionen europaweiter Entscheidungen. Frauenpolitische Grundsätze sind in der Europäischen Gemeinschaft jedoch bewußt vertreten, werden sorgsam formuliert. Das Ausmaß der tatsächlichen Mitbestimmung in politischen Fragen wird sich erst in Zukunft zeigen, wobei sicherlich die Frauenpolitik der einzelnen Mitglieds-Staaten eine große Rolle spielen wird. Bis jetzt sind in den TV-Nachrichtensendungen über Brüssel durchwegs dunkle Anzüge zu sehen, die mediale Präsenz der Frauen liegt in der ehelichen Begleitung oder bei den Übersetzerinnen bei Konferenzen. Wirtschaftsfragen und Diplomatie sind hauptsächlich männliche Domänen. Erst wenn sich das ändert, werden Frauen im Apparat der EG auch außerhalb der „Frauenfragen" repräsentiert sein. Ändert sich das nicht in den nächsten Jahren, bleiben Frauen passive Europabürger, an deren Einkommensdiskriminierung sich trotz entsprechender „Papiere" der EG-Frauen wenig ändern wird. Das Thema „Gleichberechtigung" muß daher am Verhandlungstisch bleiben, sonst werden die „vier großen Freiheiten des Binnenmarktes" – Freizügigkeit des Kapitals, der Waren, Dienstleistungen und Personen – nur für wenige privilegierte Frauen von Bedeutung sein. Alarmierend sind eine rapid ansteigende Frauenarbeitslosigkeit und der Trend zur ungelernten Teilzeitarbeit, gar nicht zu reden von der unübersichtlichen internationalen Verflechtung von Kapital, das in rein männlicher Hand ist.

Auch in Österreich verschärft sich das soziale Klima für Frauen. Nach einer gezielt hervorgerufenen Medienschlacht über „Sozialschmarotzer" und dem Programm, die Budgetkonsolidierung als oberstes Ziel der Regierungsarbeit anzusehen, werden Forderungen von Frauen als nicht mehr aktuell empfunden. Zwar koordiniert ein Frauenministerium ressortübergreifende Frauenfragen, eine eigene politische Kultur geht von dieser Zentralstelle jedoch nicht aus. Nur die wichtigsten Probleme und Forderungen können erörtert werden, Personalmangel und Überlastung des Budgets beeinträchtigen die politische Schlagkraft. Für eine weitblickende Frauenpolitik auf möglichst breiter Basis bleibt da nicht viel Raum. Den Frauenabteilungen in den einzelnen Ministerien ergeht es ähnlich.

Nach dem Ende der sozialistischen Alleinregierung wird der Fortschritt deutlich gebremst, die kleine Koalition mit den Freiheitlichen und die große Koalition fordern ihren Preis. Der Schwung des Aufbruchs der siebziger Jahre ist längst dahin, nun werden einige wenige längst fällige Vorhaben realisiert, von Gesellschaftsveränderung ist keine Rede mehr. So müssen etwa Ehefrauen bei Kreditverträgen nicht mehr mit ihrem Vermögen haften, außereheliche Mütter erhalten automatisch die Vormundschaft über ihre Kinder. Seit 1989 ist die Vergewaltigung in der Ehe strafbar. Die beschämenden Debatten im Parlament bleiben jedoch im Ohr. Die allgemein bekannte Tatsache, daß Frauen auch innerhalb ihrer Familie sexueller Gewalt ausgesetzt sind, wird lächerlich gemacht: „Schreit sie aus Lust oder aus Schmerz", fragen sich Abgeordnete nicht nur im Scherz und argumentieren, daß Sex in der Ehe inbegriffen sei. 1983 beginnt sogar die Debatte über die Änderung der Fristenlösung aufs neue. Denn die „Familie" soll in sozialpolitisch schwierigeren Zeiten wichtige Aufgaben, die zunächst primär einem Sozialstaat zufallen würden, übernehmen. Nach amerikanischem Vorbild der „neuen Gemeinschaftlichkeit" sollen Frauen „Nächstenhilfe" organisieren, in freiwilligen Initiativgruppen öffentliche Kassen entlasten. In diese Richtung zielt auch der Wunsch der ÖVP, die Ehe und Familie in der Verfassung zu verankern, Mütterlichkeit für die Familie und den Staat lukrativ zu machen. Geplant ist, Karenzurlaube zu verlängern, Steuerbegünstigungen zu gewähren sowie Muttergeld und erhöhte Familienbeihilfe ab dem 3. Kind zu zahlen. Abtreibung soll in Zukunft von der Zustimmung des Mannes abhängig gemacht werden. Das deutliche Signal steigender Scheidungszahlen, immer mehr „Ehen" ohne Trauschein und niedrige Geburtenzahlen werden ignoriert. Wenn die Ehe zur verfassungsmäßigen Lebensform wird, würden andere Lebensformen – wie allein erziehende Elternteile, Geschiedene oder Homosexuelle – abgewertet werden.

Irgendwie satt

Frauenbewegung ab 1970

Der emanzipatorische Aufbruch der frühen siebziger Jahre erfaßt zunächst Frauen, die bereits in Parteien oder Organisationen tätig sind. 1969 entsteht in Wien ein Arbeitskreis „Emanzipation" im euro-kommunistischen „Offensiv Links", ein Jahr später ein weiterer in der Jungen Generation der SPÖ. Gemeinsam wird zum Muttertag 1971 eine Protestaktion für die Abschaffung des Abtreibungsparagraphen 144 organisiert. Die Frage der Abtreibung ist ein zentrales Anliegen der Frauen, die Arbeitsseminare und erste Aktionen durchführen. Die „Aktion unabhängiger Frauen" (AUF) wird in Wien gegründet. Der Slogan „Mein Bauch gehört mir" wird zum Bürgerschreck. 1973 haben die Aktionen der Sozialistinnen und autonomen Frauen Erfolg. Die Änderung des Abtreibungsparagraphen tritt 1975 in Kraft und bringt der Frauenbewegung enormen Aufschwung. Immer klarer tritt der Unterschied zwischen „alter" und „neuer" Frauenbewegung hervor. Betonte erstere die „natürliche Wesensdifferenz" zwischen Frau und Mann und machte sie zum Ausgangspunkt der politischen Forderungen, so stellt die moderne Frauenbewegung die gesamtgesellschaftlichen Verhältnisse in Frage, Rollenbilder sollen nun endlich über Bord geworfen werden. Das Schlagwort von der „Autonomie" meint, daß Frauen grundsätzlich nicht mehr bereit sind, sich ohne Selbstbestimmung den vorherrschenden kapitalistischen und patriarchalen Spielregeln zu unterwerfen. Aktuelle Themen sind der Kampf gegen die Kriminalisierung der Abtreibung, gegen Gewalt in der Familie, die Por-No-Debatte, das Öffentlichmachen des sexuellen Mißbrauchs von Mädchen und natürlich Probleme der Frauenarbeit. Engagierte Frauengruppen bieten seelische und intellektuelle Geborgenheit an, politische Debatten und private Problemlösungen werden in der Gruppe vorgenommen. Auch in den konservativeren Bundesländern kommen Frauen zusammen und beschäftigen sich mit ihren Alltagsproblemen. Tagesmütter-Aktionen, Familienberatungsstellen, feministische Bibliotheken, Vorträge und Kurse zu Frauenthemen sowie gut besuchte Frauentage werden organisiert. Der Wiener Frauenverlag und Frauenkulturzentren etablieren sich erfolgreich. Bis zum Ende der siebziger Jahre entsteht eine äußerst aktive, moderne Frauenszene. Besonders das Thema „Gewalt gegen Frauen" rückt in das Bewußtsein der Öffentlichkeit. 1978 wird das erste Frauenhaus eröffnet, der Notruf für vergewaltigte Frauen wird 1980 eingerichtet.

Ende der siebziger Jahre ist eine gewisse Breitenwirkung erreicht, doch viele Frauen, die ihre Lebensgeschichten in Organisationen verwoben haben, versäumen es, ein Kommunikationsnetz nach außen hin aufzubauen. Die theoretische Auseinandersetzung verläuft nicht zielgerichtet und verliert sich in Alltäglichkeiten des politischen Kampfes. Fragen der Hierarchie irritieren zusätzlich. Die organisatorisch für eine breite Bewegung eventuell nötigen Dachverbände scheitern an Bürokratismen und Streitereien. Jahrelange unbezahlte Arbeit in Projekten findet einmal ein Ende, und viele Frauen sind gezwungen, nebenbei bezahlte Arbeit zu finden oder das Existenzminimum in Frauenprojekten untereinander zu teilen. Wer sind die Geldgeber, welche Spielregeln müssen eingehalten werden? Die Neue Frauenbewegung ist in Österreich niemals zu einer Massenbewegung geworden wie etwa in Italien. Die starken Strukturen der Parteien, Gewerkschaften und Behörden behindern freie politische Arbeit. Die Armut von Frauen, das Schwächerwerden der Gesellschaftskritik werden immer weniger öffentlich diskutiert. Arbeiterinnen bleiben eine Minderheit in der Bewegung. Oft bleibt es bei Einzelaktionen von Frauengruppen, zur gesellschaftlichen Kraft kommt es aufgrund von Geldmangel nicht. Das Innsbrucker Frauenzentrum beschreibt seine Lage 1979 nicht besonders rosig: Raumnot, schlechte Organisation und ständige finanzielle Misere. Die vielfachen organisatorischen Arbeiten, die Veranstaltungen

mit sich bringen, sind notorisch unterbezahlt. Frauen, die jahrelang ihre Privatzeit opfern, arbeiten aus Zeitgründen bei inhaltlichen Themenbereichen wenig mit. Kein Wunder, da anfängliche Energien verbraucht sind: Politische Impulse bleiben aus, die Treffen werden unregelmäßiger. Feministisches Vorwärts-Denken macht wichtiger Gratis-Sozialarbeit Platz, Frauenhäuser werden zu fraueninternen Servicestellen. Dazu kommt eine fachliche Zersplitterung in Spezialthemen wie Gentechnologie, Pornographie oder Probleme alleinerziehender Mütter, die den Blick auf gemeinsame Perspektiven verstellt.

Die achtziger Jahre verstärken den Trend zu Kultur- und Kommunikationszentren. Fehlendes Interesse, grundlegende Differenzen zwischen den Gruppierungen und eine personelle Schwäche machen zu schaffen. Junge, autonome Frauen gehen andere Wege als ältere „Bewegte", die ihre Existenz nach vielen Jahren feministischen Engagements in politischen Organisationen festigen konnten. Der neuen Generation scheinen manche Theorien der siebziger Jahre verstaubt zu sein. Auch ist die Grünbewegung, die neben Frauenpolitik noch weitere wichtige politische Inhalte vertritt, für viele attraktiver. So kämpft ein Teil der Frauen autonom, andere arbeiten in offiziellen „Frauenstellen". Ein gemeinsames Auftreten ist bisher nicht erfolgreich. Es stellt sich für Frauen die Frage, ob Widerstand oder Rückzug die richtige Strategie ist. Seit dem Rückzug von der Straße agieren Autonome separatistisch, es wird kritisiert, daß sie sich nicht nur Männern, sondern auch Frauen gegenüber, die anders denken, abgrenzen. Die traditionellen politischen Positionen wie „links" oder „rechts" werden zurückgestellt, jede Bindung an staatliche oder gar parteiliche Organisationen wird vermieden. „Privates" wird politisiert, die Privatsphäre jeder Frau wird Teil der Frauenbewegung.

Frauen in Organisationen werden in eigenen „Frauenreferaten" abgefertigt, die jedoch mit herkömmlicher Hierarchie verbunden sind. Wenn auch „Frauen-Nischen" scheinbar autonom arbeiten, sind sie doch meistens bedeutungslos und müssen sich noch dazu zur Durchsetzung ihrer Anliegen durch einen Dschungel von bürokratischen Hürden kämpfen. Fototermine von Partei-Frauen zeigen dann das wahre Verhältnis: Der Chef thront in der Mitte des Bilds, geschmeichelt, die Damen rundherum freundlich. Viele Frauen sind dann erfolgreich, weil sie männliche Verhaltensweisen und Erfolgsrezepte annehmen. Weibliche Handlungsmuster sind immer gefragt.

Ob autonom oder organisiert, im Frauenministerium laufen die finanziellen Fäden aller Projekte zusammen. Das Büro Dohnal lenkt durch seine Medienpräsenz die meisten Inhalte der Frauen-Diskussion. In den Augen der Österreicher/innen sind Frauenanliegen automatisch mit der Person Johanna Dohnals verbunden. Das hat zur Folge, daß autonome Feministinnen und Frauengruppen mit ihren Anliegen immer weniger Echo erhalten und zu ewigen Bittstellerinnen um Projektgelder werden. Der dauernde Kampf um die Finanzierung von Frauenprojekten verdeutlicht die Position dieses Ministeriums. Ein Großteil der Frauen fühlt sich von der „Frauenbewegung" nicht angesprochen, zu zersplittert und diffus sind deren Anliegen, die einfache Basis, an der eine Orientierung möglich wäre, fehlt. Themen wie „Sexuelle Belästigung am Arbeitsplatz", die in der Öffentlichkeit ohnehin boshaft belächelt werden, oder feministische Theoriebildung an den Universitäten sind vielen Frauen fremd und werden abgelehnt. Symptomatisch ist die Meinung einer 53jährigen Sekretärin:

„Ich glaube, wir sind heute schon zu alt, um noch für irgend etwas zu kämpfen. Gerade für meine Person muß ich sagen, daß ich mich auch schon ein bißchen zu alt fühle, um mich in dieser Richtung noch einzusetzen. Ich habe hart kämpfen müssen um meinen Posten und habe bestimmt nicht die gleichen Bedingungen bei meiner Arbeit wie die Männer, aber damals, als ich diese Arbeit bekam, war ich froh drum, da habe ich nicht lange gefragt, ob ich etwa den gleichen Lohn bekomme wie ein Mann. Und heute bin ich zu alt. Außerdem muß ich zugeben, daß ich mich recht wohl fühle und mir eigentlich nicht sonderlich unterdrückt vorkomme. Und ich glaube, daß viele Frauen so denken wie ich, wir sind zufrieden mit dem, was wir erreicht haben, irgendwie satt, und deshalb fehlt uns auch der Anreiz zu kämpfen." *

---

* Susanne Anneliese Schimetta, Konsumromane: Das Bild der Frau in den Romanen von Heinz G. Konsalik und wie diese Romane von Frauen gelesen werden, Diss., Salzburg 1984

Auf Abruf zur Stelle

Frauenerwerbstätigkeit heute

Die meisten österreichischen Frauen sind berufstätig, doch ihre Ausbildung ist unzureichend auf wenige Berufssparten reduziert. Ein Viertel der Mädchen schlagen nach der Volksschule eine Ausbildung ein, die kein konkretes Berufsziel nach sich zieht. 85% der weiblichen Lehrlinge verteilen sich auf ganze 10 Berufe, wobei zum Vergleich 85% der männlichen Lehrlinge unter 41 Berufen gewählt haben. An der Spitze der Frauenberufe stehen „Einzelhandelskaufmann", Friseurin oder „Bürokaufmann". Ein Drittel der Schüler von Polytechnischen Lehrgängen sind Mädchen, wirtschaftsberufliche mittlere Schulen sind mit Abstand die beliebtesten Schultypen für Mädchen, obwohl bekannt ist, daß nach dieser Ausbildung die geringsten Vermittlungschancen auf dem Arbeitsmarkt bestehen. Sandra ist eine dieser Frauen.

Sandra, 19 Jahre: „Bericht über die Arbeitslosigkeit"

„Ich habe mir meinen größten Wunsch selber erfüllt, nämlich die Handelsschule zu machen und auch positiv abzuschließen. Am 28. Juni 1985 habe ich die dreijährige Handelsschule beendet. Ich bin jetzt bald neunzehn Jahre und habe noch keinen Groschen verdient.

Ich habe schon im ersten Semester begonnen, unzählige Bewerbungen abzuschicken. Freundlicherweise schrieben die meisten auch zurück. Entweder bekam ich gleich Absagen oder es stand darin: ‚Sie werden vorgemerkt.' Damals machte ich mir darüber noch keine allzu großen Sorgen. Ich hatte viel Optimismus. Dann, nach Schulschluß, meldete ich mich in der Fahrschule für einen Schnellkurs an. So war ich drei Wochen intensiv beschäftigt und hatte mein nächstes Ziel, den Führerschein, schon bald erreicht. Nun widmete ich mich wieder recht intensiv der Arbeitsplatzsuche. Schon vor Schulschluß meldete ich mich beim zuständigen Arbeitsamt an. Man muß alle vier Wochen kommen, man bekommt eine Karte, die gestempelt ist. Dann kam die Sprache auf einen WIFI-Kurs. Ich meldete mich an, aber ich wurde vergessen, d.h. man vergaß, mich anzumelden. Ich hätte wenigstens von September bis Dezember eine Beschäftigung gehabt und nebenbei etwas Taschengeld.

Wie oft ich noch an Firmen geschrieben habe und mich vorstellen war, weiß ich nicht mehr. Ich besorge mir auch wöchentlich die Arbeitsmarktzeitung. Jedoch jeder Betrieb sucht jemanden mit Praxis. Wie, bitte, soll ich zu einer Praxis kommen, wenn mir keiner die Chance gibt, die verlangte Praxis zu bekommen. Meine Ferialarbeit wird hier von niemandem als Praxis anerkannt. Mit Recht, das verstehe ich ja noch. Ich bin noch nicht lange arbeitslos, wenn man das arbeitslos nennen kann, denn ich bin ja Schulabgängerin. Ich bin nicht registriert als Arbeitslose, bekomme keinerlei finanzielle Unterstützung.

Meine Schwester ist ebenfalls in derselben Situation wie ich, und meine Mutter arbeitet nur für uns zwei. Wir sind ledige Kinder und ich bekomme Alimente. Unsere finanzielle Situation ist nicht gerade rosig, das kann man sich vorstellen. Zu Geld komme ich nur, wenn ich Mama darum bitte, und auf die Dauer nervt das sehr. Ich muß zugeben, ich lege sehr viel Wert auf gepflegte äußere Erscheinung, und daher gehe ich auch mit der Mode. Ich sehe selber ein, daß ich mich sehr einschränken muß. Daher mache ich soviel wie möglich selber, Pullover, Jacken, Hosen und Schmuck.

Ich versuchte mich auch als Kindermädchen und Verkaufshilfe anzustellen, jedoch auch diese Stellen sind genauso begehrt wie die der Büroangestellten. Ich habe aber sehr viel Optimismus und hoffe, in der Weihnachtszeit vielleicht irgendwo aushelfen zu können.

Meine Mutter sucht und hilft uns sehr viel. Sie ist auch oft verzweifelt, doch wir halten alle fest zusammen und glauben an keine Wunder mehr. Man muß selber aktiv werden und bleiben, vor allem nie locker lassen.

Mein Freund, den ich seit acht Monaten kenne und mit dem ich zusammen bin, kennt solche Probleme der Arbeitslosigkeit nicht. Jedoch hilft er mir sehr, indem er mir immer Mut macht und wir auch darüber reden und uns beraten. Von Beruf ist er Rauchfangkehrer und gerade einundzwanzig Jahre alt. Durch seinen Beruf kommt er viel unter Leute, sieht und hört viel. Vielleicht ergibt sich da manches.

In einer Discothek hätte ich kellnern können. Doch das will er nicht, und das verstehe ich sehr gut. Momentan ist er UNO-Soldat und kehrt endgültig im Dezember vom Golan heim. Derzeit hilft er mir sehr in seinen Briefen. Wenn wir abends ausgehen, zahlt immer er, darauf besteht er. Doch ich habe mir vorgenommen, ihn auch öfters einzuladen, wenn ich endlich Geld verdiene.

Mein Tag sieht ungefähr so aus: Ich stehe um sieben oder acht Uhr auf, man soll nie spät aufstehen, denn sonst wird das zur Gewohnheit. Ich räume mein Zimmer auf, gehe einkaufen, sehe fern, nebenbei stricke ich, dann koche ich ein Mittagessen. Erledige nachher meine Korrespondenz, höre Radio, gehe spazieren, lese alles, was mir unterkommt. Abends gehe ich eher selten fort. Wenn mein Freund wieder da ist, sind wir mehr unterwegs, da wir viele Freunde haben und die Geselligkeit lieben. Am Wochenende treffe ich manchmal Freundinnen. Viele davon haben gerade oder vor ein paar Monaten eine Stelle in einem Büro bekommen. Daher kennen sie auch diese Probleme, und wir reden viel darüber und geben uns gegenseitig Tips und Anregungen. Nach Wien will ich vorläufig nicht, da ich in erster Linie bei meinem Freund und meiner Familie bleiben will. Außerdem bin ich kein Stadtmensch, und viele meiner Freundinnen und Freunde sind sehr unglücklich in Wien, doch es muß auch möglich sein, hier eine geeignete Stelle für mich zu finden, aber wann! Eines weiß ich jetzt, ich verstehe nun solche Leute, die nach der ersten Klasse Handelsschule aufhörten, weil sie eine Stelle im Büro oder sonstwo hatten. Wenn ich denke, wieviel Tausende froh und heiter dieses Jahr die Schule verlassen werden und wieviele von ihnen keine Arbeit bekommen, wird mir elend zumute. Bei uns am Land zählt noch am meisten Schiebung, also Protektion. Aber was tun, wenn man keine hat. Ich wünsche mir für meine Zukunft logischerweise endlich einen Job und daß ich nie den Mut verliere, weiterhin aktiv zu bleiben. Wenn ich noch länger arbeitslos bin, werde ich mir überlegen, mit neunzehn noch in eine Schule zu gehen, um mich weiterzubilden oder umzuschulen, z.B. als Laborantin, denn das Gefühl, gebraucht zu werden, und Anerkennung fehlen mir sehr."

Die Arbeitgeber erwarten Genauigkeit, Fleiß, Ordentlichkeit, gute Maschinschreib- und Stenographiekenntnisse sowie nettes Aussehen. Diese Eigenschaften haben wenig mit Selbständigkeit oder Kreativität zu tun. Mehr als 80% aller ledigen Mütter mit Kindern unter 15 Jahren arbeiten, die wenigsten haben einen Job, der ihnen Freude oder Abwechslung bietet. Teilzeitjobs sind oft noch langweiliger, bringen schlechtere Aufstiegschancen. Die Halbierung der Arbeitszeit bedeutet auch ein halbes Einkommen, die Wegzeit rentiert sich weniger, Arzt- und Behördenwege werden meist in der „Freizeit" erledigt, wobei gleichzeitig die Arbeitsintensität steigt und Überstundenzuschläge bis zur 41. Arbeitsstunde wegfallen. Halbtags arbeitende Frauen werden in der Familie wenig entlastet, da sie „ohnehin genug Zeit übrig haben".

Beim Job-Sharing, wenn sich zwei Frauen einen Arbeitsplatz teilen, hat auch der Unternehmer Vorteile. Er erspart sich zusätzliche Personalreserven, da die Partner einander bei Urlaub und Krankheit ersetzen müssen. Auch die „kapazitätsorientierte variable Arbeitszeit" (KAPOVAZ), eine Arbeit auf Abruf ohne Arbeitsverhältnis mit Vertrag, hat langfristige Nachteile. Pensions- oder Sozialversicherung fehlen, der Leistungsdruck auf Vollbeschäftigte steigt. Der Trend zu unstabilen Arbeitsverhältnissen ist beunruhigend, Teleheimarbeit ist ein weiterer Aspekt billiger, abrufbarer Frauenarbeit. Fehlender sozialer Kontakt, Einsatz rund um die Uhr, unbezahlte Überstunden in der Nacht nach der Hausarbeit erinnern an Heimarbeit vor hundert Jahren.

„Bitte zum Diktat!"

Die klassischen Berufe

Modern und chic in den dreißiger Jahren, klassische Realität heute. Der Chef und seine Sekretärin. Er hat Matura, dann ein Studium abgebrochen, sie hat immerhin die Handelsakademie abgeschlossen. Er schafft den Sprung in den Chefsessel, sie begnügt sich mit Hilfsdiensten, im besten Fall Sachbearbeitung, weit entfernt von eigenständigen Entscheidungen. Der privaten Situation vieler Frauen nicht unähnlich, steigt das Image der Sekretärin mit der Position ihres Chefs. Loyalität und Parteilichkeit zeichnen das gewünschte, beinahe familiäre Klima in den Chefetagen und abwärts aus. Dazu kommt noch jede Menge „Gefühlsarbeit", die Frauen für ihre Umgebung bereithalten. Kunden und Chefs legen nicht nur Wert auf die Erledigung lästiger Arbeiten, sondern auch auf emotionelle Zuwendung ihrer näheren Angestellten. Zur Büroarbeit kommt eine Art Hausarbeit dazu. Tägliches Kaffeekochen, Blumengießen und Ordnung enden oft bei abendlichen Gesprächen, die sich um eine Verbesserung des Betriebsklimas drehen. Liebevoll richten Sekretärinnen die Büroräume ein, Blumen und Poster werden in der Freizeit besorgt. Das Büro wird wohnlich, fast wie daheim! Die Chefs bekommen gratis eine angenehme Atmosphäre, dazu ein Luxusweibchen, das zwar nicht in Haushaltskleidung, dafür halb elegant, manchmal sexy gekleidet ist. „Bürofrauen" haben ein Lächeln für Kunden und Mitangestellte, sind eine Oase der Gepflegtheit und des reibungslosen Ganztagsservices.

Wenn sich die Cheftüren bei vertraulichen Besprechungen fest verschließen, verschwindet das Lächeln bald. Stundenlanges Bearbeiten von Texten in PCs, dazu kommen ständiges Telefonabnehmen, Verbinden, Nachfragen, den Chef terminlich freihalten. Gelingt es nicht, wird der Vielbeschäftigte nicht selten ungeduldig. Pulszählung und Kreislaufuntersuchungen bei Sekretärinnen ergeben, daß Schreiben mit dem Diktiergerät als Schwerarbeit zu qualifizieren ist. Chefsekretärinnen müssen sich dazu noch mit der Firmenideologie ihres Arbeitgebers identifizieren. Effektive Chefentlastung verspricht eine spezielle Annonce:

> „Ziel: Die österreichischen Chefsekretärinnen bezeichnen sich gerne als Mädchen für alles. In diesen Worten klingt die Größe des Arbeitsfeldes, die Verantwortung und die Belastung an. Das Seminar will die Möglichkeiten aufzeigen, mit welchen

Arbeitstechniken, Methoden und Hilfen die Sekretärin die tägliche Belastung mindern kann:

1. Möglichkeiten und Mittel zur Chefentlastung
2. Barrieren, die die effektive Chefentlastung erschweren:
– im persönlichen Bereich
– im sachlichen Bereich
3. Konsequenzen, die zur besseren Koordination und Kommunikation mit dem Partner führen und eine bessere Selbstentfaltung ermöglichen."

Generell ist zu beobachten, wie der Dienstleistungssektor immer intensiveres Service abverlangt. Frauen bemerken nicht, wie sehr diese trainierte, beliebige Freundlichkeit sie von sich selbst entfremdet. Sind die aufgesetzten Reflexe erst einmal erloschen und aufgebraucht, werden echte Gefühle „angezapft". Frauen dieser Branchen fühlen sich am Ende eines Arbeitstags wie ausgebrannt und wirken falsch und „süßlich". Fluggesellschaften, Reisebüros und noble Geschäfte bieten wie selbstverständlich jede Menge weiblichen Charme. Das gehört zum Geschäft wie die Verpackung des Produkts oder das Wechselgeld.

„Es ist nicht die Arbeit der Frauen, die weniger wert ist, sondern die Tatsache, daß sie von Frauen gemacht wird." *

Die im Dunkeln

Die Gleichbehandlungskommission hat in Zukunft noch viel zu tun

Wenn es zu Entlassungen kommt, werden Frauen leichter gekündigt, „ihr Mann verdient ohnehin" ist ein altes Argument. Zwischen Frauenpolitik und dem Alltag der Frauen besteht ein großer Unterschied. Als in den Wirtschaftsprognosen 1985 das Gespenst der Arbeitslosigkeit auftaucht, ist zu hören, daß die Zunahme von Frauenarbeit ein Grund dafür sei. In der Berichterstattung der Medien schwingt mit, ob denn Frauen wirklich arbeiten gehen müßten, ob das nicht Luxus sei, den man sich eigentlich nicht mehr leisten könne? Platz für männliche Arbeitssuchende sei wichtiger, und der damalige Bundeskammerpräsident Rudolf Sallinger bezeichnet die Zunahme der Frauenarbeit als eine „von Dohnal verfolgte Politik, Frauen gegen ihren Willen in typische Männerberufe zu drängen". **

Viele Frauen arbeiten für die Abzahlung des Familienwagens, wenige Urlaubswochen sind Verdienst für schwere Arbeit, die ungelernt, auf unterster Ebene verrichtet wird. Die Chance, als Facharbeiterin beschäftigt zu werden, ist gering, da unter Facharbeitern noch immer ein Männermonopol zu bemerken ist. Folgender Bericht soll die Arbeitssituation von Frauen in Oberösterreich verdeutlichen:

> „Wir haben eine Wickelmaschine, und während die Maschine wickelt, hat die Frau Zeit, daß sie die Maschine betrachtet. Die Maschine wurde so verbessert, daß die Frau nicht nur die Maschine überwachen muß, jetzt muß sie zusätzlich noch drei verschiedene Arbeiten machen. Man kann absolute Leistungen erreichen, bis zum ‚Geht-nicht-mehr'. Die zusätzliche Arbeit kriegt sie nicht bezahlt. Da wirst deppert, das ist eine Monotonie. Das ist menschenunwürdig. Da liegt die Schwierigkeit, weil jede Frau eine andere Fertigkeit hat, und je mehr sie das Hirn ausschaltet,

---

* Alice Schwarzer, Lohn Liebe. Zum Wert der Frauenarbeit, Frankfurt 1973
** Die Presse vom 8. 2. 1986

desto mehr bringt sie zusammen. Da ist eine Platte, und da muß sie 100 Stück draufstecken, die werden dann weggetragen; es kommt die nächste Platte ... tagein, tagaus." *

„In unserem Betrieb arbeiten auch Männer. Bei den Männern gibt es sechs Lohngruppen und bei den Frauen drei. Die Männer können auch noch die Facharbeiterprüfung machen, wozu sie aber vom Meister vorgeschlagen werden müssen. Also praktisch gehen die Männer da hin und sagen, sie möchten mehr Lohn haben. Darauf kriegen sie zur Antwort: Macht halt die Prüfung. Die mit der Facharbeiterprüfung haben um fünf Schilling mehr. Voriges Jahr ist es das erste Mal einer Frau gelungen, daß sie die Prüfung ablegen konnte. Zehn Jahre werden es heuer, daß sie in der Firma ist, sie macht richtige Männerarbeit, also das ist wirklich ein wildes Weib, das muß man sagen. Aber unser Meister hat uns dann auch vorgeschlagen, meine Arbeitskollegin und mich. Er hat gesagt, ihr arbeitet ja auch selbständig, ich brauche mich überhaupt nicht umschauen, ich habe euch angemeldet bei der Facharbeiterprüfung. Die Bedingungen habt ihr, die Prüfung schafft ihr auch. Ja, ich renn gleich zum Obermeister, weil unser Meister gesagt hat, wir müssen es selber dem Obermeister sagen, damit er uns anmeldet, und frage: Geht das? Wir möchten auch die Facharbeiterprüfung machen. Nein! Nein! Wir durften sie nicht machen. Ich habe dann zum Obermeister gesagt: Du, es geht mir nicht nur um das Geld, es gäbe mir auch Selbstvertrauen. Da könnten alle kommen, hat er gesagt." **

Die Gleichbehandlungskommission hat in Zukunft noch viel zu tun.

---

* Grete Starzer, Maria Madlener, Die Situation der Fabriksarbeiterin in Oberösterreich, Hrsg: Bundesministerium für Soziale Verwaltung. Schriftenreihe 1980/13, S. 42
** Grete Starzer, s.o., S. 126

„Wir spielen Demokratie"

Frauen und Medien

1972 drückt die Frauenrechtskommission der Vereinten Nationen ihre Besorgnis über den großen Einfluß der Massenmedien auf die Fixierung von kulturellen Verhaltensmustern aus, die sich auf die volle persönliche Entfaltung der Frau auswirken. In jüngster Zeit geben sich zwar doch einige Filme emanzipatorisch, doch das erweist sich eben als gute Verkaufsmasche. So auch der Film „Detektiv in Seidenstrümpfen", zu dem Kathleen Turner, die die Hauptrolle spielt, folgendes meint: „Diese Privatdetektivin ist eine zeitgemäße Frau. Im Unterschied zu männlichen Detektiven ist sie der Meinung: Wenn wer zur Waffe greift, benutzt er den Kopf nicht mehr. Ich hoffe, daß Hollywood jetzt endlich aufwacht. Frauen von heute sind weder Heimchen am Herd noch die ewig verführerischen Liebhaberinnen. Diese Frau nimmt sich, was sie will – Männer, Liebe, Freiheit –, im Gegenzug erwartet sie nichts!" *

Der Inhalt bleibt weiter angenehm für Männer: „Die Privatdetektivin Warshawski hat mal wieder Langeweile. Im Büro ist nichts los, unerledigte Rechnungen stapeln sich auf ihrem Schreibtisch. Also geht sie auf einen Drink in Sal's Bar. Um sich ein paar Kicks zu verschaffen, gabelt sie sich den Eishockeystar Boom-Boom auf ... und so fort." Doch der kleine Unterschied zu den Männern darf auch in Hollywood bestehen bleiben: „Warshawski ist zwar mit allen Wassern gewaschen; im Unterschied zu Chandlers Helden, denen das Leben nichts gilt, ist ihr aber das Leben wichtig." Die Zeitschrift Skip schließt daraus: Die Waffen einer Frau können eben auch auf andere Art tödlich sein. Womit wir wieder beim älteren Frauenfilmmodell angelangt wären. Übrigens, Regie, Buch und Kamera dieses Films sind fest in männlicher Hand.

Der ORF, der in der Programmgestaltung auf Überlegungen der Würde der Frau nicht im geringsten eingeht, meint, daß er bloß gesellschaftliche Verhaltensmuster widerspiegele und erst in zweiter Linie pädagogische Richtlinien verfolge. In den gezeigten Spielfilmen und bei der Präsentation des Programms wimmelt es von schönen, charmanten Frauen, in der Programmgestaltung selbst, beim Kommentar etwa, fehlen Frauen. Von 854 Club 2-Diskussionen im Zeitraum 1976 bis 1986 wurden nur 110 Clubs (13%) von insge-

---

* Skip – Das Kinomagazin, Dez/Jän. 1991/92, S. 38

Raubkatze Kathleen Turner ist die hartgesottene Privatdetektivin V.I.Warshawski. Sie braucht keinen Colt - ihre Waffen sind ihr Verstand und ihre schönen Beine!

V.I.Warshawski nimmt sich, was sie will - Männer, Liebe, Freiheit - und sie erwartet dafür nichts!

Detektiv in Seidenstrümpfen

samt 17 Moderatorinnen geführt. Hingegen wurden 744 Clubs (84%) von 64 Moderatoren geführt. 1977 ist der Unterschied noch krasser: Von insgesamt 89 Clubs wird ein einziger von einer Frau geleitet. Auch das Gästeverhältnis ist nicht gerade ermutigend. Nur 4,8% der Clubs sind geschlechtlich ausgewogen. Meistens besteht ein Club 2 aus sechs Männern und einer Frau, an zweiter Stelle rangiert die Konstellation 7:1. Peter Huemer, einst Club 2-Chef, formuliert in der Neuen Kronen Zeitung: „Wir spielen im Club 2 radikale Demokratie. Jeder sitzt hier in der gleichen Garnitur, jeder hat die gleichen Startchancen, egal, ob er draußen Fabriksdirektor oder Portier ist." Für Frauen gilt das nicht.

Marie Luise Angerer

Wir Frauen im ORF

Über „feministisches Engagement" von Medienfrauen

„Das subjektive Gefühl, als Frau in diesem Beruf mehr leisten zu müssen, resultiert aus der Fremdheit der Frauen in dieser Sphäre. Aufgrund ihrer exponierten Lage stehen sie unter hohem Anpassungsdruck. Das schafft einerseits Entfaltungsmöglichkeiten und Gratifikationen aus neu erlernten und zu bewältigenden Verhaltensmustern, macht andererseits aber auch Belastungsgefühle und Verunsicherungen verständlich. Auch in der Situation, gleichzeitig drinnen und draußen zu sein und doch Randfigur zu bleiben, wird etwa die Sprachlosigkeit der Frauen in der betrieblichen Öffentlichkeit oder auch ihre ängstliche Distanziertheit gegenüber Frauengruppen und der Beschäftigung mit Frauenthemen erklärbar." *

Im Zweifelsfall – Entsolidarisierung mit den Frauen, um die Anerkennung von den Männern zu bekommen. Dieser Tatbestand trifft Anfang der 90er Jahre noch immer zu und hat sich – was den Feminismus betrifft – sicherlich um einiges verschärft. Feministisches Engagement, feministische Kritik innerhalb und außerhalb der Medienanstalten sind „out". Vielfach sind die „Journalistinnen der ersten Stunde" müde geworden, immer wieder das gleiche wiederholen zu müssen, immer wieder auf die ewig gestrigen „Witze" der Old Boys reagieren zu müssen. Die Medien sind von Anfang an heftiger Kritik seitens der autonomen Frauenbewegung ausgesetzt, da sie als Ursache und Garant für die wiederholte Verankerung stereotyper Frauenbilder angesehen werden. Die Feministinnen werfen ihnen vor,

a) keine Frauen als Produzentinnen und Gestalterinnen miteinzubeziehen und deswegen

b) Frauenbilder zu verbreiten, die die Realität der Frauen nur verzerrt wiedergeben würden. Inzwischen sind Frauen als Sekretärinnen, Journalistinnen, Cutterinnen, Redakteurinnen, Abteilungsleiterinnen, Kamerafrauen, Regieassistentinnen, Moderatorinnen und als Nachrichtensprecherinnen und Betriebsrätinnen in die Medienanstalten eingezogen – und trotzdem oder gerade

---

* Irene Nerverla, Gerda Kanzleiter, Journalistinnen. Frauen in einem Männerberuf, Frankfurt/New York 1984

deswegen ist die Kritik am Verhältnis von Frauen und Medien nicht leiser geworden. Im akademischen Milieu mehren sich die Aussagen von Medienforscherinnen, die darauf verweisen, daß eine rein quantitative Veränderung des Beschäftigungsverhältnisses bislang zu keinerlei qualitativen Veränderungen geführt habe. Die schwedischen Wissenschafterinnen Else Jansen und Madeleine Kleberg betonen die Wichtigkeit, nicht nur den Medieninhalt zu prüfen:

> „... sondern auch den Vorgang, durch den der Inhalt geschaffen wird. Welche besonderen Mechanismen im Produktionsbereich sind es, die im Sinne einer Bewahrung und Verstärkung des herrschenden Kräfteverhältnisses zwischen den Geschlechtern wirken?" *

Der „Kampf der Geschlechter", wie ihn die Medien derzeit auffallend gern skizzieren, vermittelt dabei den Eindruck, daß – ließe frau sich davon täuschen – der designierte Verlierer männlichen Geschlechts ist: schießende Cowgirls im Kino, mordende Ehefrauen in den Tageszeitungen, kinderaussetzende Mütter in den Schlagzeilen, ihre Vergewaltiger anklagende Karrierefrauen im Fernsehen. Doch was steckt hinter diesen Bildern? Was läßt diesen Geschlechterkampf derzeit medial so wirksam werden? Weshalb kann die gesamte US-Nation vom Hearing Clarence Thomas und Anita Hill in Bann gezogen werden – und was bedeutet es, daß Anita Hill wie auch die Klägerin des Kennedy-Clan-Vertreters den Prozeß verloren haben?

Mediale Inszenierung

Am Beispiel der Installierung der Frauensendung „Wir Frauen" im österreichischen Fernsehen soll die Vereinnahmung sogenannter Frauenthemen in und durch Frauen- und Männerköpfe beschrieben werden. 1989 wird beim ORF nach längerer Frauensendungsabstinenz ein erster Schritt mit der Sendung „Wir Frauen" gemacht. (Inhalt: „Alles, was im weitesten Sinn mit Frauen zu tun hat", Tatjana Falath.) Etwa zum selben Zeitpunkt – als Vorläufer der Frühlings-Regionalreform (1990) im Radio – beginnt man die Existenz des „Magazins für die Frau" in Frage zu stellen. (Beide Sendungen haben heute einen durchaus „wackligen" Stand innerhalb des Rundfunkschemas. Und verglichen mit anderen Frauensendungen wie beispielsweise „Mona Lisa" im Zweiten Deutschen Fernsehen sind beide österreichischen Beispiele sehr

---

* Else Jansen, Madeleine Kleberg: Die Rolle der Frauen in Nachrichten und Unterhaltungssendungen des Fernsehens. In: Sitzungsbericht über das Seminar zum Thema: Der Beitrag der Medien zur Förderung und Gleichstellung von Frau und Mann, Straßburg, 21.-23. Juni 1983, Europarat (Hg.), Straßburg 1985

harmlose Sendungen.) Als Mitte der 70er Jahre das Engagement von seiten des Frauenstaatssekretariats sowie der autonomen Frauenbewegung noch stärker ist, stoßen auch die Reaktionen innerhalb des ORF auf mehr Gehör. Heute – so Heidi Grundmann (verantwortliche Redakteurin in der Sendung Kunstradio – Radiokunst im Hörfunk) und Trautl Brandstaller (ehemalige Leiterin der Abteilung Gesellschaft, Jugend und Familie beim Fernsehen) – hat eigentlich niemand von den Frauen mehr Interesse, sich irgendwie als „feministisch" abzusetzen. Als die Redakteurin Margit Czöppan von der TV-Bildfläche verschwinden muß – aufgrund ihres schwarzen Haars – und Johanna Dohnal die ORF-Frauen daraufhin einlädt, erscheinen zu dem Treffen drei Frauen. Die „lange Nacht der Frauen" im Radio – durch das deutsche Vorgehen inspiriert – stellt sich von alleine ein. Es melden weder die jüngeren noch die älteren Mitarbeiterinnen ihr Interesse an, da für sie eine derartige Sendung bloß Mehrarbeit bedeuten würde. Nora Aschacher – seit etwa 20 Jahren beim ORF (Hörfunk) – meint, daß Frauenthemen nie wirklich ein Anliegen gewesen seien, sondern vielfach von einzelnen Frauen getragen werden, die meist auch außerhalb der Institution in Sachen Frauenbewegung engagiert sind. Durch ein feministisches Engagement würde die eigene Integration verhindert, die zwar ohnehin abgelehnt wird, weil Jobs wie Abteilungsleiter „Horrorjobs" wären. Und jene Mitarbeiterinnen, die dazugehören wollen – wie beispielsweise beim Aktuellen Dienst –, vermeiden auch sehr bewußt jede Betonung eines frauenparteilichen Standpunktes. Frauensendungen werden im ORF meist von Frauen geleitet, die mit der Frauenbewegung eigentlich nichts zu tun haben. Denn sie garantieren dem Unternehmen das breite Mittelmaß für „Durchschnittsseher". So ist es auch bei der männlichen Sendungsgeburt von „Wir Frauen". Der Umstand, mit der österreichischen Frauenbewegung eigentlich nie in Berührung gekommen zu sein, nagt keineswegs am Selbstverständnis der Wir-Frauen, er befindet sich schlicht und einfach außerhalb ihrer Wahrnehmungsgrenze. Dies läßt sich am Umgang mit Interviewpartnerinnen, an der Einschätzung und Bewertung von sogenannten Frauenthemen und an der Themenauswahl ablesen.

Zur Entstehungsgeschichte

Nachdem die Filmemacherinnen und Journalistinnen Ricki Reichl, Susanne Zanke und Ulrike Messer-Krol – ursprünglich mit der Konzepterarbeitung für „Wir Frauen" betraut – dieser Aufgabe wieder entledigt werden, erzählt die Legende, daß Herr Urbanek von der Neuen Kronen Zeitung und Herr Schiejok (Argumente, Konflikte, Wir) die Idee zu einer solchen Sendung anläßlich einer Kaffeejause geboren hätten. Andere wiederum wollen wissen, daß es die drei oben genannten Frauen waren, die sich mit dem ehemaligen Generalintendanten Podgorski über die zukünftige Sendung bereits im klaren waren. Unklarheiten über den Beginn – Unstimmigkeiten im weiteren Verlauf – Absprünge, Mißverständnisse, Streitigkeiten, als die Sendung startet. Die einzelnen Schritte in der chronologischen Reihenfolge sind zwar von Ulrike Messer-Krol genauestens in einem Aktenordner gesammelt, was jedoch, da nicht einsehbar, das Verständnis für die Intrigenpfade nicht unbedingt erleichtert. Wichtiger vielleicht ist es, an diesem Beispiel die subtilen Formen der Beeinflussung, Zurechtschneidung bis zur völligen Umkrempelung eines Sendungskonzeptes im Zeitraum von einem Monat (Mitte Juli bis Mitte August 1989) aufzuzeigen.

Denn sie wissen nicht, was sie wollen

Eine „flotte, animierende" Sendung hätte die „Venusmuschel" (so der Name der Sendung zu diesem Zeitpunkt) nach den Vorstellungen ihrer Designerinnen werden sollen. Als die bis dahin mit der Konzeption Beschäftigten aus der Zeitung erfahren, daß auch Herr Schiejok im Rahmen seiner „Wir-Sendung" eine Sendung „Wir für Frauen" plant, scheint plötzlich eine Kooperation unumgänglich. Für Walter Schiejok arbeiten die drei Redakteurinnen/Regisseurinnen ihr Konzept bereits etwas um – „schon flacher", wie Messer-Krol zugibt. Dann treffen die Redakteurinnen der Redaktion „Wir" mit den Konzepterstellerinnen zusammen – just in dem Moment, als das Wochenmagazin „profil" vom Neuesten am Küniglberg zu berichten weiß. Unter dem Titel „Frau Kottan berät" nimmt die Journalistin Burgl Czeitschner der zukünftigen Frauensendung den „Wind aus den Segeln". So sieht es jedenfalls Messer-Krol.* Wie die internen Informationen vom „ORF-Berg" zu Frau Czeitschner gelangen konnten, darüber herrscht verschwiegene Unklarheit. Diesen Artikel nun findet Informationsintendant Kunz frühmorgens auf seinem Tisch, und er eilt – so könnte die Geschichte sich zumindest ereignet haben – zu Herrn Schiejok und sagt „Aus". Die nächsten Schritte überstürzen sich: Ricki Reichl und Susanne Zanke kündigen in einem Brief an Herrn Schiejok ihre weitere Mitarbeit auf. Und die Sendung „Wir Frauen" (Sendebeginn September 1989) wird ausschließlich von Redakteurinnen und Journalistinnen gestaltet, die seit vielen Jahren in der Wir-Redaktion mit Herrn Schiejok zusammenarbeiten „können". Das schwarze Schaf dieser Geschichte ist – wie könnte es anders sein – Burgl Czeitschner. Aus der Sicht der Konzeptfrauen (Messer-Krol, Zanke, Reichl) ist sie es, die, alles gründlich mißverstehend, noch bevor sich etwas zeigen konnte, die ganze Sache bereits negativ verurteilt hätte. Für Burgl

---

* profil, 14. 8. 1989

Czeitschner ist die Sache allerdings nicht so klar. Für sie beruht der Konflikt vielmehr darin, daß (Medien-)Frauen ihre institutionelle Angepaßtheit bereits derart internalisiert haben, daß ihnen

a) keine Gedanken und Ideen mehr kommen und

b) daß sie auf Kritik von anderen Frauen immer nur beleidigt und gekränkt reagieren können. (Nestbeschmutzerinnen!) Und immer wieder wird das alte Spiel gespielt: Frauen fallen anderen Frauen in den Rücken, werfen ihnen vor, die Sache der Frauen schlecht, falsch oder überhaupt nicht zu vertreten, und immer sind die Männer die lachenden Dritten, die dann kopfschüttelnd, unschuldig die Hände reibend, sagen: „Ja, wenn nicht einmal ihr euch versteht und wenn ihr selbst nicht wißt, was ihr wollt!"

Zum Ausgang der Geschichte

Die Reaktionen auf die Sendung „Wir Frauen" wären enorm, so Tatjana Falath, „es muß doch eine starke Frauensolidarität geben". Die Themen der Sendung sind jedoch eher banal, wenig frauenspezifisch und mehr von der Sorte „eine Ausnahmefrau, eine besonders agile alte Frau oder ein Frauenchor ...". Die Begründungen der Macherinnen lauten einfach: Der Sendetermin (18 Uhr) wäre für Hausfrauen und berufstätige Frauen besonders ungünstig, die Länge der Beiträge wäre auch zu kurz. Es ist die berühmte „Schere im Kopf" der Redakteurinnen, die sie lieber zu Themen greifen läßt, die nicht weh tun, die sich unkritischer Beliebtheit erfreuen können und die von niemandem

Wir Frauen

ernst genommen werden müssen – harmlose, erheiternde Geschichten aus dem österreichischen Frauenleben und Alltag.

Am Beginn der 90er Jahre sehen wir also ein österreichisches Fernsehen, in dem feministische Anliegen so gut wie keine Chance mehr haben, wahrgenommen zu werden, und wir hören ein Radioprogramm, dessen Verantwortliche damit beschäftigt sind, auch dort noch die allerletzten Nischen für Frauen abzuschaffen. Die Frauen „drinnen" machen die fehlende Bewegung „draußen" verantwortlich, die Bewegung außerhalb wiederum findet keine Ansprechpartnerinnen innerhalb der Medien. Drinnen werden Frauen immer „älter und deshalb müder" und haben Positionen, „wo man leichter fährt, wenn man sich nicht so engagiert". Den jüngeren Frauen, die als freie Mitarbeiterinnen beginnen, wird vorgeworfen, kein feministisches Engagement aufzubringen. Selbstkritisch gibt Ulrike Messer-Krol zu, nicht immer bis zuletzt für eine Idee gekämpft zu haben. „Wenn man ganz überzeugt gewesen wäre, und man hätte immer wieder darauf gedrängt, dann wäre sicherlich manchmal mehr möglich gewesen." Frauensendungen wären einfach weniger wert als beispielsweise der Inlandsreport – „und von Solidarität unter den Frauen im Haus könne man nicht groß sprechen". *

---

* Es handelt sich bei dieser Arbeit um eine stark gekürzte Fassung meines Aufsatzes „Ohne Echo – ohne Hall", enthalten in der Publikation „Auf glattem Parkett. Feministinnen in Institutionen". Hg. Angerer/Appelt/Bell/Rosenberger/Seidl, Wien 1991

> Frauen sind nicht machtlos, weil
> sie weiblich sind; es ist eher so,
> daß sie weiblich sind, weil sie
> machtlos sind (Kathy Ferguson).

Mevce Maresch-Taray

Ganz unten

Türkische Frauen in Österreich

Obwohl „Gastarbeiterproblematik" als Thema nie ihre Aktualität verliert, ist den speziellen Problemen von „Gastarbeiterinnen" nie große Beachtung geschenkt worden. Weil man in ihre unsichtbare Welt schwer Zugang findet, bleiben ihre Sorgen verborgen. Dabei ändert sich die Lebenssituation dieser Frauen mit der von ihnen meistens unfreiwillig getroffenen Entscheidung zur Migration wesentlich mehr als die der Männer. Sie werden gezwungen, innerhalb kürzester Zeit die Stufen industrieller und kultureller Anpassung zu durchlaufen. Sie sind plötzlich mit Industriearbeit, Hausarbeit und Kindererziehung gleichzeitig konfrontiert und müssen mit dieser Belastung allein fertig werden, da die in der Heimat vorhandene Frauengemeinschaft, bestehend aus den nahen Verwandten und Bekannten, im Ausland fehlt.

Es ist es wert, einen Blick in türkische Ein-Zimmer-Wohnungen zu werfen. Die Wohnung ist ein Ersatz für die verloren gegangene Heimat der Ausländerin, die sich plötzlich in einer ganz fremden Welt wiederfindet. Man lädt Gäste ein, will sich präsentieren und Kontakte knüpfen. Für türkische Frauen hat „Wohnen" eine besondere Bedeutung, da sie mehr an das Haus gebunden sind als Männer, die Türen bleiben für Gäste immer offen. Leider werden Ausländer am Wohnungsmarkt stark diskriminiert, Vorurteile, Sprachbarrieren und fremde Verhaltensweisen werden bei der Wohnungssuche zum Hindernis. Die Türken sind den Vermietern ausgeliefert und müssen alle Bedingungen akzeptieren. Um nicht auf der Straße zu bleiben, nehmen sie Substandardwohnungen mit schlechtester infrastruktureller Ausstattung zu dreifach überhöhten Mieten an. Bei Untermietverträgen sind die Schutzbestimmungen des Mietrechtsgesetzes wie Kündigungsschutz und Zinsbegrenzungen nicht anwendbar, jeden Moment können sie auf die Straße gesetzt werden. Feuchte, dunkle Wohnungen im Erd- oder Kellergeschoß und kein Wasser in der Küche bedeuten für Frauen, die ihre meiste Zeit zu Hause verbringen, eine Belastung, auf

die sie nicht vorbereitet sind. Wegen der beengten Wohnverhältnisse lassen manche Familien ihre noch in der Heimat verbliebenen Kinder nicht nachkommen oder sie schicken ihre Kinder sogar wieder zurück. Wenn man bedenkt, wie oft türkische Familien von ihren Verwandten und Bekannten besucht werden, wird die Tatsache, daß ausländische Kinder in ihren Schulleistungen beeinträchtigt werden, verständlicher, da sie einfach keinen Platz haben, um ihre Hausaufgaben zu machen. Die ungünstigen Wohnverhältnisse und das Gefühl, auch auf dem Wohnungsmarkt unfair behandelt zu werden, verringern die Integrationsbereitschaft der ausländischen Familien. Die Migrationsgründe können sehr verschieden sein: Arbeitslosigkeit in der Heimat, bessere Verdienstmöglichkeiten im Ausland oder vorhergegangene Ausreise anderer Familienmitglieder ins Ausland. Die einzigen Vorstellungen, die sie über das Ausland haben, beziehen Türkinnen aus Fernsehfilmen oder aus Kontakten mit Gastarbeitern, die auf Urlaub nach Hause kommen und mit ihren unter schwierigsten Umständen erworbenen Luxusgütern prahlen. Niemand spricht über die schwierigen Lebensbedingungen oder die Diskriminierung im Ausland. Diejenigen, die es schon geschafft haben, im Ausland Wurzeln zu schlagen, möchten zu Hause wie Helden empfangen werden und denken gar nicht an den steinigen Weg, den sie gehen mußten, bis sie so weit kamen. Die Frauen träumen von besseren Lebensbedingungen als in ihren Dörfern, die sie verlassen haben. Sie träumen von einer hellen, großen Wohnung, die sie nach ihrem Geschmack schön einrichten können, und von freundlichen Menschen, die sie mit offenen Armen als Gäste empfangen werden.

Spätestens dann, wenn sie ihre Wohnung zum ersten Mal sehen, wachen sie aus ihren Träumen auf. Um mit der Enttäuschung fertig zu werden, versuchen sie, die neue Situation als „provisorisch" zu betrachten. Anstelle der Freude auf das neue Leben tritt Resignation. Durch das distanzierte Verhalten der Österreicher und durch den Verlust der Frauengemeinschaft wird die türkische Frau immer mehr in die Einsamkeit des Alltags einer Industriegesellschaft gedrängt. Sie glaubt fest daran, daß diese Situation sich ändern wird, sobald man die notwendigen finanziellen Mittel erarbeitet hat, um endlich nach Hause zurückkehren zu können. Statt die Zukunft in Österreich vor Augen zu haben, hofft sie auf die Rückkehr in das vertraute Leben. Deswegen geben die meisten türkischen Frauen, die nicht arbeiten und auch kaum Berührung mit der fremden Gesellschaft haben, sich keine Mühe, die Sprache oder die Österreicher kennenzulernen. Erst nach ein paar Jahren merken sie, daß sie nicht so schnell heimkehren können. Dann ist es allerdings zu spät, neues Interesse für ein Land zu empfinden, in dem man eigentlich von Anfang an als Fremde abgestempelt wurde.

Neben der Unsicherheit hinsichtlich der Aufenthaltsdauer im Ausland sind auch Ausbildung und Herkunft Faktoren, die die Bereitschaft, eine fremde Sprache zu lernen, beeinflussen. Die türkischen Frauen, die aus einer Großstadt kommen und höhere Schulausbildung haben, sind eher bereit, eine Fremdsprache zu lernen, als die Frauen, die vom Land kommen und nur die Volksschule besucht haben. Hier fehlt der Bezug zum Begriff „Lernen", für türkische Analphabetinnen ist es besonders schwer: Zuerst müßten sie Schreiben und Lesen in ihrer Muttersprache lernen und dann erst eine andere Sprache. Da eine Frau auf dem Land nicht sehr oft mit Geschriebenem in Kontakt kommt und man von ihr in erster Linie erwartet, daß sie die im Dorf üblichen lebensnotwendigen Fertigkeiten beherrscht, werden viele Mädchen einfach nicht in die Schule geschickt. Diese Frauen haben keine Beziehung zu einem Heft oder Buch. In einem kleinen Dorf macht sich das auch nicht als Defizit bemerkbar, da die Informationen sowieso mündlich weitergeleitet werden und für Kontakte mit der Außenwelt – Kontakte mit Behörden, große Einkäufe – die Männer zuständig sind. Erst wenn man die gewohnte Umgebung verläßt und sich in einer völlig fremden Welt wiederfindet, wo alles über bürokratische Formen funktioniert, wird dies zu einer Tragödie. Vor allem dann, weil diese Frauen ziemlich selten den Mut aufbringen, sich gegen den

Spott ihrer Kinder und Ehemänner zur Wehr zu setzen und sich zu entschließen, Lesen und Schreiben zu lernen. Auch für die Frauen, die schon eine Schule besucht haben, ist es nicht sehr leicht, sich mit der deutschen Sprache anzufreunden, da sie weder von der Grammatik noch von der Aussprache her Ähnlichkeiten mit der türkischen Sprache hat. Im Gegensatz zu berufstätigen Frauen, die jeden Tag Gelegenheit haben, mit deutschsprechenden Personen in Kontakt zu kommen oder zumindest ein paar Worte wechseln oder auch nur der fremden Sprache zuhören zu können, haben Hausfrauen kaum eine Motivation, eine fremde Sprache zu erlernen. Da in Supermärkten „Sprechen" kaum notwendig ist und die türkischen Frauen ihre Einkäufe sowieso in türkischen Geschäften auf dem Markt erledigen, ist nicht einmal dies ein Grund für das Erlernen einer fremden Sprache. Probleme machen auch die verschiedenen Dialekte, die in den Lehrbüchern kaum zu finden sind. Selbst die Massenmedien sind keine Hilfe für die Anfängerin, weil sie in ihrer Themenwahl auf die Interessen einer Gastarbeiterfamilie keine Rücksicht nehmen. Deswegen müssen sich die meisten türkischen Familien mit Zeitungen in ihrer Muttersprache oder mit Videokassetten begnügen.

Türkinnen kommen meistens als ungelernte Arbeiterinnen ins Ausland. Während sie im Dorf ihre Arbeit innerhalb einer Frauengruppe autonom gestalten können, müssen sie sich hier den Gegebenheiten eines Betriebes unterordnen. Sie haben ständig Angst, den Arbeitsplatz zu verlieren, und wollen in kurzer Zeit möglichst viel Geld verdienen. Daher sehen sie sich gezwungen, besonders fleißig zu sein, was österreichischen Kolleginnen unangenehm auffällt. Das schlechte Arbeitsklima verringert die Möglichkeit einer Kontaktaufnahme. Den für eine Ausländerin typischen Arbeitsplatz charakterisieren monotone Tätigkeit und fehlende Aufstiegsmöglichkeiten. Viele türkische Frauen sehen aufgrund ihrer Erziehung die unterschiedliche Stellung von Mann und Frau als natürlich an. Ist der Mann arbeitslos und die Familie auf die Arbeitskraft der Frau angewiesen, kommt es leicht zu psychischer oder gar physischer Machtausübung von seiten des traditionellen Familienoberhaupts. Hausfrauen dürfen oft ohne Erlaubnis ihrer Ehemänner das Haus nicht verlassen. Die Männer, die den ganzen Tag arbeiten, erholen sich anschließend in Gasthäusern. Viele Türkinnen leiden unter Depressionen, der einzige Kontakt bleiben türkische Frauen, die in der Nähe wohnen, Außenkontakte beschränken sich auf Behörden- oder Arztbesuche, bei denen sie von Kindern oder Ehemännern begleitet werden. Die traditionelle Kleidung ist das Zeichen, daß sie unberührt von „schädlichen" Einflüssen der fremden Kultur geblieben sind. Der Alltag der türkischen Frau ist durch Kochen, Aufräumen und vor allem Handarbeiten geprägt. Schon als unverheiratete Mädchen sticken, stricken und häkeln sie für ihre Aussteuer. Später verschönern sie die Wohnung, jedes Stück, das so nebenbei angefertigt wird, ist ein kleines Kunstwerk. Hinter den Tischdecken, Polsterbezügen oder Kopftüchern versteckt sich die bunte und aufbrausende Gefühlswelt dieser Frauen. Vielleicht ist es möglich, diesen „Gästen", die bereits ein Teil unserer Gesellschaft geworden sind, mit mehr Aufmerksamkeit entgegenzutreten.

Das Pulverl hilft bestimmt!

Der alltägliche Medikamentenmißbrauch

Wie erträgt der Körper langjährige Doppel-Überbelastung? Eine Tagesablaufstudie von 1981 ergab, daß im Durchschnitt der Wochentage erwerbstätige Frauen drei Stunden und zwölf Minuten pro Tag für Arbeiten im Haushalt aufwenden. Beschäftigte Männer hingegen bloß 17 Minuten. Einem Drittel der Frauen wird nie von ihrem Gatten bei der Kinderbetreuung geholfen, und wenn, dann überwiegt das spielerische Element. Um Frust und permanente Überbeanspruchung auf die Dauer zu ermöglichen, nehmen viele Frauen unbemerkt von ihrer Umgebung zur Unterstützung ihrer Leistung „Pulverln". Praktische Ärzte verschreiben auf die Dauer süchtig machende Präparate. Sie gehen den eigentlichen Ursachen des Unwohlseins nicht auf den Grund. In den Apotheken liegen rezeptfrei Mittel gegen „Schmerzen aller Art" auf. Eine sehr moderne Art der Bewältigung eines Lebens, das unbefriedigend oder mühsam ist. Statt Veränderung anzustreben, wird beruhigt, statt eine Arbeitsteilung in der Familie zu planen, schlucken viele Frauen Aufputschmittel, um am nächsten Morgen fit zu sein. Eine utopische Vorstellung, Realität vieler Frauen. Apotheker warnen nicht vor der Gewöhnung an diese Präparate. Die Pharmaforschung hat in den letzten zehn Jahren Erstaunliches geleistet, um die Arbeitsleistung und das seelische Gleichgewicht des modernen Menschen stabil zu erhalten. Ab Mitte der 50er Jahre werden Tranquilizer vom Benzodiazepin-Typ entwickelt: Librium, Valium, Nobrium, Dalmadorm, Lexotanil oder Tranxilium heißen die Bestseller aus der Apotheke. Der Tierversuch mit Benzodiazepin verdeutlicht die Wirkungsweise:

> „Bei den getesteten Mäusen und Katzen zeigten sich
> vielversprechende Erfolge. Die Stoffe wirkten
> muskelentspannend und krampflösend. Ein besonderer Effekt lag
> in der zähmenden Wirkung. Im Versuch reagierten die
> tranquilisierten Mäuse nicht mehr auf den mit elektrischem
> Strom geladenen Käfigboden und zeigten sich auch nicht mehr
> aggressiv gegenüber den miteingesperrten Nachbarn. Sie wurden
> zahm und überdauerten die quälende Situation ohne Angriffe
> gegen andere." *

---

* Andrea Ernst, Ingrid Füller, Schlucken und schweigen. Wie Arzneimittel Frauen zerstören können, Köln 1988

Medikamente am Fließband

23% der Männer, aber 34% aller Frauen nehmen regelmäßig Medikamente ein. Von den 30-50jährigen Frauen nehmen 29% der Hausfrauen und berufstätigen Frauen Medikamente ein. Männer bloß zu 17%. Bei den berufstätigen Frauen dieser Altersgruppe nehmen 36% der Arbeiterinnen Medikamente ein. Es zeigt sich ein deutlicher Zusammenhang zwischen niedriger beruflicher Qualifikation und höherem Medikamentenkonsum. Die gesellschaftliche Isolation von Müttern und Hausfrauen und die unbefriedigende Überbelastung von berufstätigen Frauen sind die Ursachen für Depressionen und Ängste. Den Frauen wird auch die Sorge für das emotionale Gleichgewicht der Familie aufgebürdet. Kinder werden getröstet, Spannungen zwischen den Partnern ausgeglichen, „Beziehungsarbeit" wird geleistet. So lautet der kühl klingende Begriff der Sozialwissenschaft für die Mühe um das Wohl eines anderen und die Aufrechterhaltung einer intakten Beziehung. Die Schuld für die Nichtbewältigung des Alltags suchen Frauen meistens bei sich selbst. Der Kampf gegen psychische Probleme wird heimlich aufgenommen. Weitaus mehr verheiratete Frauen als Männer suchen eine Ambulanz auf. Männer finden oft in der Ehe psychische Unterstützung, werden „seelisch" aufgerichtet. Frauen, die mit Migräne, Gereiztheit, Müdigkeit, Abgespanntheit und Unruhe im Sprechzimmer auftauchen, gehen unter Umständen mit einer Psychose, Depressionen oder psychogenen Störungen wieder weg. Aber auch die Einsamkeit alleinstehender Frauen läßt psychisches und körperliches Unbehagen entstehen. Die Wartezimmer der praktischen Ärzte sind überfüllt mit Patienten, die Schmerzen verschiedenster Art fühlen. 70% aller Einpersonenhaushalte werden von Frauen geführt. Statistisch gesehen steigt der Medikamentenkonsum nach der ersten Regelblutung von jungen Mädchen an. Niedriger Blutdruck und Eisenmangel sind Kennzeichen des „schwachen Geschlechts", wären aber anders zu beheben.

Eine Studie, 1980 in den USA durchgeführt, ergibt: 52 Männer und 52 Frauen wurden mit den gleichen Symptomen, nämlich mit Rücken-, Kopf- und Bauchschmerzen, Benommenheit und Erschöpfung von Medizinern untersucht. Die untersuchten Männer wurden generell intensiver, aufmerksamer und aufwendiger betreut, ihre Beschwerden wurden offensichtlich ernster genommen und die Ursachen im organischen Bereich gesucht. Bei den untersuchten Frauen galten die Beschwerden eher als hysterisch oder psychosomatisch bedingt.

Besonders Hausfrauen sind von psychosomatischen Erkrankungen betroffen. Viele klagen über Nervosität, Schlafstörungen, Depressionen, Kreislaufprobleme und Abgeschlagenheit. Sie leiden an ihrem Status, die extreme, oft unerwünschte, unreflektierte weibliche Rolle verursacht Schwierigkeiten mit dem Selbstwertgefühl.

Frau, ich liebe Dich

Über lesbische Frauen

Schon als Kinder werden Frauen auf ihre Rolle als zukünftige Ehefrau und Mutter vorbereitet. Mutter-Vater-Spiele mit streng verteilten Tätigkeitsbereichen lehren auf spielerische Weise, was die Zukunft bringen wird: Familiengründung, Kinder und einen Ehemann. Später erfahren Mädchen, daß sich auch Liebe und sexuelle Lust zwischen Mann und Frau abspielen, andere Varianten von Sexualität bleiben unerwähnt.

Lesben sind im Alltag eigentlich nicht existent. Das Verschweigen beginnt bereits in der Schule. Männliche Homosexualität wird sehr wohl erwähnt. Unter den Stichworten Griechenland und Altes Rom, in der Literatur und nicht zuletzt durch Aids wird wenigstens darüber gesprochen. Eine Frau, die nicht nur „zur Abwechslung" mit einer anderen Frau schläft, wird als sonderbar und fremd angesehen.

Andererseits begeilen sich Männer an Pornos von lesbischen Frauen, die sich so lieben, wie sich eben Männer lesbische Frauen vorstellen. In Satinhöschen und verführerischer Pose einladend zum Mitmachen werden diese „Lesben" wohlwollend betrachtet.

Im 19. Jahrhundert beschäftigten sich Justiz und Medizin eingehend mit lesbischen Frauen, man einigte sich schließlich über den Grad des Vergehens: Aus der Straftat wird ein Krankheitsfall. Die „wissenschaftlichen" Symptome: abnorm frühes und starkes Sexualleben, schwärmerisch geistige Liebe, Knabenspiele (!), Neurosen oder psychische Anomalie wie etwa überdurchschnittliche Begabung. Sogar ein abartiger, männlicher Kehlkopf ist in manchen Fällen festgestellt worden, ebenso erwähnenswert war die Abneigung gegen Handarbeiten und Näschereien als typisches Alarmzeichen für „Andersartigkeit". Besonders das Rauchen stand im Mittelpunkt der medizinischen Ausführungen, und „Zigarettenetuis und Feuerzeug sind von einem gewissen diagnostischen Wert". Rauchen war auch das typische Merkmal für „Studentinnen" und „emanzipierte Frauen". Gern gelesen wurden Pamphlete über das spezielle Feindbild der russischen Studentin. Zwischen 1890 und 1905 konstruierte die rege Sexualwissenschaft den Zusammenhang zwischen „weiblicher Konträrsexualität" und Streben nach Bildung. Die prinzipielle Abneigung gegen selbständige Frauen, die ungebunden lebten, gipfelte in der Verdächtigung, daß ein derartiges Verhalten krankhaft sei. So wurden Lesben und emanzipierte Frauen gleichermaßen diskriminiert – beide bedrohen die traditionelle Männlichkeit, da sie diese im geistigen und körperlichen Sinn überflüssig machen.

Da man sich den physischen Geschlechtsakt, so wie er mit Männern praktiziert wird, bei Frauen nicht vorstellen konnte, wurde lesbische Sexualität zwar als bedrohlich empfunden, jedoch nicht für voll genommen. So wurden Lesben zu Patientinnen degradiert, ihre Körper vermeßbar, ihre Kindheit analysiert. „Abnormal" lautete die Diagnose der Wissenschafter, die die Erhaltung gesunder Sexualität zum Ziel hatten und davon abweichendes Verhalten therapieren wollten. Weibliche Homosexualität wurde immer anders als männliche bewertet. Während homosexuelle Männer ab der Jahrhundertwende in Organisationen und Medien präsent werden, tauchen lesbische Frauen – im Unterschied zu Paris oder Berlin – in Wien weiterhin unter. Auch die damalige Frauenbewegung selbst beschäftigt sich wenig mit Homosexualität. In den zwanziger Jahren stehen Homosexuellen Bäder, Salons und Lokale verschiedenster Art offen. In einigen Bars oder Kaffeehäusern sind neben männlichen Homosexuellen auch Lesben akzeptiert, sie haben jedoch keine eigene „Beislkultur". Erst durch die Unterhaltungsindustrie werden Lesben präsent. Schlager und Theaterstücke werden zu Publikumserfolgen, Lesbisch-Sein wird zum Thema, doch kommerzielle „Enttabuisierung" bedeutet noch nicht Akzeptanz.

Der Nationalsozialismus, der die Emanzipation für alles verantwortlich machte, bereitete jeder Liberalisierung ein Ende. Beruhigt betonte man, Frauen seien von dieser „Verfehlung" leicht auf den richtigen Weg zurückzuführen, Hauptsache, das wichtigste, nämlich die Gebärfähigkeit, bliebe erhalten.

Bis heute werden Lesben Eigenschaften und Verhaltensweisen zugemutet, die in der Realität nicht zutreffen. Das Mannweib, die lasterhafte Verführerin oder die frustrierte Männerhasserin sind uralte Klischees. Auch Pornohefte enttabuisieren nicht, sondern rücken lesbische Frauen noch mehr in die Nähe des Verbotenen. Oft lehnen Frauen, deren Männer sich derartige Pornos ansehen, Abbildungen dieser Art besonders ab, da sie die Faszination ihrer Männer spüren und diese „Attraktion" als Konkurrenz empfinden.

Lesben halten ihre sexuellen Vorlieben meist geheim. Das hat viele Gründe, denn die „Sanktionen" der Gesellschaft sind vielfältig. Gemildert werden sie, wenn lesbische Frauen auch heterosexuelle Beziehungen haben, da wird das Anderssein eher als „Ausnahme, die sich wieder gibt", eingestuft. Der eigenen Familie gegenüber können lesbische Frauen selten offen sein, Eltern reagieren aggressiv, frustriert oder mit Schuldgefühlen auf die Entscheidung ihrer Tochter. Sie empfinden die Homosexualität ihres Kindes als krankhaft und Schande. Auseinandersetzungen sind schmerzhaft und beleidigend. In Untersuchungen berichten lesbische Frauen, wie sehr Eltern Druck ausüben können. Wiederholtes Fragen nach „dem Freund" oder „der Richtige kommt schon noch" sind häufige Anspielungen. Auch körperliche Angriffe sind nicht selten. So werden außerfamiliäre Kontakte immer wichtiger. Doch auch am Arbeitsplatz sind Lesben Aggressionen und Belästigungen ausgesetzt. Da sie keinen versorgenden Ehepartner haben, ist ihre Existenz von eben diesem Arbeitsplatz abhängig. Als offensichtlich alleinstehende Frauen sind sie als „Freiwild" den Annäherungen und Fragen von Arbeitskollegen ausgesetzt. Fast undenkbar ist die Bekanntgabe ihres Privatlebens, berufliche Nachteile und Spott wären in den meisten Fällen die Folge. Die psychische Belastung wird immer größer, die Liebe zu einer Frau ist zwar oft Lebensinhalt, muß jedoch geheim bleiben.

Lesben bewegen sich daher eher in der „Sicherheitszone" von Frauencafés und Clubs. Sie arbeiten in Frauenverbänden und bauen eine eigene Subkultur auf. Nur dort sind für viele die unkomplizierte, selbstverständliche Begegnung mit anderen Frauen, Berührungen und Zärtlichkeiten mit einer Freundin möglich.

„Heteras" wissen wenig, wie Lesben leben und fühlen, welche Lebensräume sie haben. Sie stellen sich selbst die Frage nach ihren sexuellen Wünschen meist nicht und sind wie selbstverständlich heterosexuell. „Die ist ja lesbisch", ertönt es nicht selten, wenn eine Frau sich den Annäherungen von Männern in einer Gruppe widersetzt. Bevorzugt sie den Umgang mit Frauen oder wohnt sie in Gemeinschaft mit Frauen, werden hinter ihrem Rücken hämische Andeutungen gemacht. Die drohende Bemerkung „lesbisch sein" bedeutet „keine richtige Frau sein", daher grenzen sich viele Frauen abwehrend von lesbischen Frauen ab. Es verunsichert sie auch, daß lesbische Frauen eine Alternative zu ihren eigenen, oft mühsamen Zweierbeziehungen gefunden haben.

Die Erfahrung und Bejahung des Lesbisch-Seins, das „coming out", ist für jede Frau anders und kann bis zu fünf Jahren dauern. Heterosexuelles Verhalten und Denken wird erst langsam abgelegt, da weibliches Selbstbewußtsein stark an den Erfolg bei Männern gebunden ist. Der Weg zu den eigenen Wünschen wird von der Angst, Außenseiter zu werden, begleitet. Die von Kindheit an geübte Ausrichtung auf die Befriedigung männlicher Sexualität verhindert dieses „coming out" oft viele Jahre. Etliche Frauen sind zunächst verheiratet, haben Kinder, bevor sie andere Vorlieben zulassen.

Die Fremdheit und Vielfalt lesbischer Praktiken machen den Zugang nicht einfach. Viele Frauen empfinden es als sehr schön, die Energie, die in langen heterosexuellen Beziehungen aufgebracht wurde, nun in anderen, neuen, oft intensiveren Beziehungen zu Frauen zu spüren. Meist bleiben lesbische Frauen zu zweit, es ist wichtig für sie, auf die sexuellen Wünsche der Partnerin einzugehen. Stark ist der Wunsch nach Geborgenheit und Zweisamkeit, die heterosexuelle Liebesromantik des 19. Jahrhunderts wirkt da nach. Doch das romantische Stereotyp vom „Kuschelsex" gibt es in der Realität nicht. Die von Heterosexuellen in diesem Zusammenhang oft gestellte Frage nach Penetration wird individuell von dem Liebespaar entschieden, nichts ist ausgeschlossen. So kommt es zum Beispiel in der lesbischen Subkultur in Anlehnung an die männliche und weibliche Geschlechtsrolle zu „Butch-Femme". Der Begriff „butch" bedeutet als maskuline Rolle „kesser Vater", „femme" ist tendenziell weiblich. Damit ist allerdings kein „Nachspielen" der Normalität gemeint, sondern das Spiel mit Geschlechtsattributen. Es gibt jedoch keine starren „Rollen", oft werden Symbole vermischt, das Liebesspiel läßt heute „butch", morgen „femme" zu. Auch sadomasochistische Praktiken, allerdings eher am Rande der Lesbenkultur, werden ausgeübt. Sie lösten Diskussionen unter Les-

ben über die eigentliche lesbische Sexualität aus. Auch die Forderung nach einer lesbischen Pornographie wirft stürmische Fragen auf.

In den letzten Jahrzehnten ist eine lebendige Lesbenkultur entstanden. Lesbentreffen, lesbische Verlage und selbstbewußteres Auftreten bestärken viele Frauen. Lesbisch-Sein bringt tiefgreifende Veränderungen in der Wahrnehmung der Gesellschaft mit sich. Die eigene Identität bekommt politischen Background. In den siebziger Jahren mischen sich persönliche mit politischen Bedürfnissen. Kurzbezeichnungen wie Anti-Imp-Lesbe, Land-Lesbe, Spiri-Lesbe, jüdische Lesbe oder Polit-Lesbe zeigen die Vielfalt der Gedanken. Auch der Lebensstil, der in der feministischen und lesbischen Kultur immer eine besondere Rolle gespielt hat, ändert sich. Ein bestimmter Kleidungsstil als Widerstand gegen weibliche Schönheitsnormen signalisiert: „Ich gehöre dazu."

In den 80ern ändert sich dieses Erscheinungsbild. Die Individualität der Frau tritt in den Vordergrund, sie ist mehr gestylt, achtet mehr auf ihre Kleidung oder einen modischen Haarschnitt. Der feministische Einheitslook der 70er Jahre ist nicht mehr obligatorisch. Und so gehen auch der Therapie-Boom und die Philosophie „Lebensfreude durch Erfolg" an Lesben nicht vorbei. Die Yuppie-Kultur zieht weite Kreise, Markenartikel wie „Esprit" oder „Lacoste" werden gekauft, die Freizeit wird mit exklusiven Sportarten verbracht. Auch der Stöckelschuh tritt wieder auf die Tanzfläche lesbischer Bars.

Bedeutet das Entpolitisierung der feministischen Lesben oder gar Vermarktung feministischer Kultur? Die zweite und dritte Generation lesbischer Frauen, die in einer bereits etablierten Form des Feminismus aufwuchsen, leben anders. Sie haben eine Vielfalt von Frauen-Räumen zur Verfügung, die grundlegende Diskussion, ob Lesbisch-Sein nun eine sexuelle oder politische Betätigung ist, ist ihnen kein Anliegen mehr. Viele definieren ihr Lesbisch-Sein eher als sexuelle Präferenz denn als politische Überzeugung.

In der Frauenbewegung spielten lesbische Frauen immer eine zentrale Rolle. Der Freiraum, den sich Lesben durch für Frauen bestimmte Räume und eigene Projekte aufbauen, ermöglicht geistig freie politische Arbeit. „Feminismus ist die Theorie, Lesbianismus die Praxis" ist ein bekannter Slogan. Lesbisch-Sein ist für viele nicht das wichtigste Ziel des Feminismus, aber eine gute Möglichkeit, das Leben als Frau zu gestalten.

Die Frauenforschung selbst geht wenig auf lesbische Denkinhalte ein, Privates wird von Politischem getrennt, das hat Auswirkungen auf die feministische Theoriebildung. Die Lesbenbewegung ist auf Rückzug in die eigenen vier Wände, will sie doch keine „Unterabteilung" der Frauenbewegung werden. Oft beginnt der Zwist bereits beim unüberlegten Sprachgebrauch, wenn in Frauengruppen zum Beispiel Empfängnisverhütung als Problem aller Frauen behandelt wird.

In der Begegnung von Lesben und „Heteras" sollten gemeinsam Rollenzwänge abgelegt werden. Denn die Unterdrückung von Lesben betrifft nicht nur eine „Minderheit". Durch das Ignorieren lesbischen Daseins nehmen sich Frauen die Chance, ihre Sexualität von den Forderungen männlicher Partner frei zu machen. Denn: Es gibt auch anderes!

Elisabeth Borchers

Bericht vom Ende der Belagerung einer Person

Im Augenblick äußerster Not
greife ich zu den Waffen.

Ich bedrohe die mich Bedrohenden
Ich lasse im Stich die mich im Stich Lassenden
Ich kündige den Notdürftigen
Ich trenne das Wort ab von den Rednern
Ich hinterlasse die Halbheiten
und die Mitleidenschaften
Ich setze mich ab von der Berechenbarkeit der Tage
und der Unberechenbarkeit
Ich bereite dem Ende ein Ende.

Ich beginne den Anfang vom Anfang
Ich ordne die Giebel des Dachs
und ich ordne die Zeiger der Uhr
und verwildere die Zweige des Herzens
und stehe auf.
Auf Befehl des allerhöchsten Ich.

Herausgeberin:

Marion Wisinger, geb. 1965 in Wien, Studium der Geschichte, Politikwissenschaft und Romanistik; Historische Dokumentation ORF, Dokumentarfilm „Nix Multikulti – Szenen aus einem Wiener Bezirk", lebt als freie Autorin in Wien.

Die Autorinnen:

Marie Luise Angerer, geb. 1958, Studium der Publizistik und Kommunikationswissenschaft, Romanistik und Philosophie; Forschungsassistentin am Institut Mediacult, Arbeiten zur Frauenkultur im 19. Jahrhundert sowie über mediale Körperbilder.

Brigitte Entner, geb. 1963 in Bodensdorf am Ossiachersee, Studium der Geschichte in Wien; Schwerpunkte: Arbeitswelt, Frauengeschichte. Diplomarbeit über die „neue Frau" der zwanziger Jahre; Mitarbeit an diversen Projekten zur österreichischen Sozialpolitik und Arbeitswelt sowie zum Wiederaufbau des ÖGB und der Arbeiterkammer; Dissertation über die touristische Entdeckung einer Kärntner Landgemeinde.

Andrea Loebenstein, geboren 1957; Studium der deutschen Philologie und Theaterwissenschaften.

Sabine Lasar, geb. 1961 in Wien, Studium der Geschichte, Anthropologie, Philosophie mit Schwerpunkt Frauenforschung; 1989 Mag. phil., Mitarbeit bei: „Frauen" 1985, Landesausstellung „Wien 1938", Verein für erzählte Lebensgeschichte (Niederösterreich), ab 1989 Presse- und Redaktionsarbeit im Werkstätten- und Kulturhaus (WUK) in Wien, seit 1985 Psychotherapie-Ausbildung (Rogers, Boysen u.a.), seit 1991 Mutter einer Tochter und weiter im Kulturbetrieb tätig.

Mevce Maresch-Taray, geb. 1959 in Istanbul, Abschluß eines deutschsprachigen Gymnasiums in Istanbul, studierte Politikwissenschaft und Völkerrecht in Wien, Dissertation über „Türkische Gastarbeiter-Frauen in Wien"; seit 1989 Projekt mit türkischen Frauen: Alphabetisierungs- und Deutschkurse, derzeit beschäftigt in der Presseabteilung der türkischen Botschaft.

Verena Pawlowsky, geb. 1962 in Wien, Historikerin, arbeitet zur Zeit an einer Studie über Findelkinder, Illegitimität und Ammen im Wien des 19. Jahrhunderts.

Isabella Suppanz, Studium der Theaterwissenschaft, Romanistik, Kunstgeschichte; arbeitet als Regisseurin; Dramaturgin am Theater in der Josefstadt.

Rosa Zechner, geb. 1959, Historikerin; arbeitet zur Zeit an einer Studie über Findelkinder, Mitarbeiterin in: „Stichwort. Archiv der Frauen- und Lesbenbewegung", Wien.

Bildnachweis

Dokumentationsarchiv des Österreichischen Widerstandes
Seiten 115, 118, 122, 123, 125, 127, 147, 153
Österreichische Nationalbibliothek
Seiten 18, 20, 21, 24, 27, 40, 44, 50, 55, 64, 66, 78, 79, 82, 84,
    89, 90, 92, 95, 101, 103, 108, 113, 131, 161, 187
Verena Nussbaumer
Seite 195
ORF
Seite 212
Österreichisches Filmarchiv
Seite 143
Barbara Pflaum
Seiten 220, 225
Renner Institut
Seiten 25, 29, 35, 85, 105, 155, 157, 160
Skip
Seite 207
Theater in der Josefstadt
Seite 173
Bildagentur Votava
Seiten 166, 179, 183, 185
Bilder mit freundlicher Genehmigung von ORF, Renner Institut,
Walt Disney Productions und Barbara Pflaum

BRIGITTE GEIGER / HANNA HACKER

DONAUWALZER

DAMENWAHL

Frauenbewegte Zusammenhänge in Österreich